名师名校名校长

凝聚名师共识
固态名师关怀
打造名师品牌
培育名师群体

顾明远题

『自学·释疑·达标』课堂教学模式

刘静/主编

北京燕山出版社
BEIJING YANSHAN PRESS

图书在版编目（CIP）数据

“自学·释疑·达标”课堂教学模式 / 刘静主编
.— 北京：北京燕山出版社，2021.12
ISBN 978-7-5402-6258-7

Ⅰ.①自… Ⅱ.①刘… Ⅲ.①课堂教学—教学研究—中学 Ⅳ.①G632.421

中国版本图书馆CIP数据核字（2021）第232539号

“自学·释疑·达标”课堂教学模式

主　　编　刘　静
责任编辑　李　涛
出版发行　北京燕山出版社
地　　址　北京市丰台区东铁匠营苇子坑138号C座
电　　话　010-65240430
邮　　编　100079
印　　刷　北京政采印刷服务有限公司
经　　销　新华书店
开　　本　170mm×240mm　16 开
字　　数　329千字
印　　张　18.25
版　　次　2022年8月第1版
印　　次　2022年8月第1次印刷
定　　价　45.00元

编 委 会

目录 CONTENTS

第八章
地理学科课堂教学模式的构建与解读

第九章
生物学科课堂教学模式的构建与解读

第一章

语文学科

课堂教学模式的构建与解读

教学素来强调教无定法，作为语文教学，一篇篇各具特色的文章，想要在统一程式化的模式下进行，确实有点削足适履的感觉。改革也从来不是为了标新立异，而是基于学情、校情找到适合的方法。为了找到适合学生的最好的教学方式，语文组在学校的顶层设计下，逐渐摸索出了具有语文特色的教学方式，并在长期的实践过程中，确定了语文学科课堂教学模式，取得了较好的成效。

第一节　模式的探索与形成

教学模式的探索始终以教育教学活动为纽带，旨在促进师生的和谐发展，而课堂是师生生命成长的沃土，模式则是教与学之间的最佳纽带，是师生生命成长最好的舵手。因此，我校全体语文教师对语文课堂教学模式的探索从来没有停止过，“路漫漫其修远兮，吾将上下而求索”，这也是我们全体语文教师的心声。

一、为什么要构建语文课堂教学模式

我校的生源来自全县各乡镇小学，学生语文底子薄，听、说、读、写能力差，课堂上被动听课，不敢发言，就连流利地读完一篇课文都困难，更别说站在台前发言了。针对以上情况，我校特别需要构建一个可操作的模式，践行一种“以学生为主体”的理念，以实现高效率、轻负担的教学愿景。具体从以下几个方面解读：

1. 语文学科特点的需要

当前教育形势，要求为未来培养人才，培养具有国际视野、中国立场的人，即具有核心素养的中国人。因为教育是面向学生的未来，而不是过去。如何让学生尽早尽快适应当前的教育形势，教师的教育理念能否跟上时代的变化是成败的关键。而语文学科是一门集综合性、实践性于一体的课程，对一个人未来的思想观念、个性特征及行为方式起着积极的引导作用，有着潜移默化的影响。语文的核心素养，即“语言构建与运用”“思维发展与提升”“文化传承与理解”“审美鉴赏与创造”要通过语文实践活动来落实，语文教学要通过自主、合作、探究等学习方式，完成识字写字、阅读、写作、口语交际、综合性学习等课程内容，训练学生的听、说、读、写能力，“提升学生的综合素养，为学好其他课程打下基础；为学生形成正确的世界观、人生观、价值观，形成良好个性和健全人格打下基础；为学生全面发展和终身发展打下基础”。

2. 师生教与学的需要

教师是课堂的主导，教师对知识体系的建立，对课堂教学的把控都起着至关重要的作用。学生能否掌握扎实的语文知识，训练稳定的语文素养，形成高阶的语文思维，都由教师的教学方式和其教学理念来决定。而一套科学可操作的教学模式能够使教学更有针对性，尤其是对年轻教师来说更为重要，由于他们缺乏教学经验，一套成熟的教学模式可以使得他们少走弯路，能迅速、大面积地提升自身的业务能力，进而使学校的教学质量得以整体提高。

学生是学习的主体，是语文素养落实的关键要素，如何把学生的积极主动性调动起来，如何引导学生掌握学习的方法，形成学习语文的习惯，是教师应关注的主要问题，尤其要注重激发学生的好奇心、求知欲，开发创造潜能，提高学生发现、分析、解决问题的能力，这就需要教师给学生创设自主、合作、探究的环境，更重要的是给学生提供学习的路径，让他们能够举一反三、融会贯通，从而内化成能力。在小组合作的过程中，尤其是沟通能力，语言表达能力，欣赏对方的能力，接纳不同观点的气度，都能在合作交流中完成，因此，一套成熟的教学模式对于学生学好语文学科的作用不可低估。

3. 学校模式再发展的需要

模式不是一成不变的框框，更不是引领教师走向死胡同；不是为了禁锢教师的大脑，而是鼓励教师在遵循教学规律的同时，走出自己的学科特色。课改十余年，学校办学质量不断提高，社会声誉不断增强，省内外来学习参观的兄弟学校络绎不绝，作为“3·2·1实体育人模式”之一的“自学·释疑·达标”课堂教学模式，更是广大一线教师关注的重点。在这种大形势下，语文学科的模式再完善、再提升、再优化也势在必行。作为综合性、实践性的语文课程，语文知识的外延等于生活的外延，担负着立德树人的大任，担负着传承优秀文化的大责，因此语文学科教学的不断创新也责无旁贷。

二、语文课堂教学模式实施的困惑与误区

在实施语文课堂教学模式的过程中，遇到的瓶颈就是语文学科被边缘化，学生语文自主学习时间不够；学生的学习缺乏自主思考，课堂缺乏活力，缺少

灵性等；教师教学机械呆板，缺乏深度，学生不用思考就能找到答案，或者看看参考书就能轻松过关。在教学中，教师不能创造性地使用教学模式，学生的学习出现了表面热闹的假讨论，或者流程式的伪讨论等现象。这不仅没有增强教学效果，反而僵化了学生的学习思维，简单化了学生的学习方式，漠视了学生的学习情感。尤其是课前预习，在大量参考书的帮助下，课堂没有了未知的神秘，缺少了探究的奥秘，失去了合作的原动力，这样的自学还有必要吗？

还有，传统的课堂学生是被动接受知识，教师是灌输知识的主体，师生之间的关系受传统思想的影响，难以建立一种合作关系。再加上今天这个时代的学生，他们思维活跃，接受信息的渠道增多，教师不再是他们心目中的真理“代言人”，师生之间的感情越来越淡薄，很难平等交流。而语文学科又必须通过大量的听、说、读、写才能完成。这些问题也都困扰着语文老师。为了打破师生沟通渠道上的壁垒，消除师生关系的价值偏见，加强师生之间的交流互动，特别是“撬”开学生的嘴，让他们敞开心扉，师生间无障碍沟通是课改路上亟须解决的问题。

三、语文课堂教学模式的形成

经过实践摸索，语文同人逐渐拨开迷雾，在学校教学模式三大板块、七个环节的基础上，找到了语文课堂教学模式与学校模式的最佳契合点，基于教学模式，但又不拘泥于模式，创造性地运用教学模式，彰显学科特色，让语文课堂重新焕发活力。语文课堂的具体环节依据以上认知流程进行了以下尝试：

1. 增

我校课堂教学模式在三大板块、七个环节的基础上，增加了符合语文学科学习的环节。

比如，在“课前学习”环节，一是增加了“晨读在线”，选取一些和课文学习主题一致的诗句、警句，作为课前学生背诵积累的材料。这些材料一方面可以作为教师课堂导入的引子，另一方面可以作为学生拓展积累的素材。二是增加“资料助读”内容，文本的解读离不开一定的写作背景，作为学生自学的罗盘，必须给学生一个正确的方向，给学生提供自学的支架，而增加资料助读等于在文本与学生体验之间竖起一个梯子，就等于架起了一座通向文本的桥梁。

又如，在“释疑”环节增加“局部探究”环节。语文，即“语”和“文”，要“在通读课文的基础上，厘清思路，理解、分析主要内容，体味和推敲重要词句在语言环境中的意义和作用”。我们把这个环节分解为四步，分别为自主学习、质疑交流、展示互评、点拨生成。从自主到交流再到展示最后生成，是一个完整的学习链，符合学生认知的过程，让学生自主学习发现问题，带着问题研究探讨，在展示的过程中教师给予点拨。

在每一个自学、互学、群学的过程中，都增加“质疑”环节。对于教什么的问题，不是教师一厢情愿地教给学生，而应该是教师在充分了解学情的基础上确定教学内容，教师掌握学生不知道什么，想知道什么，学生在充分预习之后会有自己的疑问，教师根据学生预习的疑问进行第二次备课，完善、修改教学思路。课堂也不是一成不变的，学生的理解也不一定按照教学设计深入。在师生互动、生生互动、小组交流过程中，一定会有新的问题产生，这也是语文课堂上的探究所在。让新的生成在碰撞中完成，让学生再次产生新的问题，这样，学生就会带着问题走进课堂，带着新的问题走出课堂。

在每个环节都采用先自主学习，提出质疑，再小组交流，问题探究，讨论解疑，最后全班分享的流程，并且在这个过程中有学习方法指导，充满浓浓的人文关怀。

2. 改

改“提炼总结，诊断评价”为“拓展延伸，达标提升”。语文学科的课堂达标评价不同于理科需要通过做题来完成，但同样也需要达标和巩固所学。在学习新知的基础上，适当进行知识的拓展、延伸，从而加强学科知识与其他知识的联系，让学生举一反三、触类旁通，建立同类知识的体系认知，为学生搭建不同知识的认知桥梁，培养学生的发散思维。语文课堂的达标还在于读写能力的提升，《义务教育语文课程标准（2011年版）》指出：“重视学生读书、写作、口语交际、搜集处理信息等语文实践，提倡多读多写，改变机械、粗糙、烦琐的作业方式，让学生在语文实践中学习语文，学会学习。善于通过专题学习等方式，沟通课堂内外，沟通听说读写，增加学生语文实践的机会。”达标提升就是改变机械、烦琐的作业方式，让学生在试讲中学习语文、应用语文。

四、语文课堂教学模式的突出特点

荀子说：“人，力不如牛，走不若马，而牛马为用，何也？曰：人能群，彼不能也。”人是社会性动物，这是人与动物最大的区别。因此，要让师生都回到群体中。作为教学的主导者，教师要想方设法为学生着想，从学生的需求出发，在各种展示活动中，让学生找到价值认同，从而增强学生的群体归属感，语文课堂教学模式的构建就充分考虑到这一点。

在学生方面，语文课堂教学模式尊重了学生的主体地位，解放了学生的手脚，转变了学生的学习方式，引领学生大胆质疑，开展创造性学习，注重学生的全面发展与个性发展的要求。

在教师方面，语文课堂教学模式有效地尊重了教师的主导作用，切实转变了教师的教学方式。

在课堂方面，语文课堂教学模式有力地改变了教与学的活动方式，丰富了课堂教学的方式与方法，使教学效果由低效走向高效。

1. 语文课堂教学模式的操作特点

（1）在每个活动板块中，都是采用学生自学、提出质疑、问题探究、讨论解疑的循环步骤，而探究部分主要是以主问题领起课堂，鼓励学生个性化阅读。这样可以让教师预设的问题留有“悬念”，自然也就增强了“语文味”；学生在对“主问题”的个性化解读中，也能够生成自己的东西。在“主问题”的引领下，紧贴着文本阅读品味，使课堂变得趣味横生，丰富多彩。

（2）增强了师生间的互动，加强了教师的启发、引导作用。在释疑“主问题”的过程中，先由学生自学探究，提出质疑；继而由小组长组织成员合作交流，然后小组选代表展示，在纠错互评中，修正自学结果；对于不能解决的难题，教师给予点拨释疑，助力学生拓展提升。在生生互动、师生互动，生生互评、师生互评的过程中，师生共同完成文本重点与难点的学习。在整个“释疑”过程中，教师深入各小组了解学情，及时调整预设的教学重难点。这样，便于对学生存在的问题进行启发、引导。在“释疑”阶段以后，如果学生还存在问题，教师可以通过“质疑交流”来完成。

2.语文课堂教学模式的突出优势

针对学生学习过程中所表现出来的能力差异和特点的具体情状，我们发现，学情始终是一条指导教学实践的线索，是教学工作开展的出发点和归宿点。因学而导、因学定教，才能更贴合学生实际、教学实际，才能把能力、时间、健康还给学生，使课堂更灵活精彩，让学生在快乐中成长。经过大量的实践探索，语文老师逐渐形成共识：立足学情，实施教学。教师了解学情，并不是对学生的情况泛泛而论，而是要针对某一篇具体的课文，在教学案的指导下让学生自主进行学习，从而明确学生哪些地方能读懂，哪些地方没读懂，哪些地方不需要教师教自学就可以完成，教师借助教学案掌握学生的困惑点，从而有的放矢地进行备课，设计教学活动，让教与学都落到实处，自然提高了课堂效率，师生有更多的精力去拓展阅读与写作，解决了学语文没有时间的问题。

因此，在语文课堂教学模式探索过程中，基于学情，教师从学生现有的能力水平出发，让学生设定学习目标，开展自主学习；适应学情，从学生的发展潜力出发，适时调整学生学习内容的量和度，因材施教；摸清学情，从学生整体和学生个体的需要出发，调整教学进度，重视学生全体的发展。这样的语文课堂教学模式是有流向的，课堂上学生的活动是有指向、有组织、有结构、有成效的学习活动；这样的语文课堂教学模式追求的是学生活动的丰富多彩，学生的对话是多向性的。重视学情，研究学情，让语文课堂教学模式的设计更科学、更高效，让学生学得更有效，让语文课堂更有活力。

第二节　模式的环节解读

我校的“自学·释疑·达标”课堂教学模式自使用以来，教学成绩取得了巨大的进步。教师们在实践教学活动的过程中，不断地有新的构思、新的妙想呈现出来。于是，语文教研组在原来模式结构的基础上，做了整合和调整，依然保留“自学·释疑·达标”三大板块，原来的七个环节调整为学案导读、自学展示、局部探究（包括自主学习、质疑交流、展示互评、点拨生成四个操作步骤）、拓展延伸、达标提升五个环节。其中，局部探究是语文课堂的精华部分，是师生进行深入探究，充分交流，细致揣摩，精心研读的环节，如图1–2–1所示：

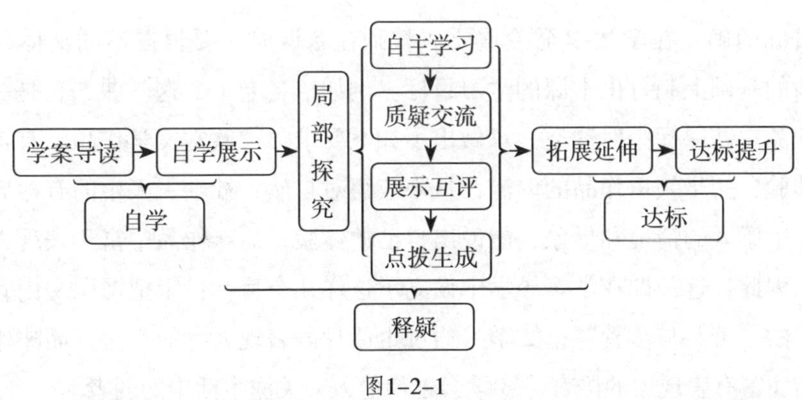

图1–2–1

下面就每个环节一一解读。

一、学案导读

“学案导读”，是指以学案为载体、以学生的自主学习为主体，师生共同完成学习任务的一种新模式。在这种模式下，学生按照学案上的方法指导自主地阅读课文，独立完成学案上的相关问题，并提出预习中的疑问，及时地把这些问题记录到学案上，以备课上讨论交流使用。

学案要在教师集体备课的基础上进行设计，要以学生为主体，注重发挥学生的主观能动性，让他们能自主参与到学习中来，真正成为学习的主人。学案中提出的问题要有思考的价值，要注意问题的层次性，既能让成绩优秀的学生有所提升，也能让学习暂时落后的学生学有所得，对不同层次的学生都有启迪和帮助。

学案要提前发给学生，让学生通过课前自主学习掌握基础知识，标注疑难问题，以提高课堂学习效率。为了有效掌握学情，教师在上课前可以把学生自主学习后的学案收上来（如教师可以把全班学生的学案收审，也可以把几个小组或某一小组学生的教学案收审，还可以把几个不同学生的教学案收审等），然后教师要根据学生导学案搜集到的学情来补充完善学案，进行第二次备课，使课堂教学变得更有针对性、更合理、更有效。

“学案导读”重在“导”和“读”。

（一）“学案导读”的“导”很重要

1. 导学习目标

目标的确立在学案中至关重要。教师在备课时，要根据不同文体，在了解学情的基础上制订出本课的学习目标。例如，《老王》这一课，它是一篇文学类作品。新课标中对这类文章做出了如下要求：“欣赏文学作品，有自己的情感体验，初步领悟作品的内涵，从中获得对自然、社会、人生的有益启示。对作品中感人的情境和形象，能说出自己的体验；品味作品中富于表现力的语言。”因此，这一课在学案导学中设立了这样几个目标：①把握课文内容，理解老王的“苦”与“善”；②学习通过生活片段表现人物的方法，品味作者平淡简洁而富有表现力的语言；③学会善待他人，关注生活中的弱者。

2. 导助读资料

文学常识助读。语文教材中的每一篇课文，下面都有一个注释①，通常是对作品、作家情况的简介，但通常情况下比较少，不能满足学生的需求，因此借助“资料助读”给学生提供相关的资料，以帮助学生深入了解作家及作品相关情况。比如，在七年级上册学习鲁迅的《从百草园到三味书屋》这篇文章时，由于学生对鲁迅的情况知之甚少，教师就可以借助“资料助读”环节提供给学生作者情况，可以从鲁迅的小说《狂人日记》入手，让学生对作者产生兴趣，对课文产生阅读的欲望，从而深入地阅读文本。

作家作品助读。只学习一篇课文，不足以让学生形成整体的认知，如果借助“资料助读”提供作家相关的一些作品，不仅有利于学生深入阅读文本，还有助于开阔学生的阅读视野，起到延伸阅读的作用。比如，学习冰心的《荷叶·母亲》一课，通过资料可以让学生全面了解作者冰心的诗歌特点，理解诗歌中对伟大母爱的赞美。补充阅读冰心的诗集《繁星》《春水》，不仅拓宽了学生的阅读视野，还深入了解了冰心作品的内核“爱的哲学”。同时，教师还可以给学生推荐泰戈尔的诗集《飞鸟集》。

3. 导自学方法

“授人以鱼，不如授之以渔”，教给学生学习的方法是一劳永逸的事。教师如果仅在课堂上传授，学生就会如耳旁风，知识听过后就消失得无影无踪了。如果在学习的过程中，教师根据学习的步骤提供相应的学习方法并加以训练久了，学生自然就能形成学习的能力。比如，在预习《济南的冬天》这篇文章时，我们在学案上的“课前自学”部分专门布置预习任务：

读三遍课文。

标出段落序号。

用圆圈画出生词。

用横线画出写景句。

用波浪线画出比喻句、拟人句。

用双横线画出抒情句。

达标：完成《同步学习》第7页基础梳理部分。

4. 导交流方式

我校的“自学·释疑·达标”课堂教学模式注重小组的合作交流，何时交流、如何交流、如何评价不是漫无目的的，而是根据内容的需要，根据学生的理解程度适时地安排交流，如何交流也有方法指导。比如，在局部探究环节，必须是学生先自主活动，然后才是小组交流，否则交流就会流于形式。每一课的学习，在局部探究主问题环节都有这样的提示：

活动方式：

先自主阅读，在书上批注；

然后小组交流；

最后全班分享。

（二）“学案导读”的“读”是关键

语文的学习，“读”是最基本的方法，而“读”的方式也是多样的，部编教材在单元训练目标中有明确的“读”的要求。比如，七年级上册一二单元训练朗读，把握重音和停连，注重语气、节奏的变化。三至五单元训练默读，要求是不出声，不动唇，不指读，不回看，一气读完全文，并且在此基础上，要求边读边思考，勾画重要语句或段落，概括文章的中心思想。第六单元是速读，每分钟不少于400字等。还有精读、略读、浏览等，有在读中品，在读中思，在读中悟，在读中概括内容、提炼信息等。这些方法都体现在学案导读上，根据单元要求，有计划、有层次地进行训练，扎扎实实提高学生的阅读能力，真正体现教师的“导”教、“导”学，从而达到“不教”的目的。

学案导读的实施，确立了学生在课堂上的主体地位，唤醒了学生的主体意识，发挥了学生的主观能动性。课前学生根据教师设计的学案，阅读课文，了解内容，可以提出自己的疑问，课上师生共同讨论交流，既满足了学生思维发展的需要，又体现了学生的主体地位。在学案导读的过程中，教师不仅传授了知识，而且培养了学生的自学习惯，提高了学生的自学能力，教会了学生如何学习、如何思考。学生通过学案导读不仅知道了学什么，更知道该怎么去学，并做到学有所获、学有所得。

二、自学展示

自学展示是指学生在课前依据学案自主学习的前提下，课堂上以小组为单位选派代表对课前预习的问题进行解答展示的过程。

要做好小组展示，首先要明确展示的内容。展示内容主要包括两个方面：积累运用和整体感知。教师根据学生预习中存在的问题，把学案中的内容分成几个板块，根据任务分配到各小组，小组在自主学习、合作探究、讨论解疑的基础上进行展示。

（一）展示积累运用

通常情况下的积累运用，多是字词的认读、书写、应用，还有好词、好句、好段的背诵。

对于不需要纠错的问题，展示就是达标。比如，学习文言文时，学生通过自学，结合课下注释，能独立解决问题。这时可以采用“达标检测”的方式完成积累，包括文言实词、虚词以及一些特殊用法的词语。

（二）展示整体感知

整体感知是指读完一篇文章后产生的心理感触，是对课文的整体领悟，是学生通过直觉在较短时间内对课文要点进行大体上的领会和把握。阅读一篇文章，只有先了解了文章的内容才能更好地理解作者的写作意图，体会作者的思想感情。

语文新课标指出，“在通读课文的基础上，厘清思路，理解、分析主要内容。”这就是对文本的整体感知的要求。这个过程方法极为重要，语文老师的首要任务就是要指导学生走进文本，在日常的教学中要从以下几个方面对学生加以训练：

1. 加强语感训练

学生感悟能力是有高低的，但后天要有意识地去培养。初中生正处于从形象思维到抽象思维的发展转变关键期。语文教师，要通过让学生大量读书，形成对语言的直觉感受，久而久之形成直觉能力。

2. 增强文体意识

阅读是一种文体思维，是对特定文体的文本阅读。不同体裁的文章，其脉络、思路、阅读方式方法都有所不同。因此，语文教师在指导学生阅读的过程中，一定要根据不同的文体确定相应的阅读方法，尤其是整体感知环节。

3. 要通读全文

叶圣陶先生说：阅读的第一步是“通读全文”，“知道文章之大概”。在这个环节，教师一定要引导学生认真读课文，不能在文章外逛一圈，没能领略文章之妙就开始了所谓的解读，这样的解读往往是隔靴搔痒，起不到多大作用，学生也无法真正体会文本之妙。

整体感知内容的展示尤其重要，因为这是课前学习到课堂学习的一个桥梁。学生在预习过程中对文本内容有了一个初步的了解，产生了问题，带着问题走进课堂，开启学习之旅。对于学生不能解决的问题，教师要组织学生进行深入研读，为“局部探究”环节做好铺垫。因此，在展示中要注意以下问题：

（三）展示要有思路和方法

部编教材实行双线组织单元结构，即“人文主题”与“语文要素”结构，其中“语文要素”，即语文素养的各种基本因素，包括适当的阅读策略和学习习惯。语文教师要充分利用教材，教给学生阅读的策略，养成学生良好的学习习惯。而在整体感知环节，教师可以根据不同文体和精读、略读的要求，提出具体的阅读任务。

（四）展示方式要多样

语文课堂的展示根据展示内容的不同，展示的方式也是灵活多样的，如口答、朗读、背诵、板演、讲解表演等。

在展示过程中，教师要提示其他学生认真倾听，不但要细心听自己组内的发言，还要多关注其他小组的表现，看看其他组有没有需要自己学习的地方，他们的思维方式、解题步骤有没有值得自己借鉴的地方，互相取长补短，从而增强听课效果。

（五）展示要兼顾不同层次的学生

小组展示的学生要兼顾到每个层次，课堂不能是少数优秀学生的舞台，而应该给每个学生提供机会。这就需要教师根据问题的难易程度、展示的不同方式来选择不同类型的学生。展示要注意小组间的补差，让优的更优，暂时落后的也不能失去信心。总之，教师要让各种类型的学生都有展示的机会，这样才能更长久地激发学生学习的热情，更长久地保持课堂学习的活力。

（六）展示要坚持多元评价

展示效果如何，课堂评价很重要。评价既要有组内评价，也要有异组评价；既要肯定发言者的优点长处，又要指出他们的缺点错误，并提出修改意见。

对于各种发言教师都要给出评价的标准，根据小组给予量化赋分。比如，只说答案的加1分，而有开场白、结构清晰、过渡自然的加3分；参与小组讨论的加1分，能主动参与其他组的讨论并点评的加3分；展示形式新颖的加3分等。最后，根据各小组的得分评出优秀小组，教师及时进行点评、表扬或鼓励。

有效的自学展示使原本沉闷的课堂变得活跃起来，使原本淡薄的学习兴趣变得浓厚起来了。学生通过自学展示得来的知识印象更为深刻。在展示、评价过程中，学生暴露了自身的问题，发现了自身的不足，锻炼了听、说、读、写等各方面的能力，学会了表达自己的情感，加深了同学之间的相互了解。一堂课下来，学生变得信心满满。

自学展示不但让学生的知识得到了巩固，而且也让技能得到了提高。通过自学展示，学生的学习过程与方法得到了有效拓展；学生通过纠错互评，达到了相互启发、经验共享的目的，最终学生的情感、态度、价值观得以升华，综合素质得到发展。

三、局部探究

局部探究是指在语文学习活动中学生遇到的疑难问题或教师根据教学的重难点提出的一些具有深度和难度的探究性问题，让学生通过自主的阅读、思考、讨论等方法达到独立探究，掌握相应语文知识和阅读能力的一种新型的语文学习方式。在这个环节中，学生在整体感知文章内容、厘清文章结构的基础上对一些重难点知识进行探究和理解，以便更准确透彻地理解文章的精华及主题，从而习得写作手法。这一环节往往会出现课堂的亮点和出彩点。

这一环节的操作，教师可以根据学生的学习情况，适时引领学生对文本进行局部探究与语言品味。探究的问题主要有构思的独特与精妙、形象的欣赏与感悟、语言的品位与积累、知识的比较与迁移等。这一阶段就是模式的“释疑”环节，是学生课堂学习的关键时间，包括自主学习、质疑交流、展示互评、点拨生成四个环节。

（一）局部探究之自主学习

我们通常在学案的每一个板块都设计有学法指导和品读范例两个板块，目的是先让学生在学法的指导下，充分自学，学会学习，并采用圈点批画的形式留下自学痕迹。局部探究采用“主问题”领起的方法，学生在对“主问题”的个性化解读中，能够生成自己的东西。一堂感人的课，应该是学生在自主学习的基础上，争相表达，课堂气氛高潮迭起，在主问题的引领下，学生紧贴文本阅读品味，使课堂变得趣味横生，丰富多彩。

（二）局部探究之质疑交流

为了培养学生的质疑精神、创新精神，让学生学习教材但又不囿于教材，“质疑交流”这一环节贯穿学生学习的整个过程，在“学案导读”环节学生提出自学中存在的疑问，并在"自学展示"环节中提出来，不能解决的问题需要在下面的环节中寻找答案；然后在局部探究中会产生新的问题，再次提出来小组交流，依然不能解决的问题全班交流，教师给予适当点拨。总之，学生是带着问题走进课堂，带着新的问题走出课堂。师生在交流中深入探讨，互相促进，从而训练了学生的语文逻辑思维能力、创新能力。

（三）局部探究之展示互评

小组代表展示自学成果，异组互评补充。此环节的"展示"不同于"自学展示"，"自学展示"是基础的、基本的、浅显的、知识层面的，而此环节的"展示"则是深层的、高阶的、隐秘的，是思维层面的解读和深化，是紧承课前学习而对课文内容的深入理解。在展示的过程中，学生之间、小组之间要有适当的评价，评价之初教师要给出评价的标准，结合评价标准学生就有了依据，在评价别人的过程中自己的语文水平也有了提高。在这个环节中，教师要注意尊重学生的个体差异，这样才有利于每个学生的语文知识水平的提高。

（四）局部探究之点拨生成

在局部探究的过程中，教师要适当点拨，让学生生成新知。那么，何时点拨最为恰当呢？课堂进入晦涩难懂时，教师适宜点拨生成。孔子云："不愤不启，不悱不发。"当多数学生在"愤""悱"之时，教师的点拨要抓住时机，点拨要拨动心弦，点到困处、点到难处、点到疑处；要点"石"成"金"，"拨云见日"。问题探究，点拨生成，让我们的语文课堂张弛不乱，重难点有决，抵达沸点，走向柳暗花明的境界。

那么，局部探究在具体操作中要注意哪些事项呢？

局部探究绝不是高效课堂的点缀，而是高效课堂有机的组成部分，是激发学生思维能力、开发学生智力的舞台。局部探究能够达到新课程改革"在探究活动中勇于提出自己的见解，尊重他人的成果，不断提高探究能力，逐步养成严谨、求实的学风"的要求，让学生乐学，让课堂高效。

1. 创设良好的教学情境，增强学习的情感体验

探究式学习教师要善于创设出一个良好的教学情境，才能更好地激发学生学习语文的热情，才会让学生喜欢学语文；当遇到学习上的高难度问题时，才会产生挑战高难度学习的动力；以学生为主体的问题探究活动，才会在课堂上热火朝天地展开。

2. 以学生的探究为主，教师的点拨为辅

在课堂上，教师应发挥自己的引导作用，点燃学生的学习热情，让学生的思想灵动起来。教师要引导学生自主地学习、独立地思考，并以小组合作的形式展开问题的探究讨论。在此过程中，教师要对一些重难点的问题进行点拨，特别要侧重于对学生的思维方式和思路方向的点拨，促进学生自主学习活动的深入、顺利进行。小组探究要探究出真知，探究出彩点，经过教师恰如其当的点拨，知识的生成也就是水到渠成的事情了。

3. 探究的问题应是悬而未决的重难点

对于学生在预习中，经过深入讨论后依然不能解决的重难点，教师要引导学生进行探究。要抓住重点、突破难点，适时点拨，这才是“雪中送炭”，才是学生最需要的。教师引领学生深入观察，在了解学生学情的基础上，明确实施探究的意义是很重要的。

（1）探究帮助学生解决疑难问题

学生在遇到疑难问题无法解答、思维陷入困惑时，教师要迅速捕捉到这些信息点，并作为新的教学内容，通过教师的“课堂机智”能力，把学生的思维点拨到正确的轨道上来。对于学生在问题探究中常常出现的错误，教师也可以将其作为新的内容再进行点拨，疏通学生的思路，引导学生的感性知识升华成理性知识。

（2）探究点拨有效整合零散知识

从教材内容出发，教师在课堂上可以让学生把获得的一些片面的、零碎的、不成系统的知识进行归纳整合，形成自己的知识网络结构。例如，学生学习诗歌时，教师可以把《春夜洛城闻笛》和《逢入京使》放在一起进行内容上的探究学习，通过点拨比较进行整合。两诗的相同点：题材都是思乡诗，内容都是表达诗人对家乡的无尽思念；不同点：思乡之情产生的原因不同，思念的内容不同，抒情方式不同。通过学生的探究，教师的点拨，学生的思维开阔了，对这两首诗歌的内容理解得更深刻、更全面、更有系统性。

（3）探究点拨拓展学生的知识面

课堂上所有呈现出来的问题，学生在探究时，仅仅通过文本语言很难理解，所以必须有教师的点拨。比如，学生学习了“不耻下问”这一词，经过探究，还可以发现很多类似的成语，如全神贯注、夜以继日、专心致志、只争朝夕、学无止境、学而不厌等。这些发散性思维的点拨，使学生获得更多、更全面的知识，从而培养了学生良好的思维品质。

（4）探究点拨帮助学生强化重难点

定义的理解、要点的梳理、易错的问题等，这些都是重难点，也都是关键点。学生进行局部探究时，教师要抓住时机，适时引导，进一步巩固强化，以达到预期的教学目标。探究点拨要探在“疑”时，究在“惑”时、点在“懵”处、拨在“要”处。

四、拓展延伸

“语文学习的外延与生活的外延相等”，在语文教学课堂，随着新课标教材改革的发展，“教书本”转向“用书本”。拓展延伸就是教师利用文本，打破文本和课堂的约束，往生活延伸，往现实拓展，激发学生学习语文的热情，培养学生的发散性思维、创造性思维，使学生学到更广阔、更深厚、更实际的知识，并将其有效地应用到实际生活中去，实现书本知识来源于生活，又应用于生活的良好循环。

拓展延伸是初中语文课堂中一个充满情趣、充满活力、充满智慧的一个重要环节，既打破拘泥于传统教材的格局，又把封闭性课堂变为开放性课堂，具体操作如下：

（一）根据教材内容上某一个关键的事物点进行拓展

以《沁园春·雪》为例，为了帮助学生更好地理解文本，教师可以先指导学生朗读。通过朗读，学生了解了诗中的形象——雪。然后以“雪”作为拓展的起点，引领学生回顾曾经学过的古诗词中描写雪的名句，如杜甫的“窗含西岭千秋雪，门泊东吴万里船”，卢梅坡的“梅须逊雪三分白，雪却输梅一段香”，刘长卿的“柴门闻犬吠，风雪夜归人”，岑参的“忽如一夜春风来，千树万树梨花开”等。教师通过拓展，丰富了学生的知识面，也训练了学生的诵读能力。

（二）根据教材中作者表达的情感进行教学拓展

情感是一篇文章的灵魂和价值，教师应当采用多种方法让学生快速地融入作者的情感，并采用不同的形式调动学生和作者在情感上产生共鸣。一个优秀的拓展教学设计，既要让学生温故而知新，又要将文本和学生的学情以及生活紧密联结起来，引领学生在体验作者情感的基础上形成正确的人生观、价值观，并加强对社会、对生活的关注。

（三）根据教材中呈现出的人性进行拓展

例如，学习《我的叔叔于勒》这篇小说，为了展示学生对文本中的社会价值观的理解，教师可以采用情景剧的形式，进行拓展式延伸。进行课本剧表演时，学生绘声绘色的语言表达、活灵活现的丰富表情，真实准确地还原了菲利普夫妇的自私、冷酷、卑鄙、贪婪、庸俗的一面，还有于勒的潦倒和“我”的善良，同时情景剧还能让学生感受小说人物可怜和无奈的一面。这种拓展形式，既可以锻炼学生的语言表达能力、表演能力、组织能力等，又可以让学生在笑声中理解生活丑陋的一面，感受生活中的人性——美好的善和赤裸裸的恶，加深学生对现实的思考，提升正确评价现实生活的能力。

（四）根据教材内容和课堂需要为训练学生的语言表达能力进行拓展

拓展延伸是贯穿课堂始终的，并不是所有的拓展一定都在课堂的尾声部分。语言训练是拓展的一个重要组成部分，主要包括语言积累、语言表达、随堂写作等。这些知识和技能可以快速地训练学生的思维能力和写作能力。比如，鲁迅先生的《孔乙己》一课，课堂上，教师可以让学生简单地说一说对孔乙己的个人看法。为此，学生需组织语言逻辑表达，学生的语言表达能力与写作水平就会得到提高，达到拓展延伸的目的。

教材是师生每天都接触到的，也是最基础的学习材料。然而，在实际教学操作中，我们不难发现，有的教师对教材理解不透彻，甚至是机械片面的理解，因而忽视了课堂的实际情况，使拓展延伸的内容偏离了教材和课标的方向，让课堂变得无章法、无中心。他们为了延伸而延伸，当然也就达不到预期的教学效果。那么，教师在教学中需要强调、注意或规避哪些事项，才能让拓展延伸这一环节变得科学合理并具备有效性呢?

1. 立足教材

教材是拓展延伸的基点，课堂上的一切学习活动都是围绕教材而展开的。所以，拓展延伸必须在教材的基础上，对教材有所突破和超越。在课堂上，教师的思路既要遵循教材的思路，又要跳出教材的局限，最便捷的途径是根据教材的主题进行拓展延伸，从而保证拓展的有效性。拓展延伸是为了让学生更好地感受文本、理解文本，和作者产生情感上的共鸣，所以拓展延伸必须立足于文本教材。

2. 明确目标

明确的教学目标，是教师上好一节成功课例的最基本的要求。有了学习目标，学生才有学习的动力和方向。学习目标的设立是教师根据教材、学情而设的具体的学习要求，目标越详细，学生越明白自己在这堂课中应该具体做什么，怎样做，它不仅引领着课堂的学情，也是判断这堂课成功与否的标准。所以，拓展延伸的内容要与这堂课的学习目标保持一致，这样才能真实有效地突破本堂课的重、难点。

3. 准确切入

一篇课文内容很多，知识点也很烦冗，教师需要拓展的知识也是纷繁芜杂。为此，教师必须找到一个合适的知识点准确切入，把繁杂的拓展知识整合、提炼，为学生注入新鲜、新奇的知识血液。然而，找到拓展的切入点并非易事，教师要在课前精心备课，要有较强的业务素质和驾驭课堂的能力。只要能帮助学生深入理解文本，并引导学生形成正确的情感态度，课堂上任何时候、任何一个和教学目标一致的知识点都有可能成为拓展延伸的切入口。

4. 多维发展

拓展延伸教学环节需要教师以语文教材为核心和基点向外发散性拓展，在语文课堂开始之前，教师要求学生查询和本课教材内容相关的资料并认真阅读，让学生提前对教学内容有一个较为全面的了解。大量的教学实践表明，让学生课前或课后展开拓展延伸阅读和教材有关的知识，能够促进学生多维度发展，有助于学生积累丰富的知识，强化学生应用知识，提升学生对知识的探究能力。

拓展延伸是课堂教学环节的一个补充。拓展延伸不但扩大了学生的视野，拓展了学生的思维，加深了学生对文本的理解，丰富了学生的知识面，还可以帮助学生提升综合素养，形成正确的人生价值观。

（1）扩大学生的视野，拓展学生的思维。拓展延伸的内容，必须和教材紧密相连，拓展延伸是对教材的深度挖掘和补充，扩大了学生视野，拓宽了学生的思维，也有助于培养学生的语文素养，提升学生的语文基本技能。我们不能低估学生的知识水平，也不可忽视学生平时的积累。在这一环节中，学生不仅思维迅速，而且能够将新旧知识融合起来，进行跨越式思维，为课堂教学锦上添花。

（2）利于加深学生对文本的理解，丰富学生的知识面。语文教学在很大程度上其实就是阅读教学，就是要求学生能够理解文章的内容、写法，体会作者的情感。教学中的一系列的教学环节，都是为了达到这一目的而设计的，无论是质疑、展示、探究、点拨，还是拓展，都同样起着重要的作用。

（3）提升学生的综合语文素养，培养学生正确的人生价值观。语文课堂虽然以教给学生语文知识，提升学生的综合素养为主，但培养学生良好的道德情操和正确的人生价值观也是语文课堂不可或缺的一项任务。教师应该让学生多进行语文实践活动，多接触和思想道德有关的语文材料。所以，除了学生课下的拓展性阅读，课堂拓展的内容仍具有不可低估的作用。

五、达标提升

所有的学习内容最终都要进行达标，要求学生掌握并且能够把所学的知识运用到学习和生活中去。因此，学生在课堂上所学语文知识的达标是在感知、体验、品味、赏析、拓展的基础上得到的升华，这其中既有语文知识的理解运用，也有语文能力的提高，更有语文素养的提升。

达标提升一般是这样进行操作的：

（一）课堂达标内容首先要落实课堂学习目标

课堂学习目标是课堂教学的方向与灵魂，在目标明确的课堂教学中，学生就像在赛跑；而在目标不明确的课堂教学中，学生就像在散步。所有教学环节的设置都是为了学习目标，因此当堂达标环节首先要对“标”，进而才可能真正达标。

（二）课堂达标形式是多种多样的

课堂达标形式可以是书面完成，且要限时，准确完成；可以是口头表达达标，语言表达清晰明了；可以是写作练习，由读到写，读写结合；可以是教师提问，学生总结；可以是知识积累，由课内到课外，扩大知识面。具体选择哪一种形式，取决于教材内容和课堂需要。

（三）达标形式要有利于每个学生的参与

无论采取哪一种达标形式，都要在学习目标的指引下，让每一个学生完成知识上的达标。达标的形式虽然有多种，但不论采取什么样的形式，都要注意

“学以致用”这个原则，都要让每个学生参与进来。比如，设置基础性的达标题，可以是课前学习环节中圈出的本课重点的生字词，要求会读会写，而达标则采用选择题的形式来考查。选择题的特点是题量大，辨识度高，教师需要在熟练的基础上灵活运用，以适合不同层次的学生。

（四）达标测评教师要进行灵活多元的诊断评价

不论何种形式的达标，教师都要有一定的评价。我校语文教学模式中的评价形式是多元的、灵活的：有同组评价，也有异组评价；有教师评价，也有学生评价；有过程评价，也有结果评价；有对学生知识落实的评价，也有对学生分析问题、解决问题能力的评价。

在评价过程中，对于学生出现的问题，教师要及时进行反馈。教师评价时，要抓重点、抓典型，分析透彻，避免学生同样的错误再犯第二次，让每个学生从错误中总结教训，获取正确的学习方法，提升分析问题、解决问题的能力。

在操作过程中，一般应注意哪些问题呢？

1. 不能游离目标，无的放矢

“学有所知，学有所获”，是通过达标来实现的。不论是哪个环节的达标，都必须基于教学目标，不能游离目标，更不能无的放矢。目标不宜过多，题量不宜过大。过多会让学生无所适从，贪多反而不易消化；量大会让学生产生厌倦，尤其是学力达不到的学生，会让他们产生完不成任务的焦虑。

2. 适时、适度、有效地开展达标活动

首先，题目设计要典型并有针对性，符合素质教育的要求和新课程标准，顺应课堂教学改革的趋势，让学生做到触类旁通。

其次，要设计趣味性和开放性相结合的练习。学生对所学知识一旦产生了浓厚的兴趣，就可以主动地、轻松地、持久地、集中地投入到课堂练习中来，有助于学生知识能力的提高。

最后，要具有拓展性。教师要对本节课的知识做好拓展延伸，为学生的发展搭建一个更为广阔的平台。学生智力不等、发展不同，对学习所提出的要求也不同，所以我们应该给学生这样一个广角镜，让他们去了解与之有关的课本以外的知识，做一些难度较深的题目。

对老师来讲，这样做也对我们搞好校本教研提出了更高的要求，至于拓展什么、延伸什么，我们应该尽量从现实、生活及学生感兴趣的角度出发，选取相应的拓展内容。

3. 评价要贯穿课堂每个环节

语文课堂的达标不同于理科的达标，做几个类型的题落实一下学习目标就可以了。语文达标的形式是灵活多样的，贯穿课堂的每个板块、每个环节。因此，评价也要贯穿课堂的每个环节。比如，学案导学的评价应是面向全体学生，要求全部落实。教师可以根据个人的预习情况提出质疑，不同层次的学生存在的疑问可能不一样，可以借助小组实施评价。自学展示的评价形式可以采取小组互评和教师点评来进行，如果每个教学环节都紧贴学生来评价，那么达标就自然能完成。理想的课堂是让每个学生都学有所获，都能在达标中产生存在感、获得感，从而激发学生的学习兴趣，让学生在语文学习的海洋里自由遨游。

“达标提升”环节虽然是最后的环节，但是实施意义不可小觑。达标提升的目的是让尽量多的学生在课堂上最大限度地掌握基础知识，最大限度地进行基本技能训练，最大限度地得到情感态度价值观的培养。具体到每节课堂上，教师必须预设一定的达标练习时间，并要及时反馈达标训练情况，掌握学情，有效减轻学生的课外负担。“教者若有心，学者必得益”。设计达标检测，是一种艺术，也是一种创新。在具体的教学实践中，教师应根据实际情况，因时而异、因事而异、因人而异，设计有效的语文达标检测。做好这个环节更能彰显我们语文课堂的“高效”，真正体现让每个学生都学得好、用得好，学习和生活相得益彰。

第三节　"自学·释疑·达标"语文课堂教学案例

课题：《马说》

版本：部编教材八年级下册

执教人：微山县夏镇街道第一中学　满在莉

【教学目标】

（1）积累文言词语，提高文言文的阅读能力。

（2）体会"说"这种文体的特点，学习托物寓意的写法。

（3）理解短文所阐明的深刻道理，树立正确的人生观。

【教学重点】

领会文章寓意。

【教学难点】

找到受人赏识的途径。

【教学方法】

品读法、合作探究法、讨论点拨结合法。

【教学用具】

多媒体。

【课题类型】

新授课。

【教学课时】

一课时。

【教学过程】

（一）课前学习

学案导读（基础知识）。

1. 会读课文

读准下面加点的字音——自学导航：借助工具书自主完成。

祇辱＿＿＿＿＿＿＿骈死＿＿＿＿＿＿＿＿＿。

食马者＿＿＿＿＿＿食不饱＿＿＿＿＿＿＿＿。

才美不外见＿＿＿＿食之不能尽其材＿＿＿＿。

2. 读懂课文

疏通文义——自学导航：用“留、删、加、调、换”方式，借助课下注释小组合作完成。

解释加点的词语：

辱（　　　　）骈（　　　　）

是马也（　　　　　）

与常马等（　　　　）

不以其道（　　　　）

其真无马邪（yé）？其真不知马也（　　　　）（　　　　）

作者的观点是：＿＿＿＿＿＿＿＿＿＿＿＿＿＿＿＿＿＿＿＿＿＿＿＿。

（二）课堂学习

1. 欣赏图片，导入新课

教师活动：在网上有张照片，请大家欣赏一下。照片上的女孩参加北京电影学院考试，在表演复试中落榜，一时情绪失控，在现场大喊大叫，被网友称作“咆哮姐”。同学们，你知道她咆哮什么？（学生七嘴八舌说）她喊的是

"为什么啊"，言外之意就是我的表演已经很好了，为什么就没人赏识我呢？那么，你们也有这样不被人赏识的时候吗？

学生活动：谈自己不被赏识的经历。

教师活动：如果有学生说没有过这样的经历，老师则过渡说：看样子大家还是很幸运的，而今天我们即将学到的"千里马"就没有这么幸运了。今天，我们来学习一篇古文，看看是否道出了你们的心声，而这篇文章又表达了作者怎样的心声呢？

教师活动：播放课件，引导学生观察人物表情，板书课题——《马说》。

学生活动：观看课件图片，然后自由谈自己类似的经历。

设计意图：从现实入手，让学生换位思考，假如自己不被赏识，会有什么感受，同时，也完成了课前"自学"环节中学案导读里面的部分内容。

2. 自学展示——初读课文

教师要求学生完成以下学习任务：

（1）读准字音。

（2）读好停顿。比如，才美/不外见，且欲与常马等/不可得。

（3）读准重音。注意把"不"读好。

（4）读出语气。注意句末语气词"也"。

教师活动：指导学生朗读课文，译读课文。疏通文义时，要求学生用"留、删、加、调、换"方式，并结合课下注释小组合作完成。学生完成后，教师再要求组长组织组员先交流预习情况，然后选代表展示。

学生活动：先大声朗读全文，边读边标出生字。其他同学帮助纠正读音，注意朗读时的重音和语气，并评价朗读情况。朗读后，学生自主结合注释翻译课文，提出疑问。然后，通过组长组织小组活动，解决疑问，并概括文章观点。小组互改互评，积极展示，共同进步。

设计意图：目的是检测学生对"学案导读"的自学情况。让学生学会朗读，从音准、重音、语气等方面既达成课标要求，又借助课下注释，能读懂文言文，也完成了"自学"环节中的自学展示活动。

3. 局部探究——赏读课文

通过上一环节自学展示环节的进行，教师发现学生对两个问题比较模糊不清，所以进行具体的局部探究。

学法指导：在熟练朗读课文的基础上，小组探讨问题，学生可以在学习小组内合作交流，也可以跨小组探讨。

（1）本文标题为“马说”，其实就是“说说马的问题”，文章说了马的哪些问题呢？请从文中找到依据，并品读课文。

（2）本文通篇不离千里马，难道只是说“马”吗？本文通过描写千里马的遭遇，表达韩愈怎样的思想？

（温馨提示：结合写作背景，并注意含有“也”字的句子，体会作者的意图）

屏显资料：

韩愈资料一：

韩愈，字退之，唐代文学家。他18岁赴长安考进士，三试不第。24岁中进士后，参加吏部博学宏词科考试，三次参加吏选，又都失败；三次给宰相上书，没有得到一次回复；三次登权者之门，均被拒之门外。

韩愈资料二：

① 24岁中进士。

② 文起八代之衰，位列“唐宋八大家”之首。

③ 有大量诗文作品：《马说》《师说》《进学解》《早春呈水部张十八员外》……

④ 是一代语言巨匠，以其语句形成成语的有一视同仁、异曲同工、垂头丧气、袖手旁观、弱肉强食、落井下石、牢不可破、杂乱无章、名存实亡、再接再厉……

⑤ 留下大量名言：书山有路勤为径，学海无涯苦作舟。业精于勤，荒于嬉；行成于思，毁于随……

教师活动：

（1）针对第一个问题教师适时点拨：文章标题为“马说”，其实就是“说说马的遭遇”，这是一匹怎样的马？有哪些遭遇呢？然后，引领学生质疑、讨论、探究，然后生成。

（2）针对第二个问题，教师点拨：假如你有这样的遭遇，你的感情是怎样的？该如何来读？然后，教师又指导学生朗读第三段，让学生读出憎恨、鄙视的语气。

最后生成：文章正是通过句末语气词“也”来表达微妙的情感的。

（3）根据学生呈现的学习状况和课件上出现的材料，教师进一步点拨：没有伯乐，千里马永无出头之日。也正如作者所说：“世有伯乐，然后有千里马。千里马常有，而伯乐不常有。”可这是说千里马吗？本文通篇不离千里马，难道只是说“马”吗？本文通过描写千里马的遭遇，表达了作者怎样的思想感情？看完这两段材料，你想说什么？

教师就是这样在“主问题”教学的引领下，一步步引导学生质疑、交流、探究、点拨、生成，最后拨开迷雾，曲径通幽，柳暗花明。

学生活动：

（1）学生先自主学习，通过自主独立的思考，然后通过以小组为单位的质疑交流，最终得出了以下的观点：千里马的遭遇，“祇辱于奴隶人之手，骈死于槽枥之间，不以千里称也”，这里的“也”有惋惜意味；“食不饱，力不足，才美不外见，且欲与常马等不可得，安求其能千里也”，这里的“也”有不平的语气；“策之……食之……鸣之……其真无马邪？其真不知马也”，这里的“也”有愤慨的语气。

（2）小组展示交流成果，用自己的话回答，通过对重点句子的品读，体会作者的情感和本文托物寓意的写作手法。

设计意图：锻炼学生朗读的能力、技巧，通过展示互评来品读重点语句，体会作者的情感，从而生成新的知识点。对课文内容的理解从浅层理解上升到深层理解，由感性知识上升到理性认识，并培养了学生收集资料，以及整合信息、运用信息和生成新的知识信息的能力。

4. 拓展延伸——悟读课文

讨论：千里马和伯乐谁重要？假如你是千里马，你想怎样获得他人的赏识？

教师活动：适时点拨，引导学生百家争鸣式讨论“千里马和伯乐，谁重要？”

最后，教师做出小结：关于千里马和伯乐的关系，一直是人们感兴趣的话题。刚才，同学们从不同的角度表达了自己的观点，展示了良好的口才和思辨能力。综合起来说，伯乐和千里马是各自独立又相互依存的关系，少了谁都会失去存在的意义。

学生活动：继续在自主学习的基础上质疑交流展示。学生自由发表自己的见解，根据学情也可以形成一个小辩论会。学生自由畅谈个人见解。

设计意图：训练学生的思辨能力、口头表达能力、展示自我能力。

5. 达标提升——诵读课文

（1）在诵读课文的基础上、谈谈你本节课的学习收获。

（2）达标检测。

参考《配套练习》第111页1～4小题。

教师活动：引导学生准确、全面地概括出本课所学知识点，并指导学生做达标检测内容。

学生活动：在独立思考的基础上展示本节课所学内容，并在老师的指导下完成达标检测。

设计意图：让学生梳理已学知识，形成本节课较为完整的知识链。在完成达标的基础上，让学生完成知识上的提升，学以致用。

【教学反思】

本课的学习，让学生完成了学习目标，积累了文言词语，提高了文言文的阅读能力；理解了短文所阐明的深刻道理，树立了正确的人生观；同时，也学习了托物寓意的写法。课堂上一系列的教学活动，都围绕着教学目标而展开。课前学习中导学案的制作比较注重基础知识的积累。自学展示环节，既训练了学生的口头表达能力，又激发了学生初步学习的兴趣。局部探究中让学生反复朗读，并当堂背诵一些经典的文言句子。教师引领学生多次朗读感受到了文本中呈现出来的作者怀才不遇、壮志难酬的悲愤心情以及对统治者埋没、摧残人的行为的讽刺和鞭挞。学生由初步感知课文到感受文中作者的情感，这是本课的一个亮点。教师引领学生以多种方式朗读，可以说“读”也是本课的又一个亮点。教师在引导学生理解本文托物寓意的方法时，为了挖掘文章的现实意义，拓展延伸了一些社会实例，培养了学生主动探究、合作学习的习惯。本节课的达标提升环节，由于时间把握不够好，学生谈论收获拖延了一些时间，造成达标练习的时间过紧。

这堂课教师的点拨引领恰到好处，学生在课堂上的展示也表现得游刃有余。这样既提高了学生的综合概括能力，也训练了学生的思维和语言表达能力。当然，这堂课也有值得探讨的地方，如组长在翻译课文的过程中，个别同学有不同的意见，但是教师并没给他们机会讨论；有些知识点的学习效果并没有达到课前备课时的预想。但是，总的来说，满老师执教的这节课是一堂精彩的课，是一堂让学生真正有收获的课，是一堂真实的课。

第二章

数学学科

课堂教学模式的构建与解读

“横看成岭侧成峰，远近高低各不同”，从不同的学科角度看，教学模式的使用也不会是一成不变的，而应是基于学科特点体现实践性、创新性的。试想，假如在各学科中都千篇一律地套用“模式”，学科教学也就失去了其本真特色，失去了思想活力，失去了课堂生命。因此，根据学科性质不同，其学习过程、认知方式、经验方法等也有其内在的规律，这就要以突显学科特色为主，创造性地使用“自学·释疑·达标”课堂教学模式。数学学科模式就是在这种背景下应运而生，它的构建为“自学·释疑·达标”课堂教学模式的深化和发展起到了推动作用。

第一节　模式的探索与形成

数学学科遵循“自学·释疑·达标”课堂教学模式的思想理念，以尊重学生个体，注重开发学生潜能为己任，面向全体学生，培养学生的自主学习能力、合作学习能力及终身学习能力，促进学生可持续、自主发展。在“自学·释疑·达标”课堂教学模式的引领下，根据数学学科的特点，我们积极构建学校模式下的数学学科模式。

一、为什么要构建数学学科模式

数学教学应重在激发学生的学习原动力，让学生主动参与学习，乐于探究疑难，勤于动手操作，学会合作交流；使学生理解和掌握基本的数学知识与技能、数学思想和方法，获得基本的数学思想活动经验。基于上述目标引领，在“自学·释疑·达标”课堂教学模式的框架下，数学学科根据自身学科性质及数学教师多年实践经验，确需建立适应数学学科的课堂教学模式。

1. 数学学科性质的需要

数学学科是一门抽象性、逻辑性并存的综合性学科，传统“灌输式”教学不利于学生思维能力的提高。“自学·释疑·达标”课堂教学模式有力地打破了教师统揽课堂的局面，使课堂富有生机和活力，学生学习的积极主动性明显加强。该模式在教师和学生的学习生活中已经生根发芽，成为我们每天必须经历的学习生活方式。但数学学科也有其自身的学科性质特点，完全照搬模式的流程会使教师的教学和学生的学习产生僵化思想，不利于学生数学思维能力的培养，数学学科的魅力也得不到彰显。

数学本身具有的严密逻辑性、推理性的特点，需要教师在教学中紧跟学生思维的脚步，将“自学·释疑·达标”课堂教学模式各环节整合或拆分，使之更加适应数学学科的特色。数学学科应该经历"自主学习—探索新知—应用新知—能力拓展"四个方面的思维过程。这四个方面是学生思维的逐步深化、学生能力的逐步提升。每一个方面都将"自学·释疑·达标"课堂教学模式中的三个模块、七个环节恰当地选用，从而使教学模式在数学学科的应用中实现突破，既丰富和发展了教学模式，又凸显了学科的自身特点，做到了两者的完美统一。

2. 数学核心素养的需要

"教育要学生带走的不仅是书包里的东西，还有超越书本知识的人的素养。"数学核心素养包含数学抽象、逻辑推理、数学建模、数学运算、直观想象、数据分析六个方面。数学教学应该着力从这六个方面定位，使学生获得真正以后学习和工作必备的品质、必备的素养。因此，我们要教给学生站在数学的角度看问题，有条理地进行理性思维、严密求证、逻辑推理，清晰准确地表达自我的意识与能力。

"自学·释疑·达标"课堂教学模式就很好地解决了如何培养学生数学素养的问题，模式的流程完全契合学生思维能力的提升，学生主动去构建数学知识模型，去解决生活中的实际问题。不过，我们在实际操作中发现，数学素养需要学生在学习过程中及数学思维方法的掌握过程中，逐步将学生自身的行为进行内化。数学学科模式的流程要符合学生的认知规律，不能千篇一律地按照"自学·释疑·达标"课堂教学模式规定的流程进行，要有选择地汲取模式流程的有效片段或组合流程的几个环节，或改造流程中的要求与做法，让学生的思维能力在探索新知、应用新知、能力拓展中，实现层层递进、螺旋上升的发展，逐步培养学生的数学素养。

3. 数学教与学的关系的需要

构建主义学习理论认为，学习不是一个被动吸收、反复练习和强化记忆的过程，而是一个以学生已有知识和经验为基础，通过个体与环境的相互作用主动构建的过程。创造性教学，不在于教师把知识的结构告诉学生，而在于引导学生探究，帮助学生在走向结论的过程中发现问题、探索规律、习得方法；教师应引导学生主动地从事观察、实验、猜测、验证、推理与合作交流等数学活动，从而使学生形成对数学知识的理解和有效学习的策略。

"自学·释疑·达标"课堂教学模式很好地处理了教师与学生的角色地

位，很好地处理了教与学的关系，因为数学教学中的教与学的关系要求教师跳出模式看模式，实现自身的升级与演变。教学模式经历了十几年的风风雨雨，其思想内涵已经与模式形成之初发生了深刻变化，这与各学科教师在教学实践中对模式不断摸索、不断进取、不断完善是分不开的。学校教学模式只有经过各学科教师的教学实践，才能焕发出价值，从而跳出模式重组模式，这就形成了数学学科特有的“学案导学·探索新知·应用新知·诊断评价”四模块教学模式。

4. 学校模式发展的需要

“自学·释疑·达标”课堂教学模式从成功构建到成熟与完善，由当初的“一堂课、一张纸”演变为“一堂课、一张纸、一课件”。随着时代的进步，模式必然要适应时代的发展，学科教师也在学校模式先进理念的统领下实现本学科教学的跨越式发展。学科教师对学校模式的应用与理解，结合学科的特色，形成了“自学·释疑·达标”模式下各具特色的学科教学模式。各学科模式是学校模式的发展与深化，更加丰富了“自学·释疑·达标”课堂教学模式的内涵与外延。

数学学科模式的构建，就是在这种背景下应运而生的。数学学科模式是在学校模式的基础上，将学校模式的七个环节巧妙地进行重组。这种“重组”不是简单地将学校模式各环节组合与跨越，而是根据学科的特点，将其环节升级改造，形成学校模式的再创新。数学学科模式仍遵循“自学·释疑·达标”课堂教学模式的三模块教学，将“释疑”模块升级为两大思维模块——“探索新知”和“应用新知”。这两个思维模块不是并列关系，而是螺旋上升的关系。学科模式的构建体现了学校模式历经十余载依然能够散发出智慧的光芒，也体现出“夏一西人”在模式的探索中不断进取、永不满足的精神。

二、数学学科教学模式探索的困惑与思考

“自学·释疑·达标”课堂教学模式经过在学科教学中不断地打磨、实践，其前瞻性和创新性得到验证。学校模式对于教师摒弃传统讲授为主、学生被动接受的方式起到了巨大的推动作用。学校整体推进的课堂教学模式深入人心，成为教师自觉的行为习惯。随着教师对模式的深入理解，模式开始从形式转向内涵发展，引入学科元素才能够使学校模式实现再发展。在学校模式的再

发展的背景下，教师在模式的积极探索中产生很多困惑与思考，这也为学科模式的构建埋下了伏笔。

1. 遵循学校模式如何彰显学科特色

数学学科在思维能力的培养上如果追求学校模式的形式统一，极易造成课堂教学的形式化倾向。课堂上热热闹闹，学生忙得不亦乐乎，其真正的数学思考时间都被这种形式化的程序所替代，渐渐地学生便适应了这种浮躁的形式表演，其数学本真的思维与探索遭到摒弃，很多数学老师对学生这种表现深恶痛绝，不得不回到教师讲解为主的老路。学生的落实得不到保障，何谈学生思维能力的培养，何谈学生数学素养的形成？教师们的疑虑是对的。这就要求数学课堂一定要彰显数学的特色，实现数学课堂模式与学校模式的有效对接，真正实现数学本真课堂，吸引全体同学都积极参与，认真思维，主动思考，小组互动交流。在数学教学中，学生的数学思维能力的培养得到展现，数学核心素养得以提高，数学学科的性质能够真正体现。因此，数学学科教师通过学校模式的引领，将数学学科性质融入学校模式之中，形成了具有学科特色的、适应数学学科的课堂模式，使其更具有数学的独特个性，又不失学校模式的风采。学科教师经过多年实践，打造了学校模式基础下的数学学科教学模式，将数学的学科特色充分展现，将学生的个性特色充分发挥，将学校模式的精华充分彰显。

2. 构建学科模式是否意味着抛弃学校模式

我们构建数学学科模式，很多教师的表现是对学校模式的否认，实际上是这些教师没有真正理解学校模式的内涵，只注重其外在形式，将数学模式与学校模式脱节。在实际教学中，我们老师不仅没办法发展数学独特模式，反而将数学课堂上成了无序紊乱状态，教师抓不住头绪，学生疲于应付。因此，构建数学学科模式就要把学校模式的内涵挖掘出来，这样再来认识学校模式，我们就会真正理解其简洁而富有思想的本真特色。数学教师课堂教学的实践证明，学校模式不是不适应数学课堂教学，而是促进了数学课堂教学，只是其框架下的细节需要根据数学学科特点不断地调整改造，才能更适应数学教学的专业发展。由此可见，构建数学学科模式绝不是抛弃学校模式，而是实现学校模式的再发展、再深化。

3. 构建学科模式是否与学校模式冲突

学科模式是在学校模式的认识深刻性的基础上引发出的，是将学校模式在学科教学中实践经验的理性化的探索与总结的产物。它们之间不是冲突的，而是相辅相成的，学校模式的不断更新与深化，必然会引发学科教学的不断更新与深化，进而在学科教学中形成了游离于学校模式之下的各学科各自不同的解读与思考。数学学科模式就是在学校模式与数学教学不断碰撞中形成的。数学学科模式将学校模式传承与发展、吸收与变更，形成了更适应于数学课堂教学的学科模式。学科模式的构建推动了学校模式的深层内涵发展，更彰显出“自学·释疑·达标”课堂教学模式从构建到发展中不断创新、自我完善的独特魅力。

三、数学学科模式的形成及概说

“自学·释疑·达标”课堂教学模式从构建到发展离不开学科教师的教学实践，随着学校模式的使用日趋成熟，蕴含各自特色的学科模式也随之产生。数学学科模式是根据数学学科的特点，将学校模式的七个环节重新组合，整理形成。

数学学科在“自学·释疑·达标”课堂教学模式的组织架构下，根据其自身的特点，经过我们教研组反复研讨、琢磨，最终形成了“学案导学·探索新知·应用新知·诊断评价”四模块教学模式（图2-1-1）。四模块环环相扣、层层递进，符合学生的思维发展的规律，又与“自学·释疑·达标”课堂教学模式七环节相互依存，形成了数学学科的教学特色，深化了“自学·释疑·达标”课堂教学模式的内涵与外延。

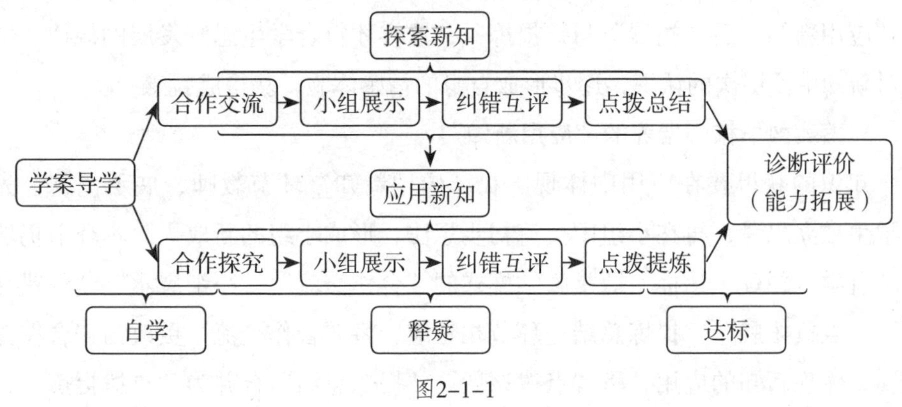

图2-1-1

学案导学是线，贯穿整个课堂始终，四个层次中，学案导学为课前预习，探索新知和应用新知是一个整体，每个层次都是合作探究（交流）、小组展示、纠错互评、点拨总结（提炼）四个环节，其中，合作交流（探究）为课前预习和课堂教学的"对接链"，使二者合为一体，点拨总结（提炼）和诊断评价都是对学习目标的检测。按照各环节在模式结构中的组织形式及作用可划分为自学、释疑、达标三大板块。其中，自学包括学案导学、合作交流（探究）两个环节，释疑包括合作探究、小组展示、纠错互评、点拨总结（提炼）四个环节，诊断评价包括小组展示、纠错互评、提炼总结、诊断评价四个环节。

1. 培养学生自主学习能力的"学案导学"

"学案导学"本环节与"自学·释疑·达标"课堂教学模式的环节完全吻合，也符合学生认知规律。"学案导学"以学法为指导，将课本的知识形成一个个评价任务，让学生通过对任务的接受与处理形成自我认知。学生自主学习分为课前指导学习和课堂引导学习。课前指导学习主要是向学生提出明确的学习要求，针对学生情况、学习内容等制订不同的学习目标，指导学生一步步完成预习任务；而课堂引导学习，主要是在课堂教学中通过引导的方式帮助学生学习，完成学习任务，小组的群学、成员的互帮互助起到了查缺补漏的效果。

2. 培养学生思维能力的"探索新知"

"探索新知"环节与"自学·释疑·达标"课堂教学模式的"合作交流""小组展示""纠错互评""点拨拓展""提炼总结"环节相呼应，交流方式以口答方式为主，是对新知的初步认知。将"拓展"与"提炼"隐去，形成"点拨总结"，本环节是对概念、定理等知识的生成阶段，不需要拓展，应在"应用新知"后"拓展"与"提炼"，这样才符合学生思维发展的规律。学生对新知由浅层次的认识，逐步形成自身的情感体验，获得成就感。

3. 落实数学核心素养的"应用新知"

知识的获得要在应用中体现。在"应用新知"环节教师，展示例题，先让学生独立思考，再在小组中交流初步想法，形成小组的新成果。本环节仍然与"自学·释疑·达标"课堂教学模式的"合作交流""小组展示""纠错互评""点拨拓展""提炼总结"环节相呼应，将"合作交流"更改为"合作探究"，体现新知的应用，将"点拨拓展""提炼总结"合并为"点拨提炼"，用意是在应用新知后提炼出数学一般的思想方法，以便落实数学核心素养。

4. 提升学生综合能力的“诊断评价”

“诊断评价”环节与点拨总结（提炼）相连接，将学生能力充分发挥。新课标要求，诊断评价要关注学生的全面发展，不仅仅是学生的知识和技能的提升，还有学生的学习过程、方法，以及相应的情感态度和价值观等方面的发展。因此，在诊断评价环节，我们要全面了解学生的学习过程，对学生获得的知识和技能给予充分的肯定与鼓励，诊断学生在学习中存在的困难，及时调整和改善教学过程；帮助学生认识到自己在解题策略、思维或习惯上的长处和不足；发现学生多方面的潜能，了解学生发展中的需求，使每一个学生通过评价都能看到自己在发展中的长处，增强学习的信心，促进学生数学素养的发展。

四、数学学科模式的优势及实践意义

经过我们数学教研组的共同探索，数学学科模式逐步形成理论体系。这种理论体系反作用于教师的课堂实践，提升了课堂教学的效率，教师从中获得了成功感，由此体现出数学学科模式的强大生命力数学学科模式的优势与实践意义主要体现在以下几个方面：

1. 数学学科模式的构建实现了与学校教学模式的交融

数学学科模式的构建丰富了“自学·释疑·达标”课堂教学模式的内涵与发展。数学学科模式发挥了学生的主体能动性，培养了学生的创造精神和实践能力，让学生学起来更轻松、更快乐，提高了课堂教学的效率。在数学课堂上，我们经常见到小组讨论交流，甚至争论的情况；经常见到学生分组展示，写满了前后黑板；经常见到学生用红笔在黑板上批改圈画的痕迹；经常见到“小老师”在课堂上认真地讲解……

数学学科模式的构建不仅解放了学生的手与脑，还解放了教师的手与脑，让我们有更多的时间去研究学生、思考教学；在数学教学中，我们不再是照本宣科的教书匠，而是与学生进行思想交流、心灵沟通的良师益友。数学学科模式的构建使我们学校教学模式的应用更加流畅，学生的负担更轻了，学习热情高涨起来了，学生的思维能力得以提高，数学素养得以提升。

2. 数学学科模式的操作性更强，实现了学校教学模式的再提升

数学学科模式完全符合学生的认知规律，符合学生思维能力层层深入的发展规律。从学生的自主学习入手，到课堂概念、定理的浅层次探索，再到深层

次的理解与应用，凝聚为学生的数学思想方法。数学学科模式培养了学生的探究能力与创新能力，学生提出问题、分析问题、解决问题的能力大大增强。

数学学科模式操作简洁，是“自学 · 释疑 · 达标”课堂教学模式的升级版、共享版。它利用教学案导学，发挥学生的自主学习能力与合作学习能力，教师易于操作，学生易于学习。数学学科模式的构建将学校模式的精神内涵彰显出来，丰富和发展了“自学 · 释疑 · 达标”课堂教学模式。

3. 数学学科模式有利于学生思维能力的培养和数学素养的提升

数学学科模式不断实践探索的过程也是我们数学教师人心团结、共同克服困难、积极进取的过程。教师通过教学实践与“自学 · 释疑 · 达标”课堂教学模式相融合，增强了模式的思想内涵，拓宽了学生的思路，活跃了学生的思维。数学学科模式将数学思想特色展现出来，赢得了学生的认可，培养了学生的能力。数学学科释疑模块的两段式教学将学生带入思维的天堂，让他们在不断的释疑中收获知识、能力、思想和方法，学生的数学素养得以提升。

第二节　模式的环节解读

数学学科模式遵循循序渐进的原则和数学学科的特点，充分体现学生的主体地位和教师的主导作用。学习流程被分为四个板块，分别是学案导学、探索新知、应用新知和诊断评价。学案导学的自主学习是课前部分，探索新知、应用新知、诊断评价是课堂上的三个板块，教学案贯穿整个课堂，它是课前教学和课堂学习的载体，是完成课堂教学任务的保证。下面对这个四个板块和它们的操作进行详细的解读：

一、以生为本的“学案导学”

“学案导学”是指学生根据教师设计的教学案，在教学目标、方法、问题的引导下，按要求完成教学案中相应的内容，其目的在于让学生熟悉教材，发现问题，为后续学习打下基础。学生可以在教学案后面提出疑问或自己的观点、见解，以供课上师生共同研讨展示。

学生自主学习是学生对知识信息的初步感知，也是学生体验成功、树立信心的重要阶段。所以，学生自主学习应落实到位，自学时要精力集中，快速高效。自学这一阶段应把握好以下几个问题：

（1）前期教师要努力培养学生的自学能力和让学生养成良好的自学习惯，指导自学、督促自学、鼓励自学，使全班形成良好的自学氛围。

（2）自学阶段教师不能放任学生自由，不能让学生做“私事”，应在课堂里来回巡视，加强督查，发挥自主学习委员会的组织管理职能，确保每名学生认真完成。

（3）对于学生不能解决的问题，教师要引导学生在“最近发展区”内，通过同位商量、小组讨论、全班辩论等多种讨论形式，充分发挥优秀学生的带头作用，多角度、多层次地辨析，尽可能地相互启发，消融个体疑点。同时，教师还要发现学生存在的疑点和难点，为下一步的引导和点拨找到发力点。

（4）教师要积极培养学生养成独立思考的习惯，指导学生学会思维，学会分析，学会利用工具书查找资料，鼓励学生正确面对困难，勇于挑战困难，从解决困难中寻找到成功的快乐，确有解决不了的问题再请教别人。

（5）上课前，教师为了解学生学案完成情况，可以统一抽取每组1到2份学案检查或批改，找到出现问题或空白题目较多的地方，以便在下面的环节中重点处理。同时，为了督促学生能在课下较好地完成学案或积极主动地解决疑惑，教师要从抽取的学案中选取较好的给予小组加分的评价。

（6）同一份学案在不同班级不一定完全通用，由于各班级的班风、学情和教学进度不尽相同，科任教师要根据学情进行适当调整，即进行第三次备课，形成自己的教学特色。

《老子》云：“授人以鱼，不如授之以渔，授人以鱼只救一时之及，授人以渔则可解一生之需。”学案导学重视课本，重视学生自主学习，重视学生基本素养，即学生的自学能力、自我管理能力、学习态度、学习习惯等。如果学生能够坐下来，那么必然会对学生的学习态度和学习习惯带来积极的影响。我们都知道“量变引起质变”的道理，这种坚持的爆发力是巨大的，学生也必然会因此而受益终生。即便是日后参加工作了，这种好的学习习惯、学习方法也能够帮助他们解决今后生活中各种问题。

二、激活思维的“探索新知”

“探索新知”是在学生自主学习的基础上，进行“合作交流—小组展示—纠错互评—点拨总结”四个环节的学习，以掌握本节课的基本知识和技能。围绕小组展示，各环节交相呼应，形成循环往复、螺旋上升的认知过程。这一板块具体流程如图2–2–1所示。

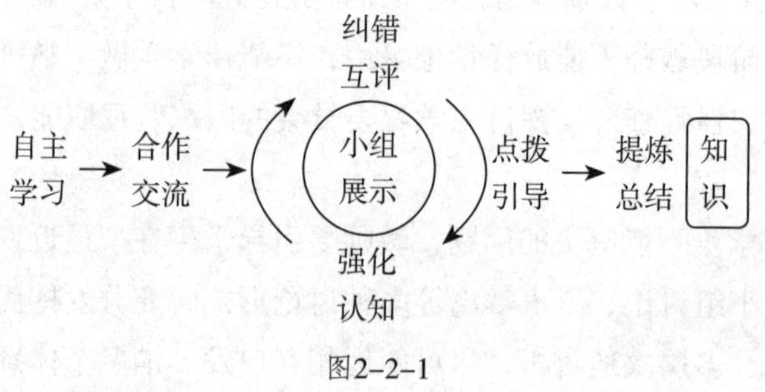

图2–2–1

1. 合作交流

在完成自主学习任务后（学案中的“自学导航探究新知”），下面进入合作交流环节。由组长组织组员定时完成教师提出的任务：①核对答案；②交流想法；③解决疑惑；④更正落实。这个环节体现了从独学到对学，开放小范围共享的过程。学生的思想得到碰撞，思维得到激发。教师畅所欲言，最大限度地解决自学中存在的疑难问题，或是讲出自己的想法，经过小组讨论交流，形成统一的意见和认识。对于组内仍然不能解决的问题，教师要求积极向其他小组求助，实现群学，真正实现大范围共享的过程。再解决不了的问题让学生做好记录，以便在师生释疑中解决。当然，教师在该环节中要巡视，深入每一个小组中，关注进度，参与解疑，教师不是局外人，而是“槛内人”，要参与到学生的讨论中，并找到需要重点强调的问题或错误较多的问题，为下一步的展示提供选择。这样不仅可重点突出，还可节省时间，又为后面的达标检测争取了更多的时间。合作交流是课堂开始后必不可少的一个过程，使课前自主学习与课堂教学加以对接，同时它也是课堂释疑的开始。

2. 小组展示

前面两个环节一般都不会有大的问题，开始学案设计中就要求内容体现基础和梯度，保证每小组的优秀生都会。教师根据自学的内容有意安排或随机安排不同层次的学生展示，注意同一问题要用不同的展示形式，通常数学课的展示形式有板演、讲解、演示等。

小组展示时，小组同学要各尽职责，各尽所能。成员可以都参加，也可以由组长派2～3人参加，每组所派的选手越弱，但能较好地完成任务，将得到双倍积分奖励。

比如，人教版《义务教育课程标准实验教科书数学》九年级上册第二十四章的《点和圆、直线和圆的位置关系》一节在教学时，让学生借助已有的知识经验在课前进行自学，按照要求，课上小组展示情况如下：

要求：

（1）利用手中准备好的圆，用自己喜欢的方式展示一下圆与圆有什么位置关系。

（2）各组组长做好记录，将结果记录到记录单上。

（3）动作迅速，分工合作，比一比哪个小组方法最好，最先完成。

下面请小组长拿出准备好的圆，小组展示现在开始！

组1：我们组使用的圆纸片和铅笔，移动铅笔，比画的结果是直线与圆有相交和不相交两种位置关系，相交时有两个交点。（学生边交流，边展示操作过程）

组2：我们组使用的硬币和画的一条直线，移动硬币，发现直线与圆有三种位置关系。（学生边交流，边展示操作过程）

组3：我们组讨论的是把太阳看作圆，地平线看作一条直线，太阳升起的过程得到的结论是直线与圆有两种位置关系，包括相切和相离两种情况。（学生展示图形）

组4：我们组对第三组结论有补充，直线与圆还有相交的情况，就是露出半个太阳的时候。

组5：将各组回答的情况做了一个总结。

组6：把直线和圆的几种位置关系画到了黑板上。

组7：我们组对第一组结论有补充，铅笔比较粗，所以看不出还有一个交点的情况，所以漏了一种位置关系。

在这一个环节，每个小组的积极性都非常高，表现都非常出色（见表2–2–1）。

表2–2–1

组别	一组	二组	三组	四组	五组	六组	七组	八组
得分	3	4	3	4	3	3	4	0

小组展示的设计体现了学生的主体地位，培养了学生的“主人翁”意识，极大地锻炼学生的语言表达能力、逻辑思维能力，激发了学生求知欲，培养了学生的自主学习能力。小组合作的过程，就是一个相互学习的过程。组长带动组员积极准备，为了小组的荣誉，学困生也必须积极准备，充分调动了学困生的积极性。学困生为了小组的积分，听课认真，抓住一切表现机会，赢取积分（因为积分翻倍），为组争光，在不知不觉中学困生渐渐消失。以前有一些学生，一学期也不到黑板前讲题，现在每个星期都讲几次。学生们在数学课上都有事做，收获颇丰。现在的数学课不再是一门枯燥乏味的学科，而是充满掌声的课堂。莎士比亚说过：“学问必须合乎自己的兴趣，方可得益。”由于学生有了兴趣，课堂积极表现如今我们的数学学科已经成了我校的强势学科，优秀

率、及格率都名列微山县各级考试成绩的前列。

3. 纠错互评

纠错互评（点拨引导，强化认知）是以小组展示为中心，鼓励其他学生针对展示的内容做出合理的评价，找出不同的想法或提出异议，让思维碰撞出绚丽的火花，让整个课堂活起来，这是整个课堂最精彩的部分。教师要敢于放手，对于有些问题，要善于点拨引导，不吝表扬和鼓励。在教师评价的同时更多地引入生生评价。纠错互评是“自学·释疑·达标”教学流程的一个重要环节，可视为小组展示的继续，这是学生学习知识、发展思维的一项经常性的实践活动，也是师生信息交流的一个窗口，更是学生在课堂上激烈争论、积极参与、生成问题，碰撞出思维火花高潮的部分。

比如，人教版九年级上册22.3“实际问题与二次函数面积应用一课中，设计了如下问题：①用总长为50m的竹篱笆围成鸡场，最大面积为多少m^2，此时长方形鸡场的长、宽分别为多少？②尽可能多地设计围鸡场的方案，看哪个小组方法多。

对于第一个问题，一学生展示了他的思维路线：设鸡场长为xm，宽为（25-x）m，面积为ym^2，列出函数关系式$y=x$（25-x），解得x=12.5m时鸡场面积最大。此时长为12.5m时，宽为12.5m。

我引导学生体会此时图形是什么图形。

马上有一个学生意识到是正方形。

对于第二个问题，另一学生提出质疑：用总长为50m的竹篱笆围成鸡场，并没有说怎么围，能不能一面靠墙？我说当然可以。这时班里炸开了锅，刚才那个学生接着说，我们小组就是一面靠墙，设长为xm，宽为（50-$\frac{x}{2}$）m，函数关系式$y=x$（50-$\frac{x}{2}$）。解得x=50m时鸡场面积最大。我再一次引导学生比比哪种围法面积最大。

学生一起答第二种面积大。

这时，第三个学生又站了起来，能一面靠墙，也能两面靠墙，面积会更大；三面靠墙面积更大，还可以四面靠墙……这时下面同学嚷嚷着说四面靠墙不行，不能进去了，成封闭的了……

我再次关注其他学生，问还有没有其他方案。一个平时很老实的学生站起来说：这个鸡场得留个门吧？不然怎么进？如果留门宽1m，那么，面积还可以更大！

闻听此言，班里又炸开了锅，还可以留两个门、三个门，门还可以更宽……

稍微安静后，我又环顾全班同学，问还有其他方案吗？

同学们疑惑地互相转头窃窃私语：还有方案？我适时地点拨，鸡场可以用栅栏隔开，便于管理。一个同学站起来说：“那面积就变小了呀！”我会心地点了点头，“虽然面积小了，但是可以优化管理，也不失为一个好的方案呀！”

另一个学生突然站起来，要想面积大且不靠墙的情况下，围成一个圆，面积是最大的。

全班同学顿时鼓起掌来。

趁热打铁，我根据课前预设，把同学们说的各种情况设计成例题，让学生计算。同学们，这表面上是一个题，实际上是几十道题、几百道题（甚至是无数道题），其实是一个“如何圈地”的项目。测量土地面积本身就是几何产生的源头。

学生通过问题及老师的点拨畅想到了各种实际背景，几乎穷尽了圈地问题的所有类型，为未来的学习也埋下了种子。长期这样学习的学生，一定能在扎实掌握基础知识的同时，也能具备全面、深刻、创造性地思考问题、解决问题的意识和能力，一定能成长为数学核心素养深厚的优秀人才。

4. 点拨总结

这是对一堂课学习成果进行精加工的过程，即主要把零散的知识形成条理性的、逻辑性的知识结构，并总结思维过程、方法及情感体验的过程。教师鼓励学生自己总结，相互补充，形成知识网络，学生学到的基础知识和基本技能得到落实，同时教师从预设的课件上展示出来，并提示学生注重知识间的联系和展示形式。

“探索新知”板块在实操中容易出现以下问题：

（1）占用时间太长，影响后面的板块完成。教师要善于引导，协调各环节的关系，关注时间，随时调控。

（2）新知学习如果不达标，就会对后续学习带来难度。在合作交流中，教师要深入巡视各组，特别要关注和帮扶学困生，让他们学得会、跟得上。

（3）重视讲解，缺少更正与落实。教师要随时提醒和监督学生整理学案中的问题，为下面的学习做好准备。

三、提升认知的“应用新知”

“应用新知”是在“探索新知”的基础上，利用“合作探究—小组展示—纠错互评—点拨提炼”四个环节解决典型例题，对学习的新概念、新定理、新公式的使用与实践，从而巩固和提升对新知的理解与认知。此板块与“探索新知”板块相类似，围绕小组展示，各环节交相呼应，形成循环往复。其具体流程如图2–2–2所示：

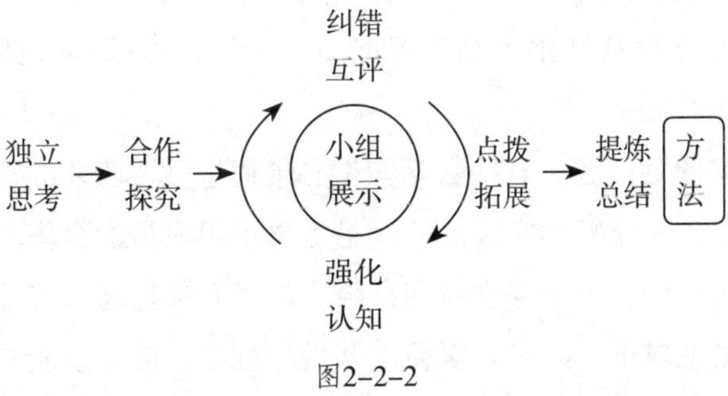

图2–2–2

本层次注重新知的应用，培养学生解决问题的能力，主要处理数学中的例题及相关的变式，让学生掌握新知的纵横向联系，总结归纳规律、方法，加深对数学思想的理解，提升学生数学修养。

1. 独立思考

在学生掌握新知的基础上，教师精心设计典型例题；让学生先独立思考，利用本课所学新知，联系相关旧知，尝试完成；培养学生独立思考，解决问题的能力。

2. 合作探究

教师让学生通过例题的探究学习，巩固新知形成的概念、定理。学生对新知的认识更加深化，能够应用所学新知解决实际生活中的问题，达到学以致用的目的。本环节学生独立思考后，再在小组中交流初步想法，形成小组的新成果。在学习解直角三角形的应用后，学习小组成员到室外测量教学楼的高度，成员间既分工又合作，通过实际操作、研讨，将学到的知识更好地运用到生活实践中去，从而提高了学生解决实际问题的能力。

当然，不是每节课都需要合作探究，我们应该根据教学内容的需要选择基于文本又高于文本的问题，选择能锻炼学生思维的问题。例如：

（1）选择探索规律性的问题。对于一些规律性的问题，教师留给学生更多的探索空间，易于学生开展小组合作探究。例如，在“多边形内角和”的教学中，教师可组织学生利用三角形内角和的性质，通过推导四边形、五边形等多边形内角和的过程，进行交流与合作、讨论、质疑、反思、协商，最后归纳出多边形内角和的计算公式。在小组合作学习中，教师让学生逐步体会数学知识的产生、形成与发展的过程，并让学生获得积极的情感体念。

（2）选择开放性问题。由于开放性问题答案不唯一、学生认知方式与思维策略的不同以及学生认知水平和学习能力的差异，教师可得到不同的结论让学生进行交流探讨。

（3）选择实验性问题。有些数学知识必须通过做实验才能得到验证，而有些实验不是一个人所能顺利完成的，而是需要小组成员的合作。例如，在概率“抛掷硬币”实验中，由于课堂时间有限，教师必须提高做实验的效率和准确性，这就需要其他成员一同参与实验，并做好分工，使学生能参与实验的各个环节，增进学生之间互动的有效性。

（4）选择有挑战性的问题。初中生具有较强的好奇心和求知欲，一些具有挑战性的问题往往能激发学生的学习兴趣，产生合作探索的愿望。例如，在学习三角形的“三线合一”的性质时，我一上课就交给每个学生一个纸剪的等腰三角形，要求每个小组动手操作，看哪个小组能又快又好地说出等腰三角形的性质？事实表明，这样有挑战性的问题既激发了学生的学习兴趣，又增进了合作精神。

3. 小组展示

各小组代表通过交流应用成果，教师适时引导点拨，引导小组成员的思维，形成小组新的成果，在前一个环节的基础上，安排小组不同层次的学生用不同的形式来展示，或板演，或讲解，或演示。

例如，利用函数图像分析一次函数性质，教师设计了下列问题，如图2-2-3所示。

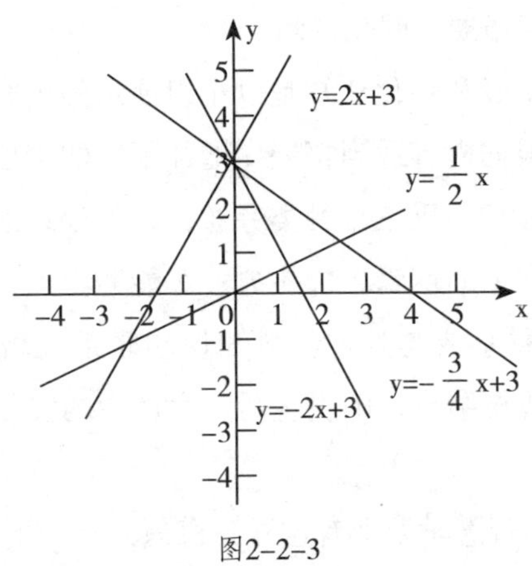

图2–2–3

（1）对于一次函数$y=2x+3$，当自变量x的值增大时，函数y的值有什么变化？对于一次函数$y=-2x+3$呢？

（2）观察图中各个一次函数的图像，你发现了什么规律？

教师在教学时采用如下的处理方法：

教师提问：我们已经知道，一次函数的图像是一条直线，因此，画一次函数$y=kx+b$的图像时，只要画出图像上的几个点，就可以画出这个函数的图像了？

学生回答：两个点。

教师提问：请以小组为单位回答下列问题。

（1）分别画出函数$y=2x+3$，$y=-2x+3$，$y=\frac{1}{2}x$，$y=-\frac{3}{4}x+3$的图像。

（2）观察各个一次函数的图像，你能得到哪些规律？

流程：每人把发现的规律与同伴交流，并利用同伴的图像验证自己发现的规律，讨论、归纳所发现的规律，形成小组的观点，并用文字表达。最后，小组派代表汇报结论。

这是一个开放性较大的问题，即答案不唯一，其中第（1）问起到了两个作用：一是层次相对较浅，大多数同学都不难发现其变化规律，它的目的是面向全体学生，体现了合作探究内容的层次性；二是为解决第（2）问提供了思考方向。而第（2）问是个发散性极大的问题，根据图像，不同层次的学生可以得出不同的结果，可以从图像的增减性考虑，可以从图像经过的坐标象限考虑，可以从图像与坐标轴的交点位置考虑，也可以从图像的轴对称性考虑。这个问题的展示，可以起到思维互补的作用。

4. 纠错互评，点拨拓展，强化认知

纠错互评、点拨拓展和强化认知是以小组展示的内容为中心，进行评价、优化和强化，教师要根据内容适当拓展，增加新知的广度和深度。需要拓展的问题主要包括：①能够举一反三、触类旁通，归类处理的系列问题，由此来归纳方法与技巧，培养学生的逻辑思维能力；②能够由点带面，点面结合，进而加强本学科知识前后联系或与其他学科知识的联系，培养学生的发散思维能力；③能够理论与实践相结合，解决生活、生产中的实际问题，培养学生的情感、态度和价值观。

比如，九年级数学智慧学习上有这样一道题：

如图2-2-4所示，点A在反比例函数$y=\dfrac{4}{x}$的图像上，AC垂直x轴于点C，则求$\triangle AOC$的面积，

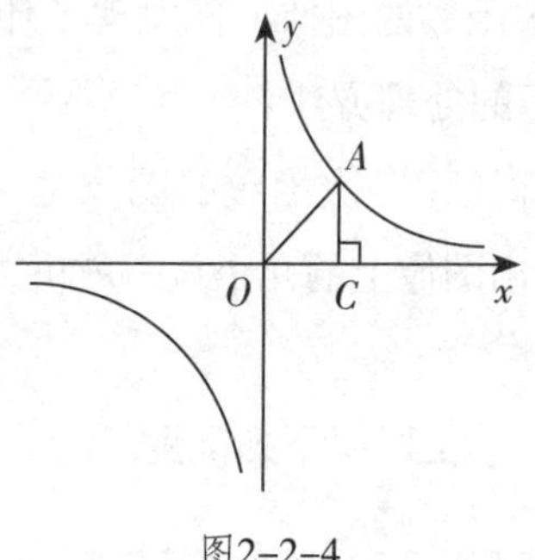

图2-2-4

我们对它又进行了如下变式：

变式1：如图2-2-5所示，P，C是函数$y=\dfrac{4}{x}$（$x>0$）图像上的任意两点，PA，CD垂直于x轴.设$\triangle POA$的面积为S_1，梯形$CEAD$的面积为S_2，则S_1与S_2的大小关系是S_1________S_2；$\triangle POE$的面积S_3和S_2的大小关系是S_2________S_3.

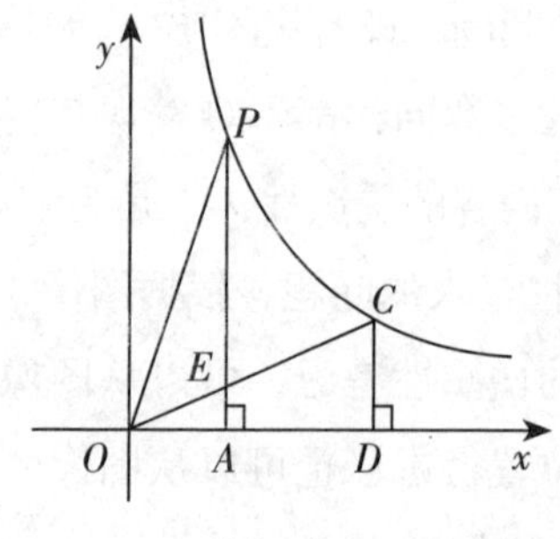

图2-2-5

变式2：如图2-2-6所示，A，B是函数$y=\frac{4}{x}$（$x>0$）图像上的任意两点，AC，BD垂直于x轴，P是线段AB上任一点，PE垂直于x轴，设$\triangle AOP$的面积为S_1，梯形$CEPA$的面积为S_2，则S_1与S_2的大小关系是S_1________S_2；$\triangle POE$的面积S_3和S_1的大小关系是S_3________S_1.

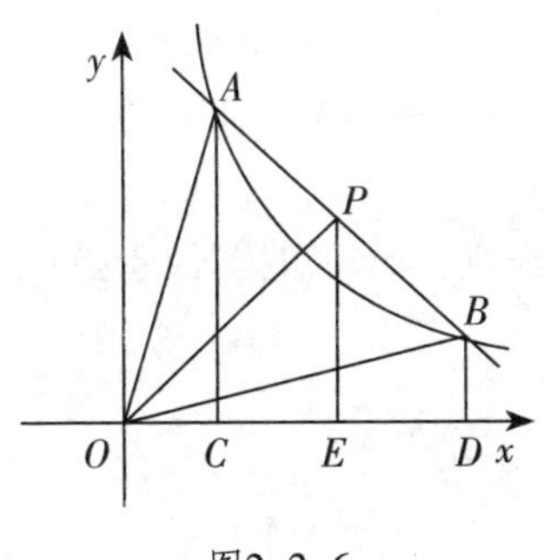

图2-2-6

变式3：如图2-2-7所示，点A是反比例函数$y=\frac{2}{x}$（$x>0$）的图像上任意一点，$AB/\!/x$轴交反比例函数$y=-\frac{3}{x}$（$x<0$）的图像于点B，以AB为边作平行四边形$ABCD$，其中点C，D在x轴上，则$S_{\square ABCD}=$________.

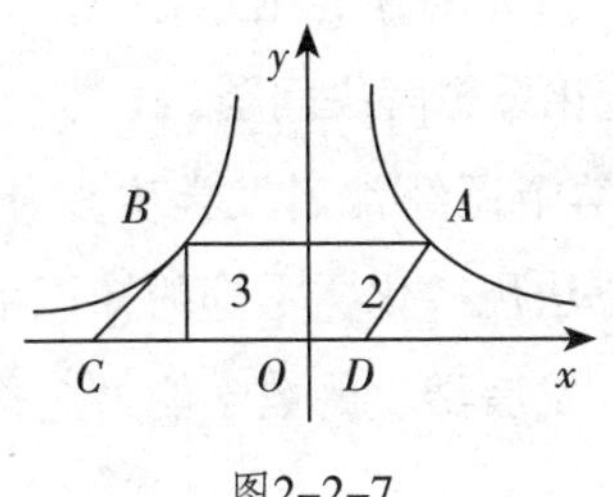

图2-2-7

变式4：如图2-2-8所示，点A是反比例函数$y=\frac{2}{x}$（$x>0$）的图像上任意一点，$AB/\!/x$轴交反比例函数$y=-\frac{3}{x}$（$x<0$）的图像于点B，其中点C是x轴上一动点，则$S_{\triangle ABC}=$________.

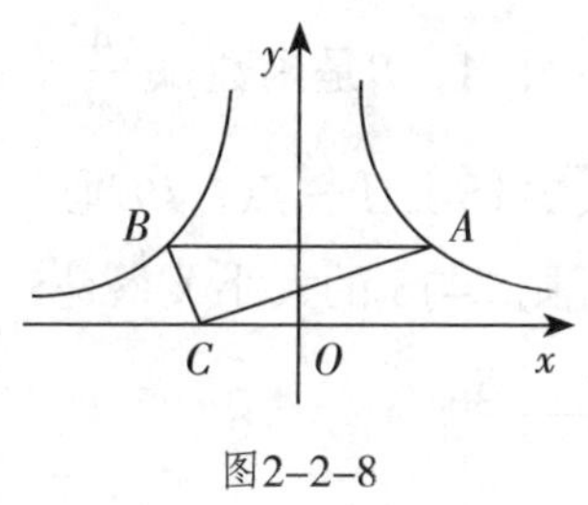

图2–2–8

变式5：如图2–2–9所示，点A是反比例函数$y=-\dfrac{4}{x}$的图像上任意一点，$AB/\!/x$轴交反比例函数$y=-\dfrac{3}{x}$（$x<0$）的图像于点B，其中点C是x轴上一动点，则$S_{\triangle ABC}$=________.

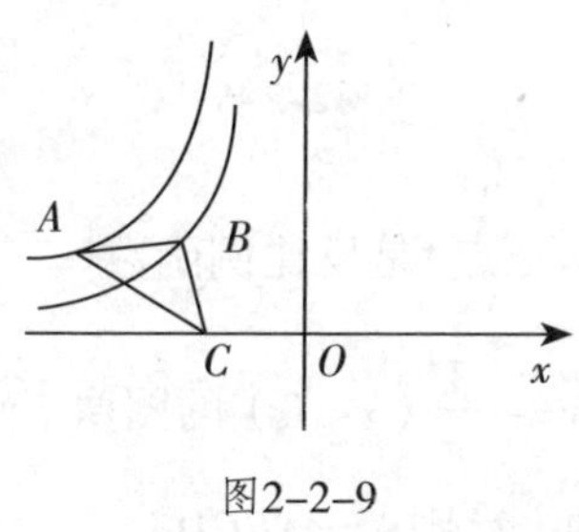

图2–2–9

通过这些变式训练学生研究问题的化归意识，让学生体会到不同题目间的内在联系，学会灵活运用转化思想解决问题。

不仅如此，我们在教学中还经常启发学生多种方法解一题。通过一题多变、一题多解，使普通的方法规律化、零碎的知识系统化，再帮助学生挖掘提炼题目中的数学思想方法，发展学生的数学能力。只有我们的点拨真正做到了有的放矢，才会点石成金。

“行是知之始，知是行之成”，教师检测学生对例题是否理解与掌握，可以通过分组展示、利用板书等方式检测。小组互相纠错评价，教师及时规范做题思路、规范做题步骤，向规范要分数。

5. 点拨提炼

教师在师生共同评价的过程中，适时点拨，精当延伸，让知识更加有系统性、逻辑性，使学生能够从更深层次的角度看待新知，将新知内化为自身的情感体验。对于学生而言，他们不仅要重视学到的知识，而且要重视学习过程；

要善于分析论证，能够找出解决问题的最佳方案和有效途径；要善于吸取别人的教训和借鉴别人的经验，会从同学的分析与说理中提炼解决问题的思想、方法、技巧和规律。最后，教师将其补充在已有新知的知识网络上，并从课件上展示出来。

“应用新知”板块在实操中容易出现以下问题：

（1）关注解题思路，忽视步骤格式。教师可提前准备解题过程，用课件展示，强化格式步骤。

（2）就题论题，缺少对学生能力的培养。教师可适当变式，激发学生思维，提升学生能力，培养尖优学生。

四、促生成长的“诊断评价”

诊断评价是指教师在完成以上各板块教学过程后，以当堂的教学目标为基础设计的教学检测，诊断学生的实际学习效果，通过对检测结果进行分析和评价，进行查缺补漏的过程。

诊断性评价，不仅可以使教师准确掌握学生数学学习的实际水平，进而调控自己的教学行为，还能帮助学生认识自我，挖掘自身的学习潜力，培养自身数学学习的能力，从而实现自主发展。达标测试限时、明分、严纪、批改、统计、评价、纠错，落实堂堂清。其具体流程如图2–2–10所示：

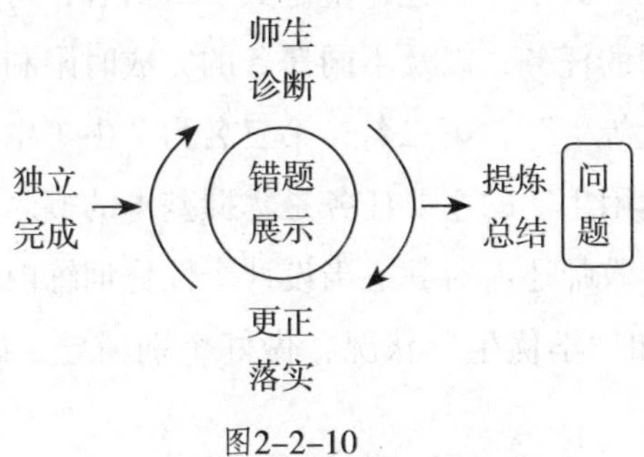

图2–2–10

中国当代著名数学家苏步青的座右铭——今天能做完的事，决不拖到明天。一节优质的数学课堂也要做到本节课能做完的事，决不拖到下节课。这一层次的作用主要是对本课所学内容的诊断评价，前面的提炼总结已经完成了对知识、方法的梳理归纳，本层次主要以题目的形式完成检测，再次完善新知，提高认识，强化易错点。

题目设计应有针对性、层次性，题量适中；应有活动要求和活动过程的设计，能够体现评价在学习过程中的作用；要重视对基础知识的理解和应用，要与日常生活经验和社会实践活动相结合。题目不能过偏、过难。评价不能只重视学习结果，而不重视学习过程；不仅要从记忆、理解、应用等方面进行考查，还要注重对获取信息和利用信息的综合能力进行考查，但不要面面俱到，不可求全贪多。达标检测可以设计成两种方案：

（1）达标检测题要设计成AB卷，A重基础，主要是让学困生来完成，B卷重能力（难度适中），主要是让基础较好的学生完成。完成A卷的达标检测由教师当堂批改，出现的错误及时纠正，完成B卷的同学合作交流答案。

（2）达标检测设计成选做题和必做题。教师先批改每组组长（一般是成绩最优秀者）的达标检测并讲解更正错误，然后由组长回到本组，合作交流达标检测，主要任务是批改检测、讲解疑惑、督促改正、收交检测等。教师在课堂上只是释疑而不是传授基础知识，这样才能为达标检测赢得时间，真正做到堂堂清。

检测题应在当堂限定的时间内完成，要求书写快速、准确、规范，卷面整洁，要点突出，层次分明。测试结束后，教师要根据参考答案或提示对测试情况做出诊断，及时纠正错误，并做好错题记录和分析。为促使不同层次的学生都有成功的体验，提升其学习兴趣，坚定其学习信心，可将学生分层，对不同层次的学生设置不同的任务，以及不同任务的完成时限和验收评价方式。每组学生的第一名为“优等生”，第二名、第三名为“中等生”，第四名、第五名为“学困生”。“学困生”的主要任务是掌握基本的概念、公式。“优等生”除掌握基础知识外，教师还需对其适当设计个性化训练内容。教师要留心“学困生”存在的问题和“学优生”状况，做好个别辅导，以解决“吃不了”与“吃不饱”的问题。

教学是师生互动的过程，是集技术性与艺术性于一体的活动。教师必须花时间和精力来辨认学生是否具备先决技能、用态度和习惯鉴别那些已经掌握了某些或所有目标的学生。只有这样，教学才能有的放矢，对症下药。教师进行诊断性评价是为了满足学习者的需要，以促使其能力的发展。教师进行诊断性评价是为了促进学生的学习，而不是为了给学生贴标签。诊断的结果不是把所谓的“学困生”放在被人遗忘的角落。诊断的目的是设计——一种可以排除学习障碍的教学方案，同时为那些程度不等的学生设计一些能发挥他们长处并能防止他们产生厌烦和自满情绪的实践方式，进而优化教学策略，提高教学效果。

第三节 "自学·释疑·达标"数学课堂教学案例

——12.2三角形全等的判定（一）教学设计

【教材分析】

《三角形全等的判定》是八年级上册第十二章《全等三角形》的内容，本课落实了课程标准中的"掌握利用'边边边'证明两个三角形全等"的要求，主要讲的是如何利用"边边边（SSS）"的条件证明两个三角形全等。它是在学生学习了全等三角形的概念及性质后展开的，是证明两个三角形全等的重要方法之一，也是证明线段相等、角相等的重要依据。全等三角形是两个三角形最简单、最常见的关系，不仅是学生将来学习《对称》《四边形》《圆》《图形的相似》等知识的基础，是进一步研究证明线段相等、角相等的工具性内容。因此，本节课在教材中具有承上启下的作用。

【学情分析】

学生在小学阶段已经学习了三角形的性质和类型，知道三角形可以分为锐角三角形、钝角三角形和直角三角形，但是对于全等三角形这一特殊的三角形却还是一个新的知识点。三角形是最基本的几何图形之一，不仅是研究其他图形的基础，在解决实际问题中也有着广泛的应用。学生对于研究它的全等的判定有着足够的感知经验，但是也存在着以下困难：全等三角形的判定对于学生的识图能力和逻辑思维能力是一个挑战，特别是学生的逻辑思维能力，因为在此之前，学生所接触的逻辑判断中直观多于抽象，用自己的语言表述较多。

【教学目标】

知识目标：掌握三角形全等的“边角边”条件。能利用这个条件判别两个三角形是否全等，解决一些简单的实际问题。

能力目标：经过观察、实验、归纳、猜想，体会分析问题的方法，积累数学活动的经验。培养学生推理、应用能力，并培养其探索创新的精神。

情感目标：经过操作、探索、合作、交流等活动，营造和谐、平等的学习氛围。

【教学重点】

三角形全等的“边角边”条件的探索及应用。

【教学难点】

三角形全等的“边角边”条件的探索。

【教学过程】

（一）学案导学

学生活动：课前独立完成学案第1页自学导航探究新知部分。

教师活动：上课前，为了了解学生学案完成情况可以统一抽取每组1到2份学案检查或批改。

设计意图：本着“学生能自己学会的教师不教”的原则，培养学生的自学能力。教师抽查学案找到出现问题或空白题目较多的地方，以便在下面的环节中重点处理。

（二）探索新知

1. 问题情境，导入新课

前面我们已经学习了什么是全等三角形，掌握了全等三角形的性质——对应边相等，对应角相等。现在又有一个新的问题，要想画出一个与图2-3-1全等的三角形，你准备怎么做?

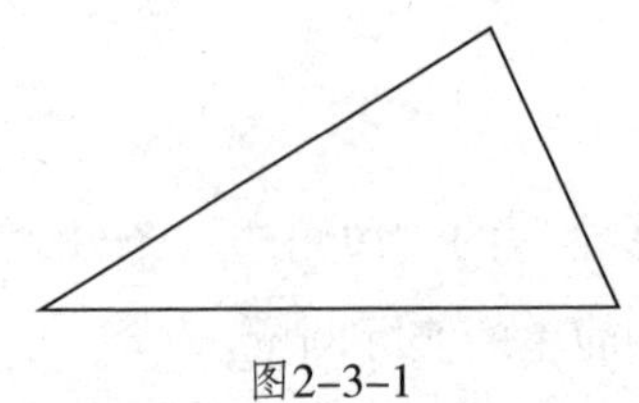

图2–3–1

教师提问：这是不是一个数学问题？它是一个怎样的数学问题？

学生回答：是一个数学问题，它是让我们解决两个三角形具备什么条件时，它们全等。

教师总结：这位同学回答得很好，是的，这是一个探索两个三角形全等条件的问题，今天这节课我们就来学习探索全等三角形判定（一）。（板书课题）

2. 交流合作，学生展示，纠错互评，提炼总结

（1）各小组完成下面的任务。（1分钟）

① 核对答案。

② 交流想法。

③ 解决疑惑。

④ 更正答案。

学生活动：以组长为主，组织本小组成员讨论自学内容，定时完成教师提出的任务。

教师活动：巡视，并深入到每一个小组中，关注小组交流探索进度，参与解疑，找到需要重点强调的问题或错误较多的问题，并鼓励孩子畅所欲言，最大限度地解决学生自学中存在的疑难问题，或是让学生讲出自己的想法。

设计意图：经过交流探讨，小组形成统一的意见和认识。对于组内仍然不能解决的问题，在师生释疑中解决。

（2）学生展示（一）。

教师提问：是否一定需要六个条件才能判定两个三角形全等呢？能否减少条件也可以判定三角形全等呢？你认为最少几个条件就可以判定三角形全等呢？

学生回答：一个条件。

教师提问：一个条件可以有几种情况？

学生回答：一个条件可以是1组边或角相等。

教师提问：当两个三角形的6个元素中只有1组边或角相等时，它们全等吗？

学生活动：上黑板画图，举反例说明不全等。

师生一起归纳得出：

只有一个条件对应相等的两个三角形不一定全等。

教师提问：两个条件可以有几种情况？

学生回答：两个条件可以是2组边或角相等或1条边和1个角分别相等。

教师提问：当两个三角形的6个元素中只有2组边或角相等或1条边和1个角分别相等时，它们全等吗？

学生活动：上黑板画图，举反例说明不全等。

师生最后共同归纳结果：

有两个条件对应相等的两个三角形也不一定全等。

设计意图：从最简单的问题开始探索，再逐步增加条件，渗透从最简单情况入手来解决问题的策略和方法。同时，让学生体会判别命题是否正确，只要举个反例即可的数学思想。

教师提问：现在给出三个条件分别相等，来探究这样的两个三角形一定全等吗？同学们根据下面的问题探究，思考并回答：根据前面的探究，你能说出三个条件分别相等有几种可能的情况吗？

学生活动：先组内讨论，再组间相互补充得到有四种情况，即三条边、三个内角、两边一角、两角一边。

教师活动：这节课我们将研究第一种情况：边边边。

设计意图：通过交流探索，学生能得出各种情况，体现分类思想。

（3）学生展示（二）：画一画。

教师活动：先任意画一个$\triangle ABC$，再画出一个$\triangle A'B'C'$，使$AB=A'B'$，$AC=A'C'$，$BC=B'C'$，将画好的$\triangle A'BC$剪下来放到$\triangle ABC$上。观察它们全等吗？

师生活动：分析画图过程，学生跟教师一起用尺规作图，画完后剪下其中一个，与另一个叠放比较，观察它们是否全等。

学生活动：每两个同学一组合作，先任意画一个三角形，然后再画另一个三角形，使其与前三角形的三边对应相等，并将所画的三角形裁剪下来与前三角形重叠，看看有什么结果。

教师活动：巡视并提醒学生，已知三边画三角形是一种重要的作图方式，在几何中用途很多，所以这种画图方法一定要掌握。

教师：通过观察和实验，我们得出一个规律：三边对应相等的两个三角形全等（可以简写成"边边边"或"SSS"）。你能用文字语言与数学符号语言概括这个结论吗？

师生活动：学生先尝试归纳，然后小组内交流，再全班展示，教师板书。

三边对应相等的两个三角形全等，简写为"边边边"或"SSS"，这反映了一个基本事实，它用符号语言表示为

在$\triangle ABC$与$\triangle A'B'C'$中，

$$\begin{cases} AB=A'B' \\ AC=A'C' \\ BC=B'C' \end{cases}$$

所以$\triangle ABC \cong \triangle A'B'C'$（SSS）

教师活动：规范使用格式，就是规范学生几何语言，让学生学会运用几何语言进行说理。

设计意图：通过学生自主探究发现规律、验证规律，提高学生的学习能力。

教师活动：我们在前面学习三角形的时候知道，用三根木条钉成三角形框架，它的大小和形状是固定不变的，而用四根木条钉成的框架，它的形状是可以改变的。三角形的这个性质叫作三角形的稳定性，思考三角形为什么有稳定性？

学生活动：思考，并根据边边边全等说明三角形的不变性。

教师总结：日常生活中常利用三角形做支架，就是利用三角形的稳定性，如屋顶的人字梁。

设计意图：让学生感知数学与生活的联系，学会用数学解释生活中的问题。

（三）应用新知

例1：如图2–3–2所示，$\triangle ABC$是一个钢架，$AB=AC$，AD是连结点A与BC中点D的支架。

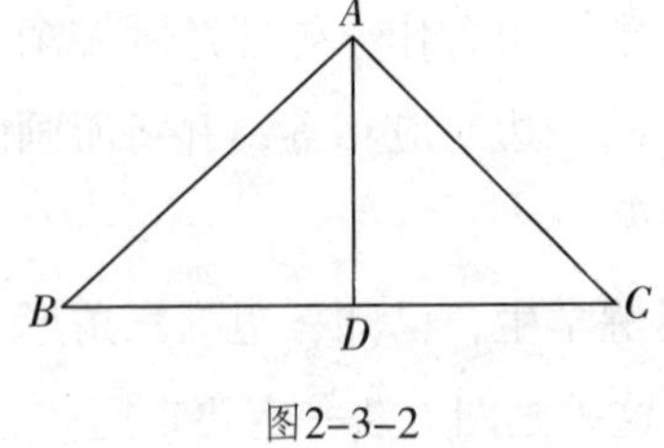

图2–3–2

求证：$\triangle ABD \cong \triangle ACD$.

问题1：它们已经有了哪些元素对应相等？

问题2：还缺什么条件？

问题3：如何正确书写证明过程？

设计意图：用提问的方式引导学生分清题中直接给出的条件是什么？图中隐含的条件是什么？做出判断的根据是什么？让学生经历分析问题的过程后，再写出说理的表达形式，逐步养成良好的说理习惯。

学生活动：独立思考，然后展示，纠错互评。

师生活动：共同总结解题思路，注意隐含条件的挖掘与必要条件的证明，教师给出规范的板书。

证明：因为D是BC的中点，所以$BD=DC$，

在$\triangle ABD$与$\triangle ACD$中，

$$\begin{cases} AB=AC \\ BD=DC \\ AD=AD \end{cases}$$

所以$\triangle ABD \cong \triangle ACD$（SSS）

设计意图：让学生通过对问题的探究发现证明三角形全等的思路。培养学生推理习惯。

变式：判断$\angle BAD$与$\angle CAD$数量关系。

学生活动：独立思考后讨论，合作完成并证明。

例2：做一个角等于已知角。

教师提问：你能用直尺与圆规做一个角等于已知角吗？

学生活动：独立思考。

教师活动：提示学生这是文字作图题，我们要先分析已知和求作。

师生活动：学生思考后，教师板书已知与求作的内容，学生尝试自己画图，如果没有思路，教师可进一步提示：将已知角放在一个三角形中，求作的角画在与这个三角形全等的三角形中。学生进一步解答（可能会出现两种方法），学生明白作图的依据后，自己动手作图。

已知$\angle AOB$，求作：$\angle A'O'B'=\angle AOB$.

做法：

（1）以点O为圆心，任意长为半径画弧，分别与$\angle AOB$两边交于点C，D.

（2）画一条射线$O'E$，以点O'为圆心，OC长为半径画弧，交$O'E$于点B'.

（3）以点B'为圆心，CD长为半径画弧，与第2步中所画的弧交于点A'.

（4）过点A'画射线$O'A'$，则$\angle A'O'B'$即为所求。

（四）诊断评价

师生活动：学生在学案上独立完成，教师巡视并批改先完成的学案。然后学生展示答案，对手同学互相评价，教师核对答案。

达标测评（5分钟完成）

1.（必做题）已知，如图2–3–3所示，$AB=C'A'$，$BC=A'B'$，$AC=C'B'$，那么（　　）

A. $\triangle ABC\cong\triangle A'B'C'$

B. $\triangle ABC\cong\triangle C'A'B'$

C. $\triangle ABC\cong\triangle B'C'A'$

D. 这两个三角形不全等

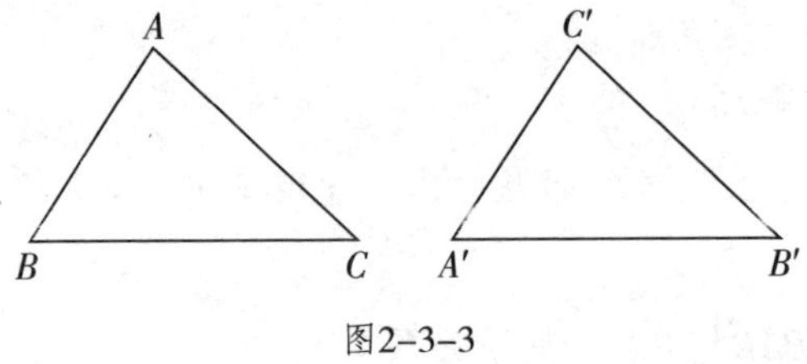

图2–3–3

2.（必做题）已知，如图2–3–4所示，$FE=AC$，$BC=DE$点A，D，B，F在一条直线上，$AD=FB$.

求证：（1）$\triangle ABC\cong\triangle FDE$;

（2）$\angle A=\angle F$;

（3）$AC/\!/EF$.

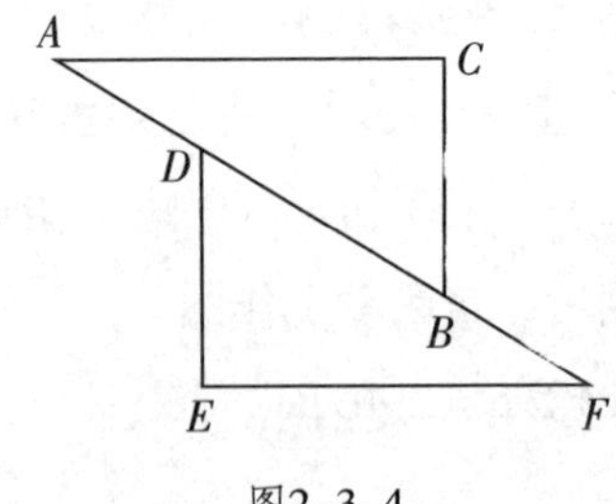

图2–3–4

3.（必做题）工人师傅常用角尺平分一个任意角，做法如下：如图2-3-5所示，$\angle AOB$就是一个任意角，在边OA，OB上分别取$OM=ON$，移动角尺，使角尺两边相同的刻度分别与点M，N重合，过角尺顶点C作射线OC，则OC就是$\angle AOB$的平分线，为什么？

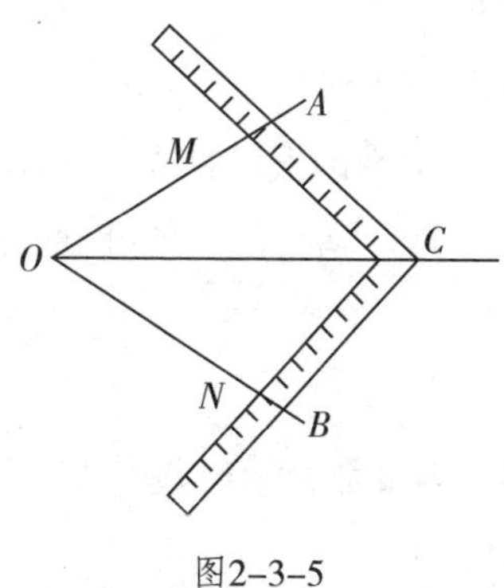

图2-3-5

4.（选做题）如图2-3-6所示，在方格纸中，以AB为一边作$\triangle ABP$，使之与$\triangle ABC$全等，从P_1，P_2，P_3，P_4四个点中找出符合条件的点P，则点P有（　　）.

A. 1个　　　　B. 2个

C. 3个　　　　D. 4个

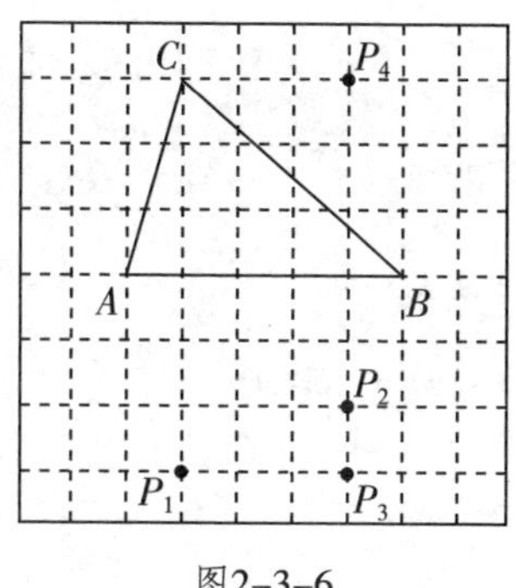

图2-3-6

（五）课堂小结（分享、补充、完善）

教师活动：请同学们谈一谈这节课的收获与体会。

学生活动：学生回顾思考并举手回答，教师总结。

（1）一个基本事实：边边边→判定三角形全等→解决实际问题。

两个方法：探究事实的方法——画图—猜想—分类—归纳等。

（2）解决几何问题的方法→证明两角相等→转化→证明角所在的两个三角形全等。

设计意图：厘清知识，体会解决数学问题的思路与方法。

温馨提醒：证明三角形全等的步骤一定要规范。

（六）延伸课堂，布置作业

必做题：课本43页第1题、第9题。

选做题：如图，想测量一个椭圆形的池塘两端*A*，*B*间的距离，请你运用所学知识，只用卷尺作为测量工具，试设计一种可行的测量方案。

【板书设计】

12.2.1三角形全等的判定（SSS）

1. 探索三角形全等的条件：一个、两个、三个。

2. 三角形全等的基本事实：三边对应相等的两个三角形全等，简写为“边边边”或“SSS”。

用符号语言表达：在△*ABC*与△*A'BC*中，

$$\begin{cases} AB=A'B' \\ AC=A'C' \\ BC=B'C' \end{cases}$$

$\triangle ABC\cong\triangle A'B'C'$（SSS）

3. 例1：（略）。

例2：尺规作一个角等于已知角。

已知$\angle AOB$，求作：$\angle A'O'B'=\angle AOB$.

【教学反思】

本节课教学是在学习了三角形全等的概念和性质的基础上，进一步探究三角形全等判定的条件。在教学过程中，教师让学生经历感知、猜想、验证的数学思考，进一步培养他们的几何直观能力和逻辑推理能力。力求从课程标准要求的知识技能、数学思考、问题解决和情感态度“四基”角度构建动态发展、合作探究的课堂。通过本课的教学实践与反思，我认为本课的亮点是：

（1）本节课贯彻了以学生为主体、教师为主导小组合作的教学理念，是一节师生双赢的课堂，学生学得“精彩”、老师教得“享受”，学生成为学习的主人，真正把课堂交给了学生。

（2）整节课形式活泼多样，展示方式多样，学习气氛轻松，活泼而又团结互助，学生参与其中，乐在其中。

（3）本课加强了学生在解题前的分析，让学生说和表达，展现思路，让学生内心深处的感知化为语言的凝练，增强每个学生解决问题的信心。为了让学生善于思考，我要求学生写证明过程前“先写分析，后证明”，力求展现学生独特的创新思路。

（4）设计的问题兼顾知识情景和探索、验证为主的情景，从不同的方面，让不同层次的学生都有所收获，体现了“大众数学”的主旋律，也是“不同的人在数学上得到不同的发展”的新课程理念的体现。

第三章

英语学科
课堂教学模式的构建与解读

近年来，随着我国新课程改革及素质教育的不断推进，英语基础教育改革致力于全面提升学生的英语学科素养及综合语言运用的能力。教学改革的阵地是课堂，英语课堂的变革对教师在教学理念、教学方法、教学模式等方面提出了新要求。而核心素养的提出和运用，要求教师在教学过程中不仅要关注学生知识的掌握，还要培养学生的综合语言运用能力，学会“用英语做事情”，促进学生英语综合能力及核心素养的提升。我校“自学·释疑·达标”的课堂教学模式在英语学科教学实践中取得了理想的成绩，而核心素养对当前英语课堂教学模式提出了更高层次的要求，即在英语学科教学过程中培养学生的语言能力、思维品质、文化品格和学习能力。因此，教学模式的升级势在必行。

第一节　模式的探索与形成

随着新课程改革的深入开展，传统的教学方式逐渐转变为以教师为主导、以学生为主体，通过体验、实践、参与、合作和探究等方式让学生获取知识的新教学方式。苏联著名教育家巴班斯基的教学最优化理论指出："教学最优化可以说是从解决教学任务的有效性和师生时间消费的合理性着眼，有科学根据地选择和实施该条件下最好的教学方案。"为寻找教学的最优化方案，我校实施了"自学·释疑·达标"课堂教学模式，提倡学生自主学习和小组合作探究相结合，让学生成为学习的主人，充分发挥学生的学习积极性和主动性。我校英语老师在模式的使用过程中出现了一些困惑，也有老师进入一些误区。经过摸索和尝试，英语教师发现：要想使英语教学最优化，需要一个更适合学生语言学习、更促进学生发展、更提高学生学习效果的英语学科模式。

一、为什么要构建英语学科模式

美国的乔伊斯（B.Joyce）和韦尔（M.Weil）在《教学模式》一书中提出："教学模式是构成课程和作业、选择教材、提示教师活动的一种范式或计划。"而我们一直提倡的因材施教不仅是指对不同的学生采用不同的教学方式，也指不同的学科、不同的课堂采用不同的教学模式。一个教学模式的构建不仅要考虑教师"教"与学生"学"的需求，更要结合学科特点，构建更适合本学科的教学模式。

1. 英语学科特点的需要

首先，就英语的学科性质而言，英语是一门技艺与实践紧密结合的语言学科，又是一门包罗万象、涉猎广泛的知识学科，还是一门集人生哲理与人类成长经验于一体的文学学科。英语学科具有工具性和人文性双重性质。就工具性而言，英语课程要培养学生的基本英语素养，发展学生的思维能力，让学生掌握英语语言知识并发展听、说、读、写方面的技能，提升学生用英语和他人交流的能力。学习和使用英语对汲取人类文明成果、增进各国间的相互理解具有重要意义，同时它也是人们交流思想、获得信息的重要途径。就人文性而言，英语课程要提高学生的综合人文素养。英语课程能帮助学生了解和掌握英语国家的政治经济、教育科技、风土人情、风俗习惯、社会生活等方面的文化背景及国家社会发展因素。英语学科能帮助学生拓宽视野，领略世界文化的多元性；增强学生的语言学习能力，培养学生跨文化交际的意识和能力；促进学生思维的发展，形成正确的人生观、价值观和良好的人文素养。

其次，就英语的课程理念而言，义务教育阶段英语课程的基本理念是：面向全体学生，充分考虑全体学生的发展需求，关注学生的个体差异，体现学生的主体地位。强调学习过程，注重语言学习的实践性和应用性。主张学生在真实语境中习得和运用语言，使学生逐步掌握语言知识和技能，获取有效的学习策略，培养自主学习的能力。还要致力于优化评价方式，着重评价学生的综合语用能力。在日常英语教学中，评价以形成性评价为主，终结性评价为辅，多元化的评价方式能激发学生的学习兴趣，促进学生自主学习能力、思维能力、跨文化意识和健康人格的发展。我校的“自学·释疑·达标”课堂教学模式与课程理念相一致，尊重学生的主体地位，侧重于培养学生的自主探究研学能力。

最后，就英语课程目标而言，义务教育阶段英语课程的总目标既体现英语学习的工具性，也体现其人文性；既有利于学生发展语言运用能力，又有利于学生发展思维能力。英语课程标准以学生“能用英语做事情”的描述方式设定各级目标的要求，英语课程的分级目标是学生在语言技能、语言知识、情感态度、学习策略和文化意识这五个方面所应达到的目标。在此目标要求下，我校的小组合作学习应运而生，英语课堂模式下的互动研学、合作交流、小组展示、纠错互评旨在激发学生学习兴趣，强化学生学习动机，加强学生间的合作探究，培养学生积极向上的学习品质和健康的心理状态。

我校的“自学·释疑·达标”课堂教学模式是一个科学有效的教学和学习方式，结合英语学科的特点及教学实践的要求，优化并整合了一系列适合英语学科的教学策略及学习策略。在课堂教学模式的九个环节中，其中认知策略、调控策略、交际策略和资源策略贯穿始终，教师针对不同的学习任务灵活地采用不同的学习策略进行有效学习。另外，我校英语课堂教学模式在学案导学环节中提供必要的文化背景支撑，帮助学生了解外国的风俗人情、社会文化、人文历史等；情境创设环节基于中外生活，为学生提供较为真实的情境，让学生在情境中感知、了解、获得中外文化。

总之，从英语的学科性质、课程理念和课程目标出发，我校构建英语学科模式势在必行。

2. 师生教与学的需要

在传统英语课堂中，教师是课堂教学的中心，教师满堂灌，学生满堂听，学生处于被动接受的状态，缺乏思考，能力得不到应有的发展。美国学者布鲁纳提出"认知—发现"学习模式和理论，并依据此理论提出"发现学习法"，强调学生必须主动学习，亲自探索，主动地发现知识而不是被动地接受知识，按自己的方式而不是按书本规律的方式学习。新课程理念提出，教学要以学生为主体、以教师为主导，面向全体学生，培养学生的综合语言运用能力。英语教学过程是教师有目的、有计划地引导学生自主积极地学习、掌握语言知识、训练语言技能、提升语用能力、用"英语做事情"的过程，是师生的双边活动。因此，教师的"教"和学生的"学"是一个有机统一的整体，在英语教学过程中，既要发挥教师的主导作用，又要体现学生的主体地位。教师的主导作用体现在教与学的结合上，对学生加以引导，适时提供帮助。这就需要一个新的课堂教学模式，在这个模式中，学生是学习的主体，是主动的发现者、探索者；学生是个体发展的主体，具有自主性、能动性、创造性、独特性等品质；教育过程是一个由教到不教、由教育走向自我教育的过程。

3. 学校模式再发展的需要

任何一种课堂教学模式都不是尽善尽美的，需要通过探索，找到适合本学科、适合本校的课堂教学模式。"自学·释疑·达标"课堂教学模式在学校推行后，英语学科的教师在使用中发现了部分问题，基于教学内容、课型的不同，课堂模式并不能满足英语课堂教学实践的要求，于是英语教师开始尝试寻求带有学科特点的高效课堂模式。英语课程标准提出，"让学生在较为真实的语境中进行语言学习"。基于此要求，英语学科模式增设了"创设情境"环节；英语课堂是师生在特定情境下共同研学的过程，是学生习得语言、拓展思维、发展能力、健全心智的过程，因此增设了“师生研学”环节。英语课程目标中培养学生“用英语做事情的能力”，因此，主模式中的“点拨拓展”被改为“学以致用”。

英语组在“自学·释疑·达标”的课堂教学模式下，对英语课堂教学模式进行了一系列的探讨、实践、再探索、再实践，对部分环节做出了调整，这是学校模式完善和再发展的需要，也是英语教学实践的需要。

二、在形成过程中的困惑与误区

英语学科模式在构建过程中，英语老师们产生了一些困惑：英语与我们的母语差异较大，一方面，从语言本身来说，英语是印欧语系而汉语是汉藏语系；英语是表音文字，而汉语是表意文字。学生的课前自学如何解决语音、词汇学习？通过跟读多媒体还是依据音标进行自主学习单词？模式要求学生课前利用导学案进行自主学习，那么学生在课前究竟如何自学，如何培养学生的自学能力？另一方面，从文化角度来说，中英文化差异较大，行为习惯、价值观念及思维方式也存在差异。英汉之间的差异增加了英语学习的难度。如何有效降低英语学习难度，发展英语思维，培养学生跨文化交际意识？另外，传统英语课堂教师满堂灌，教师讲授详细透彻，重难点突出。但是，在新的学科模式下，教师成为学习的引导者，而学生是学习的主体，学生自学、合作交流、小组展示，在这一系列的学习过程中，学生能否夯实重点、突破难点？如何把握教师点拨的度？学生在合作交流、小组展示环节，是否每个学生都能真正有效地参与交流讨论？学习能力处于不同层次的学生如何进行讨论？要讨论交流的内容学生是否能沿着预设的效果和目标进行讨论？课堂纪律会不会无法控制？这些问题都成为老师们的困惑。

同时，也有老师陷入了一些误区：导学案一度成为“习题集”，把课堂教学内容前置，忽视了学生学习的一般规律，把导学案当成重头戏，花时间重点处理。在课堂教学中，教师重形式、轻内涵、秀技能，认为学生站起来讨论就是合作交流，忽视了学生的课堂感受，忽视了学情，把课堂的“假热闹”当成了学生参与度高，课堂氛围浓厚，学习效果突出。更有教师误以为对学生加分就是评价，就达到了评价激励的目的，忽视了评价方式的多元化、有效性、多样性，忽视激发学生学习的内在驱动力；还有的老师照搬学校“自学·释疑·达标”课堂教学模式，不顾学科特点及学科课程标准及目标要求，忽视英语课堂教学的实践要求；等等。

三、学科模式的形成及概说

“自学·释疑·达标”课堂教学模式付诸教学实践后，我们英语学科在使用过程中根据自己的学科特点对其七个环节——学案导学、合作探究、小组展示、纠错互评、点拨拓展、提炼总结和诊断评价进行了适当的调整。其中的第二个环节——合作探究环节被分解为情境创设、互动研学、合作交流三个环节；第五个环节——点拨拓展环节被改为学以致用环节。自学板块包括学案导学、情境创设、互动研学、合作交流、小组展示和纠错互评六个环节；释疑板块包括情境创设、互动研学、合作交流、小组展示、纠错互评、学以致用和提炼总结七个环节；达标板块包括提炼总结、学以致用和诊断评价三个环节。构建主义者认为知识“只有通过实际情境中的应用活动才能真正被人理解”，布鲁姆也曾经说过：“成功的外语课堂教学应当在课内创设更多的情境，让学生有机会运用已学到的语言材料。”因此，在英语课堂上的首要环节为情境创设环节，只有在情境化的社会实践活动中，学生才能有效地开展知识的学习，互动研学、合作交流、小组展示和纠错互评这四个环节都是在情境中展开，而前三个环节又为学以致用环节做好了铺垫，学以致用环节中又会出现一些问题或错误，因此又回溯到纠错互评环节。在前面一系列环节之后，学生对一节课所学知识经过了学习和内化，提炼总结环节就水到渠成了，这个环节是对整节课所学知识的梳理环节，也是对学习目标的检验环节，为下一步更好地学习打好了基础，让学生既总结了课堂上所学的知识，又通过所学知识产生了新的思考，让学生带着问题走出课堂，走进下一课。诊断评价环节是对课堂所学知识的查缺补漏，是对基础知识和综合能力的考查，用以检验本节课的教学是否达标。自学、释疑、达标三大板块的结构图如图3-1-1所示。

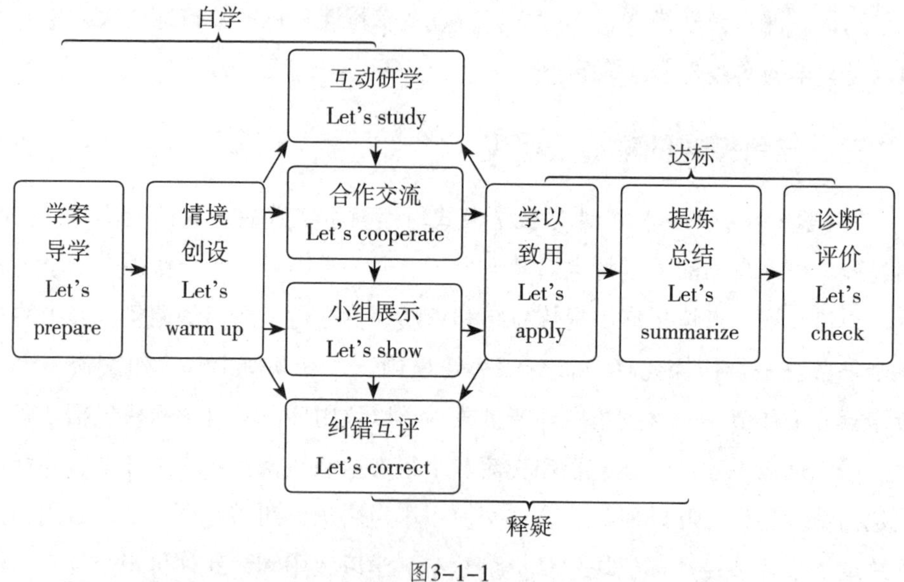

图3-1-1

四、英语学科模式的优势及意义

我校的英语学科模式与传统教学"满堂灌"的授课方式迥然不同，教师在创设的课堂情境中激发学生的学习兴趣，让学生通过真实的情感体验，获取、理解、内化、运用知识，进而完成对知识的构建。美国著名政治家、科学家本杰明·富兰克林说过："Tell me and I forget. Teach me and I remember. Involve me and I learn."（告诉我，我会忘记；教给我，我会记住；让我参与，我会学会。）英语学科模式的构建使英语课程目标的实现有了载体，有力地保障了课堂教学的实践，更提升了学生的英语学科素养。

1. 英语学科模式是英语课程目标有效实现的载体

《初中英语课程标准（2017年版）》对教师提出的教学建议是："在教学中，教师应当坚持以学生为本，面向全体学生"；"优化课堂教学，合理安排教学内容和步骤，组织多种形式的课堂互动，鼓励学生通过观察、体验、探究、合作等方式学习和运用英语"。这就要求教师要不断改变和优化教学方式，努力做到两个"转变"，即从以教师为中心的教学方式转变为以学生为中心的教学方式，从单纯传授书本知识的教学方式转变为引导学生探究知识，发展能力的教学方式。英语学科模式符合英语课程标准在教学实践中的要求，既体现了英语课程目标的要求，又具备课堂的可操作性。

英语学科模式切合义务教育阶段英语课程的总目标，致力于培养学生的综合语言运用能力，促进学生的心智发展，提高学生的综合人文素养。英语学科模式的各个环节是英语课程标准分级目标的细化，有利于培养学生的语言技能、语言知识、学习策略、情感态度和文化意识。

2. 英语学科模式是课堂教学实践强有力的保障

我校英语学科模式的九个环节立足于课堂实践，结合学生语言认知规律，培养了学生自学、合作、探究、创新及应用能力。

此模式以真实的情境导入，营造了贴近生活的学习情境及氛围，有助于提高课堂教学效率，在一定程度上提升了学生的思维品质。我校英语学科模式充分发挥英语的育人功能，在课堂教学实践中，将文化意识渗透到学生的思想中。通过深入剖析英语教材中的文化内涵，了解各个国家不同的语言文化，让学生理解并尊重文化差异。在互动研学过程中，全体学生进行合作交流和小组展示，可以让学生在参与活动的同时，也加强学生语言能力与思维能力的培养。

3. 英语学科模式是提升英语学科素养的重要手段

英语核心素养包括语言能力、思维品质、文化意识和学习能力四个维度。语言能力就是用语言做事的能力，涉及语言知识、语言意识和语感、语言技能、交际策略等；思维品质是思考辨析能力，包括分析、推理、判断、理性表达、用英语进行多元思维等活动；文化意识重点在于理解各国文化内涵，比较异同，尊重差异，汲取精华等；学习能力主要包括元认知策略、认知策略、交际策略和情感策略。

英语学科模式主要是让学生通过听、说、读、写等方面的语言实践活动去发展英语语言能力，培养学生良好的心理品质和思想道德品质。英语课堂教学实践应强调使学生形成以交际能力为核心的英语语言运用素质，营造一个能让学生进行交际实践的学习环境，并充分利用现有的教学手段，努力拓展学生的视野，帮助学生构建自己的自主学习模式。英语学科模式立足英语教学实践，可以有效培养学生的英语语言能力与思维品格，同时提高学生自身的文化意识。

第二节　模式的环节解读

我校“自学·释疑·达标”英语课堂教学模式遵循循序渐进的教学原则，其基本结构分为课前自主学习和课堂教学两个部分，自学、释疑、达标三个板块；学案导学、合作探究、小组展示、纠错互评、点拨拓展、提炼总结及诊断评价七个环节。英语学科在使用过程中根据自己的学科特点把七个环节适当地调整为九个环节，即学案导学、情境创设、互动研学、合作交流、小组展示、纠错互评、学以致用、提炼总结和诊断评价。下面对这个九个环节及其操作进行详细的解读。

一、点燃思维的学案导学Let’s prepare

学案导学是课前准备部分，是教师站在学生的角度，充分考察学情，为学生进行有效的自主学习而设计的自学方案，引导学生自我预习和主动探知。学案的设计以学生“学”为主、以教师“导”为辅，导学结合，明确学习目标，激发学生的学习兴趣，为课堂做适当的词汇、话题基础或文化背景等的准备，从而使学生在预习感知中降低理解的难度，扫除部分障碍，帮助他们获取更为丰富的语言文化知识，促进学生语言运用技能的内化生成；同时，让学生在导学案的引导下发现、探究、解决问题，培养思维品质；让学生带着求知欲和未能解决的疑惑主动融入课堂学习，深化其认知感悟。

在实际操作中导学案分为以下几种形式：

1. 帮助学生搭建知识体系的脉络型导学案

英语语言的习得要求学生在整体认知感悟和一定知识体系结构的基础上，对英语这门语言学以致用。根据单元话题下的知识体系设计导学案，是为了突出英语学习的系统化、体系化，帮助学生梳理结构脉络，搭建话题基础，使学生有效地掌握语言表达的内在逻辑，如人教版七年级英语下册Unit3 How do you get to school? 在单元话题下，整体上讨论如何选择最优交通，从出行方式、距离、用时及环保低碳出行方面把握，如图3-2-1所示。

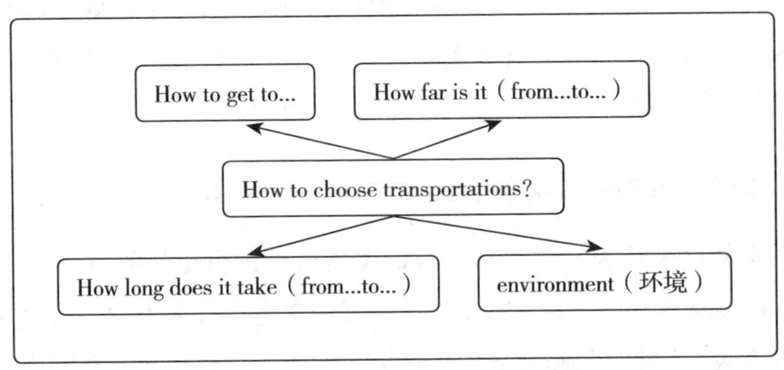

图3-2-1

2. 帮助学生扫除部分学习障碍的基础型导学案

一是结合当堂课的教学目标，围绕课程知识中存在的前后联系和链接，在话题下有效地激发学生已有的知识经验，基于本堂课的话题初步形成词汇型、问题型思维导图，丰富学生思维和认知。人教版七年级英语下册Unit5 Why do you like pandas? Section A（1a–2c）的学案导学中，让学生写出知道的动物，复习学过的动物名称，不知如何用英语表达的，可以小组间交流讨论，可以查阅字典，也可以寻求教师的帮助，以旧知引出新知，激发学生学习的动机。

二是基于本堂课的文化背景，有针对性地丰富学生的语言文化知识，拓展学生文化视野，让学生了解中外文化的异同，增强学生对不同文化的理解力，培养学生跨文化交际意识，发展跨文化交际能力。八年级下册Unit10 I've had this bike for three years. Section A（3a–3c）的小阅读关于yard sale，在学案导学中对庭院售卖的文化背景进行铺垫，同时和中国的跳蚤市场进行对比，让学生了解中外文化的异同，拓展正规的网络二手商品交易平台，培养学生对旧物的循环利用及环保意识。

3. 引导学生质疑探索的探究型导学案

英语语言学习应着眼于学生的最近发展区，关注学生可能的发展水平，调动学生的积极性，发挥其潜能，超越最近发展区，使他们在主动探究的过程中不断发现新鲜有趣的学习内容，同时鼓励学生标记疑难点，关注学生的自我发展，在预习中引导学生主动地质疑探索。导学案设计多样化的思考探究题目，引导学生进行深度思考、主动质疑，激发学生的探索兴趣，体现导学案的启发作用，进而让学生带着质疑和思考主动融入课程学习，激发学生的学习兴趣，深化学生的认知感悟。人教版八年级上册Unit8 How do you make a banana milk shake? Section A（1a–2c），在学案导学中，让学生探究如何做草莓奶昔，需要什么器材及原料的数量，按照什么步骤，引导学生思考做事情的顺序。

二、激发兴趣的情境创设Let's warm up

教育家赞可夫认为："教师对言语发展过程进行指导的方法之一，就在于恰当地选择材料和创设说话的情境，以促使学生沿着言语发展的阶段不断上升。"英语课程标准中明确规定，各种语言知识的呈现和学习都应从语言使用的角度出发，通过创设具体语境并采用循序渐进的语言实践活动，为学生提升"用英语做事情"的能力而服务。情境创设以语言的综合运用为目的，创设进行语言学习活动的情境，让学生在真实的情境中展开一系列学习活动。

创设情境对于激发学生的兴趣有一定的作用，创设有效的英语情境应遵循以下原则：

1. 可接受性原则

英语教学情境的创设要关注学生的心理发展水平和心理活动动机，尊重学生心理发展的规律，还要关注学生个体间发展的差异性和不均衡性，根据不同学生的兴趣爱好及学习能力，因材施教，设计多层次的课堂情境，帮助学生形成积极的学习态度，促进学生知识、技能和情感的发展。

2. 真实性原则

口语交际活动是在特定的环境里产生的言语活动，学习情境越真实，学生主体构建的知识就越可靠，学生就越容易将自己的情感及体验迁移到所感知的对象中，从而引起学生进行口语交际的欲望，激发学生进行口语交际的热情。因此，在英语教学中，教师要从日常生活中发现、挖掘、整合学习资源，情境创设要贴近学生的生活，贴近学生的实际。

3. 发展性原则

英语课堂语境的创设要符合"最近发展区"，既可以启发学生思考，又要发展学生的学习能力和用英语思维的能力。

依据以上原则，英语课堂情境创设包括以下类型：

1. 创设生活情境

语言的外延就是生活，人们在实际的交际环境——生活中习得语言，再将语言用于生活，也就是说，口语交际是日常的生活交际。因此，教师要注重创设多种符合学生生活实际的情境，调动学生生活感知和生活经验，使学生在口语交际中说得具体、真实、有趣。人教版七年级上册Unit7 How much are these socks? Section A（1a–2c）的听说课中，教师以“双十一”大促销或网络直播带货为主题情境，购物时都考虑什么因素，从物品、价格、颜色、大小等方面入手，引导学生理性消费。

2. 创设表演情境

表演是学生喜欢的一种学习方式，精彩的表演能激发学生参与交际的热情，使他们的口语表达更符合角色特点。在口语交际课堂上，营造良好的表演氛围，创设学生感兴趣的表演情景，鼓励学生积极开动脑筋，运用所学的知识和体会到的情感和同伴们一起交流、表演；让学生在听故事、讲故事、演故事的过程中不断增强说话、交际的兴趣，能起到事半功倍的教学效果。人教版八年英语下册Unit 6 An old man tried to move the mountains. Section B（2a–2c）的阅读课，这篇文章节选自《糖果屋》，本节课要求学生分析人物性格，分角色表演每一个场景，最后小组合作完成一场舞台剧。

3. 创设问题情境

根据教材内容，创设一些学生感兴趣的问题情景，以free talk的形式引导学生参加讨论，进行交际。在教学“What are you going to be? ”一课中，我们以“你长大了想成为一个什么样的人？想从事什么样的职业？”的问题创设情境，让学生发挥想象，自由谈论，把自己当成一个“梦想家”，站在未来的角度来考虑问题。为了增强问题情境的互动性，我们允许其他学生在听的过程中，表达对同一个问题不同的看法，培养学生的思辨能力。

4. 创设视听情境

视频、音乐等活动的画面能激起学生的学习兴趣，在口语交际教学中，适时地播放一些直观的画面，让学生带着问题观看，不仅能为教学创设一个和谐的、轻松的教学氛围，而且能使学生对学习产生浓厚的兴趣，在这样的情境下，学生也就自然而然地产生了交际的需求。 实践证明，在这种更贴近生活、更真实自然的任务型交际活动中学习英语，学生更容易产生兴趣，更容易理解语言的意义，掌握语言技能，并尽快地在真实的交际活动中使用英语这一交际工具。

三、感悟新知的互动研学Let's study

互动研学是师生共同探究学习的环节，以教师为主导、以学生为主体，在任务驱动下，循序渐进，由易到难，层层递进。现代教学的特征之一是"以育人为目的，把课堂还给学生，使课堂充满生命的活力，使每个学生各得其所地得到发展，创新精神与实践能力得到充分的提高"。

1. 师生的角色定位要准确

在师生互动研学的过程中，教师不只是知识的讲授者，还是课堂教学活动的组织者、引导者和帮助者。教师变"师本教育"为"生本教育"，使学生成为合作者、竞争者和学习者。教师不仅要向学生呈现知识，而且要向他们展示得到知识的过程，学生从这个过程中获取了基础知识（what），同时学到了学习方法（how）。而这个过程并不是教师单方面的展示，而是师与生之间的对话过程、探究过程，也是生与生之间的研讨、分享过程。在教学实践过程中，师生只有不断调整自己的角色定位，找准自己在课堂活动中的位置，形成和谐的师生关系，才能有效培养学生的探究创新能力，进而提升学生的语言运用能力。

2. 教学活动设计要有可操作性、梯度性和系统性

新课程强调教育不只是让学生获得知识和技能，更应该使学生不断生成智慧和人格。而智慧和人格是在师生、生生互动的课堂实践中逐步形成的。因此，课堂教学活动设计尤为重要。这就要求教师在设计教学活动时，有明确的目标指向性、可操作性、有效性，教学活动既要考虑到学生独立的学习活动，又要考虑到学生之间的合作学习、师生之间的对话和情感交流，从而让课堂充满活力，富有生成性和创造性。

教学活动的设计要兼顾语言学习和发展能力，任务的设计要贴近学生生活实际，符合学生的认知水平和生活经验，其目的意义和活动要求要明确，具有可操作性。一个单元的各项学习活动的设计要求和复杂程度，要有层次、呈递进式安排。教学活动既要包括语言知识的学习，又要包括语言技能的发展，还要兼具梯度性和系统性。一个课时的各项学习活动的设计在内容上要有连续性和整体性，做到环环相扣；在难度上要有梯度性和层次性，做到由易到难。另外，任务的设计要让学生通过接触、理解、操练，运用语言等环节逐步实现语言的内化和整合，达到提高用英语获取、处理和传递信息的能力和综合语言运用能力的目标。例如，九年级Unit 13 We're trying to save the earth! Section A 1a–2d（听说课）一课时，其课堂学习活动的设置是在此情境下：Mark担心环境污染问题，因此他想发出倡议，让大家保护环境。为此，我们在课堂上设计了五个活动：①把所给词写到对应的污染类型中；②听力完成句子，总结污染类型、造成原因和解决办法，完成问答；③听力完成另外两种污染类型，并完成句子；④阅读找到解决两种污染问题的方法；⑤小组根据听力获取的信息完成倡议书。这五个活动从简单的信息匹配到听取信息，再到读取信息，最后运用信息完成整合任务，五个任务一环扣一环，学生能够通过努力和合作完成情境下的各项研学活动。

教师在设计教学活动时，还需注意学习活动解决的问题或任务的复杂性与学生的实际水平相适应，使学生可以运用已有的知识基础和认知能力，通过自己的努力，与同伴之间的合作，教师的启发、指导和帮助能够理解和解决的。学习活动也要有一定的挑战性，能引发学生的高级思维活动。

四、焕发活力的合作交流Let's cooperate

巴洛赫在《合作课堂让学习充满活力》中指出："在一个小组中确实有帮助，因为有些事实一个人永远也想不出来，但通过合作学习和观点的交流，就可以达到更多的理解。"国家基础教育课程改革的一个重要而具体的目标就是要改变学生被动接受、大运动量反复操练的学习方式，倡导学生自主发现、主动参与、合作探究的学习模式。自主、探究、合作、交流学习模式的实质是：以学生发展为本，让学生真正做学习的主人，把课堂交给学生。"合作交流"是英语课堂学习的有机生成部分，是学生内化、吸收、运用的必要环节。

合作交流可以以两人组、四人组、六人组的方式呈现，甚至是组间的合作交流，形式灵活，方式多样，旨在调动学生课堂参与的积极性、主动性，注意鼓励、动员、吸引学习困难的学生参与，考虑到学情差异，教师要关注各个层次学生的学习需求，使每个学生都参与。

培养学生合作交流意识，激发学生兴趣是前提。在中学英语课堂上学生的参与度、主动性尤为重要。兴趣是学生获取知识、开阔视野、丰富心理活动的强有力的催化剂。在英语教学过程中，教师可有效地借助于现代化教育手段，通过情境、视频、图片、歌曲、游戏、悬念等途径激发学生的兴趣，促成学生的自主探究与合作交流，激发学生的认知兴趣，使他们自觉主动地参与课堂教学。

促进学生合作交流，营造良好的氛围是基础。新课程理念中提出，在教学实践过程中，教师要竭尽全力营造平等、宽容、尊重、理解、和谐、愉悦的学习氛围，使学生想说、敢说、爱说、乐说，积极参与课堂教学活动，真正成为学习的主体。在课堂教学过程中，教师要尊重学生的合理观点，允许学生发表不同的见解，鼓励学生提出疑问、异议。对待学生要多宽容、鼓励和引导，积极正向的评价贯穿学习过程，使英语课堂成为开放、包容、创新、协助的新型英语课堂。

促进学生合作交流，注重策略性指导是关键。教会学生学习的方法和策略，让学生由“要学”到“学会”再到“会学”。教师要精心设计需要合作交流的问题，这些问题的设计应当有层次性、梯度性，致力于学生的最近发展区，使所有学生跳一跳就够得着，继而更自信地参与下面的学习。在合作交流过程中，教师要避免边缘化学习困难的学生，加大对后进生的关注和指导，为他们获得成功创造条件。培养学生的语言表达能力，教师应鼓励学生大胆表达，指导学生有条理地表达，协助学生有深度地表达。教师在开始阶段应鼓励学生学着说、试着说，逐步提高学生表达的兴趣及表达能力。同时，教师还应扩大学生的参与度，要求全员参与，对学生的分工不同，要求学生各司其职，学会聆听及深入思考，还要鼓励学生提出自己的补充意见或不同意见，各抒己见，必要时教师可以让学生进行辩论，进而促进学生思维的发展，培养学生的思辨能力。

五、灵活多样的小组展示Let's show

小组展示是师生互动研学和小组合作交流之后的必要环节，将研学和交流后的结果用特定的形式展示出来，是对研学的效果进行检验的环节。小组展示也是课堂教学的高潮所在，是对课堂教学效果的集中检测。这个过程既包括知识的输入，又体现了知识的输出。小组展示可以充分体现学生的能力和对知识的掌握情况，展示形式与所授课程的内容和课型紧密相关，也受到所处生活环境的影响。

1. 展示的内容

小组展示的关键是要明确展示什么以及怎样展示。展示什么也就是展示的内容随课型的不同而不同。听说课的展示内容一般为新的语言结构的输出，即口头表达；阅读课的展示内容一般为对阅读篇章的理解和复述；语法课的展示内容是对语法现象的理解和掌握使用情况；写作课的展示内容则一般是素材的积累和书面上的表达。

2. 展示的方式

小组展示的方式可以根据具体展示要求确定是组内一人展示还是多人展示，根据单元话题下的不同课型，学生展示的内容各有侧重，而展示方式大致分为口头对话展示、讨论结果汇报展示和书面展示三种形式，这三种形式各自独立又彼此相关。

在听说课中，口头展示较为常见。口头展示时学生的语言应简短灵活，体态自然，力求做到"英语生活化"，进而达到"生活英语化"。以人教版七年级上册Unit 6 Do you like bananas? Section A 1a–2c一课中，小组展示主要围绕食物话题，讨论对各种食物的喜好，因此，教师可以安排个人展示，告诉大家你对不同食物的喜恶，练习I like...I don't like...这一句式，也可以安排Let's have...Yes/No...这样的两人组展示，还可以用chain questions（链条问题）的接龙形式进行多人展示。采取形式灵活的口头展示，可使表达内容丰富、容量大，也易于训练学生的听说能力。

在阅读课中，教师可以根据课文内容设计表格或思维导图，经过师生、生生互动研学捕捉文本信息，让学生初步了解、理解文章，并通过合作交流加深学生对文章的理解，讨论文章中有意义的问题或观点，最后让学生利用思维导图或者表格信息尝试复述课文，进而培养学生的阅读能力及语言组织、表达能力。以人教版九年级Unit 13 We're trying to save the earth! Section A 3a–3b和Section B 2a–2e两节阅读课为例，展示的内容是前者完成思维导图，而后者完成表格。展示形式既可以是个人展示，又可以是小组多人展示。其展示内容既可以是书面上的完成思维导图或表格，又可以是完成后的口头复述。这样的展示既可以训练学生的阅读能力，又可以训练学生的口语表达能力和口头语言组织能力。

在复习写作课中，展示方式通常是以brainstorm（头脑风暴）开展，这种形式可以发散学生思维，给学生创造一个轻松、自由的氛围，鼓励他们积极发言，在开发智力的同时转换学生角色，从被动的接受者变为主动的学习任务承担者，可以最大限度地调动学生的学习积极性。根据写作内容的不同，教师可以设计不同的brainstorm方式，对于记叙类的文章，写作前可以让学生通过5W1H（what，who，when，where，why，how）的方式引导学生自己想象或创造具体语言情境，需要时也可以进行角色扮演；记叙文可以通过思维导图或者是图画的形式展现；议论文，则可以让学生进行正反方的辩论，最后达成意见的统一。这样的活动可以极大地提高学生的学习积极性，让他们融入写作素材的准备中。在不同课型的小组展示活动中，除了对话展示和讨论结果汇报展示这样侧重于口头上的展示外，还可以使用书面展示的形式呈现，既可以在黑板上板书展示，也可以在教学案上填写展示。

3. 展示的要求

为提高展示的效果及质量，口头展示活动要求学生勇于展示自我，做到快速起立，也可以依据情况面向对方、面向黑板或面向全班同学等，做到"不低头，不弯腰，不乱看"，展示时要声音洪亮，语速适中，注意语音语调。讨论结果汇报要求组长组织组内讨论后确定合理的展示方式，小组成员分工合作，做到"人人有事做"，在选代表进行小组展示时，不能"一枝独秀"，要做到"百花齐放"。在小组展示时，教师要规定讨论的时间，也要给出展示的内容让学生进行自由选择，最后在展示时要鼓励全组成员参与，这样既可以充分调动全体学生的积极性，又可以提高学生的学习效率。书面展示的要求是书写工整、清晰，不论是在练习本上、教学案上还是黑板上，书写都要做到大小、间距合适，注意一行字的平直。在批改同学的展示时，教师要使用彩色笔，如果有问题要在一旁订正。

小组展示是检验学生合作交流效果的直接手段，也是学生展现自我风采的表现方法；小组展示是英语课堂学习的重要环节，是让学生点燃激情、绽放精彩的有效手段；小组展示最容易把课堂推向高潮从而使课堂出彩，学生因展示而活跃，课堂因展示而精彩。

六、多元优化的纠错互评Let's correct

纠错互评环节是小组展示活动的延伸，纠错互评环节的自评、组内补充、异组互评和教师评价几种形式在实施时，教师可以选择性地使用。例如，在复习旅行话题的这一节读写课中，教师先给出学生两分钟时间，就旅行中所做的事情、看到的事物和学到的东西进行小组讨论，然后派代表展示，一个学生回答时，本组成员先进行组内补充，然后再由其他组的同学补充，最后教师用图片展示的形式提示补充或强化理解。在听说课或阅读课中的小组展示因为经过了互动研学和合作交流，可以直接进行异组互评。

面对不同的错误类型，纠错的方式也有所不同。纠错时，教师要做到宽严并济，如在口语表达中如果学生出现了发音、用词、搭配、句型或时态等的口误，最好不要打断学生，可以由教师通过手势和表情做出反馈。又如，在训练口语流利程度时，特别是学生在进行role play或pair work时，为了学生表达的连贯性，教师可以进行延迟纠错。但在做口语精确程度的练习时，师生需要集中注意力，明确指出学生的错误并解释原因。也就是说，并非每个错误都需要纠正，否则会造成学生学习动力和信心的丧失，如果出现了超出学生应当的语言水平的错误、以训练口语流利度为目的时出现的错误和学生能自行改正的口误都不需要纠错。此外，教师还需要注意对于不自信和害羞的学生也可以适当地忽略错误不做纠正。

纠错互评在英语写作课中是比较实用且被广泛使用的方法。学生完成一篇英语作文后，可以进行交换纠错互评，在纠错互评中可以借鉴他人的优点，取长补短，互相完善，共同提高。以《初中学业水平考试说明与指导》第十四章读写复习课为例，教师在学生写作之后，留出时间两人一组交换批改，给出学生详细的评分细则和标准，然后让学生开展两人组的互评。此种形式的评价既可以促进学生的自评，又可以发现自评中发现不了的问题，最后学生都发现不了的问题可以由教师参与评价，如图3–2–2所示：

Score：________

温馨提示：错误请用红笔圈出。

项目	书写	书面	要点	字数	单词拼写等	句型等
扣分						

互相交换，互评互改，请给你的搭档得出分数。

评分标准（满分15分）：

（1）书写不工整扣2分，书面不整洁扣2分。

（2）缺一个要点扣2分。

（3）字数不足扣2分。

（4）单词拼写、首字母大小写和标点符号错误每个扣1分。

（5）句型单一扣1分，逻辑不清晰（没用到表示次序的关联词）扣2分。

图3-2-2

科学的评价机制是实现教育活动科学化的有效手段，而纠错互评环节则是自评、组内补充、异组互评和教师评价的有机结合。目前我国英语教学评价方式大多是教师评价，这种单一的评价方式带来的影响是学生的自评能力、互评能力，包括自评学习方法、学习策略和学习效果等的减弱，长此以往，学生会逐渐丧失学习英语的积极性和自信心。为了提高学生的自我评价能力和学业水平，在课堂教学中采用多元化的评价势在必行。根据认知心理学的观点，人对外界事物的认知过程伴随着对自我认知和记忆活动的反思过程，而学生之间进行互评能帮助学生看到彼此间的差异和差距，取长补短。学生作为主体参与纠错互评，既可以扩大评价主体的多样性，又能保证评价的合理性，体现公正性，而且还有助于培养学生的纠错意识及纠错能力，充分发挥学生在学习中的主动性、能动性和创造性。

七、提升语用的学以致用Let's apply

新课程标准中以学生“能用英语做事情”的描述方式设定各级的目标要求，旨在强调培养学生的综合语言运用能力，“学以致用”就是语言的实践运用环节，以学生能“用英语做事情”，解决问题为目标，培养学生的综合语言素养和语言运用能力。这一环节与情境创设首尾呼应，即学生经过知识的学习和内化，运用教师创设的贴近实际生活的各种语境，采用循序渐进的语言实践活动，进行所学语言或知识的输出，做到举一反三，触类旁通，逐步培养“用英语做事情”的能力。

首先，教师要使英语课堂氛围生活化，让学生充分了解并意识到英语学习不仅是抽象的语言学习，还是和现实生活实践紧密联系在一起的。在设计课堂活动时，教师要选取和学生生活紧密相关的真实生活素材，给学生搭建语用平台。情境的设计必须建立在教材的交际功能的基础上，要结合学生的年龄特征、认知水平和生活经验，以及时代特征，把课堂变成一个真实或者尽可能接近真实的交际场，使学生能理解和掌握目标语言项目的真实意义和用法。例如，七年级上册Unit 7 How much are these socks？在这一单元听说课设计的“直播间带货”的情境，就体现了学习生活化及时代的特征。

在教学活动实践中学以致用环节要注意以下五点：

（1）设计的活动要明确交流的目的，交流要有真实的意义，要给学生具体的操作要求，要给每个层次的学生以展示的平台和机会。

（2）设计的活动要与之前的教学活动保持连贯性，做到难易渐进，形成梯度，要考虑到目标的达成，还要与整堂课的情境创设前后呼应，真正做到情境中的语言运用。

（3）语言学习的过程是知识的输入到输出、语言支架的搭建到拆除的过程。因此，在学以致用环节，语言支架的内容要合适，既不能内容太详细，体现不出知识的有效输出，又不能内容太空乏，影响学生的表达。

（4）教师要留给学生充足的准备时间，让他们能在语言实践活动中通过接触、理解、操练和运用，逐步实现语言知识的内化。

（5）教师要组织学生以小组为单位进行评价，针对每个学生在这一环节的表现，给予适当的评价。在评价的过程中，教师要进行指导和总结。

学以致用在英语课堂教学中起着至关重要的作用。它既能够提供给学生自主学习的动力，又能帮助学生建立学习英语的自信心和学习兴趣。试想一下，如果学生一节课的学习之后能使用所学的英语知识解决一些问题，做一些事情，那么，他们怎么可能不认真对待呢？英语教学的最终目的是让学生能自如地运用这门语言，因此，在英语教学中，注重学以致用不仅是对新课程标准的有效贯彻和执行，也是提高学生英语交际能力和学习效率的重要保证。

八、落实升华的提炼总结Let's summarize

提炼总结是英语课堂的一个重要环节，它把一节课中零散的语言基础知识和基本技能形成有条理的知识结构。在这个环节中，学生在教师的指导下，对本节课所学知识进行梳理和归纳总结。

对于语法知识的提炼总结，教师可以使用观察与思考的形式来完成，让学生以小组为单位总结归纳语言规律，这也是提炼总结的一个方法——归纳法。它要求教师首先呈现学习资源，如语法中学习可数名词和不可数名词时，师生需要先列举出所学的名词词汇。然后，学生在教师的引导下观察、分析、分辨这些名词的不同用法，对它们进行分类，继而对于每一个类别再进一步列举新的词汇。最后，学生通过归纳总结懂得哪些词是可数名词，哪些词是不可数名词。

对于听说课和阅读课的提炼总结，教师可以设计思维导图或知识树的形式引导学生去总结本节课所学的内容，总结不全面的地方其他学生可以补充，有难度的地方教师可以进行点拨释疑，进而让学生进行总结。英语是一种有韵律感的语言，因此在提炼总结时，学生可以借助丰富多彩的活动形式，如可以使用rhyme，chant的形式，也可以用歌曲的形式来总结所学语言结构，如七年级下册Unit 6 I'm watching TV. 一单元第一课时听说课的提炼总结环节可以使用chant的形式编写小诗来巩固现在进行时态，还可以编写歌词，然后用《两只老虎》这首儿歌的曲调把歌词唱出来，如图3–2–3所示：

小诗：I am singing. You are singing. He is also singing.
I am cleaning. You are cleaning. She is also cleaning...
歌词：I am singing. You are dancing. He's exercising. She's exercising.
I'm watching TV. You're reading a book. We are happy. We are happy.

图3–2–3

提炼总结环节在操作时，教师要充分调动各个小组的学习及参与的积极性、主动性，让学生在小组成员的合作下完成提炼总结。同时，教师还要鼓励学生大胆地进行质疑，不拘泥于课堂，引导他们由课内向课外延伸，针对学习的内容，人为地给学生设置思维障碍，启发活跃学生的思维，为讲解、深化后面所学单元的知识铺好路。例如，在进行九年级Unit 2 I think that mooncakes are delicious！语法提炼总结时，教师先让学生总结宾语从句是陈述句的句型结构、引导词、时态等，然后向同学们提出疑问：疑问句作宾语从句时的句型结构、引导词和时态是怎样的呢？进而为下一单元的学习搭好桥。

提炼总结在教学中必不可少，在一节课中能够起到画龙点睛的作用，可以培养学生分析概括的能力。它不仅可以概括、深化知识，还能使整个课堂教学结构严谨，又能启发学生对整节课所学的知识进行深入的思考，让学生的思维达到高潮。

九、促进提升的诊断评价Let's check

首先，诊断评价是对学生学习效果进行检测并进行有效评价的环节，在每堂课结尾都要对学生进行学习目标达成情况检测，可以继教师依据课程标准科学制订学习目标和师生围绕既定的学习目标进行了一系列教与学的活动之后，让学生在规定的时间内完成当堂检测，可以对学生知识点的掌握情况进行评价，同时发现学生知识点掌握方面的问题，有针对性地进行指导点拨。课堂达标检测题的选择要有针对性，题目的设计要紧扣学习目标和本节课的学习内容，切忌盲目、随意出题；要体现本节课的重难点，还要注重对学习过程的检测。例如，七年级上册Unit 3 Is this your pencil？第一课时的学习目标中有“能够正确使用名词性物主代词”这一条并被列为重难点，因此达标检测题中第一题的设计如图3–2–4所示。

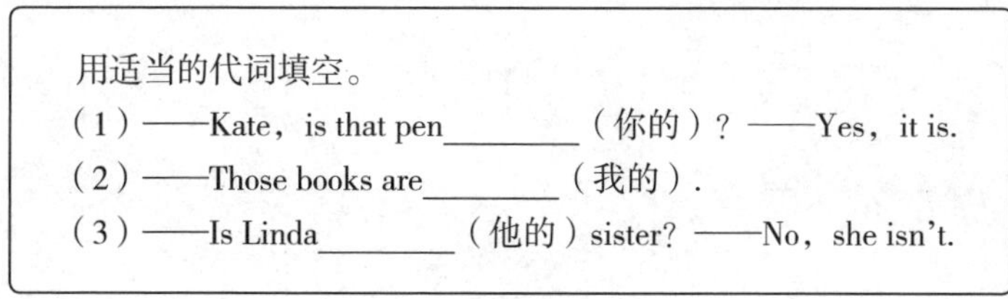
用适当的代词填空。
（1）——Kate，is that pen________（你的）？——Yes，it is.
（2）——Those books are________（我的）.
（3）——Is Linda________（他的）sister？——No，she isn't.

图3–2–4

其次，课堂达标检测题的选择要具有层次性，对知识的考查要有梯度。在出题时，教师要充分关注学情，综合考虑学生的思维能力、接受能力以及对知识的掌握和灵活运用能力，并且还要考虑到学生间有个体发展和学习能力的差异性，因此题目的设计应该符合学生的认知规律，要遵循从易到难、从对基础知识的理解掌握到对知识的综合运用这一规律，做到循序渐进。

再次，课堂达标检测题的设计要做到多样化。这种多样性一是指根据课型采取不同形式的达标检测，如听说课的达标可以设计听力题目或者口头表达等形式；阅读课的达标可以设计文章的复述，或者根据阅读内容进行的口头输出或根据阅读技巧进行的阅读理解或阅读表达书面练习；二是指检测题目的形式也要多样化的，即可以采取图片、表格、思维导图等丰富多样的形式。

最后，课堂达标检测题的设计要做到精炼化。题目的选择要兼顾对学生记忆、理解、应用等各方面的考查，还要注重对获取信息和利用信息的综合能力的考查，但一定要遵循短时高效的原则，不能面面俱到。同时，教师对学生的做题时间也要进行限制，要让学生在规定的时间内当堂完成测试题。

诊断检测后科学的评价体系是实现课程目标的重要保障，有效的评价体系要充分体现评价主体多元化、评价形式和内容多样化、评价目标多维化。评价体系要以人为本，突出学生的主体地位，充分发挥学生在评价过程中的积极作用，关注学生在培养基本语言素养和语言运用能力过程中的发展及变化。科学有效的评价体系是形成性评价和终结性评价的有机结合，既关注学习过程又关注学习结果，发挥对教学的积极导向作用。

总之，诊断评价这个环节在教学中起着质量监控的作用，诊断评价可以让学生了解自己知识点的掌握情况，对出现的错误进行矫正并及时调整自己的学习策略，同时也给教师提供了学生的学习情况，帮助教师调整自己的备课，让教师在了解检测情况的同时，做到培优补差。

第三节　“自学·释疑·达标”英语课堂教学案例

人教版八年级下册Unit2 I'll help to clean up the city parks. 教学案展示。

教学案

【教学目标】

通过本节课学习，学生能够：

（1）熟练掌握词汇：repair，fix，broken，wheel.

了解以下短语的语音和语义：fix up，give away，take after.

熟练掌握并运用目标功能句：

Jimmy takes after his mother.

Jimmy has run out of money.

I gave away my bicycle to charity.

（2）听懂含有目标功能句的对话，并能正确运用目标语言和同学交流，学会描述帮助他人的经过。加强听力方法指导，从而分层次地训练和提高学生的听、说能力。

（3）遵循新课程标准倡导的任务型原则，通过体验实践、互相交流、合作探究的方式，学习和运用英语，完成学习任务，坚持learning by doing和doing by learning的英语学习原则，体现“英语生活化和生活英语化”的习得英语的理念。

（4）通过听、说能力的训练，增强交际意识。同时，培养合作能力，养成帮助他人的品质，体现自我价值。

【教学重点】

熟练掌握关键词汇和目标功能句。

【教学难点】

听懂含有目标功能句的对话，并能正确运用目标语言和同学交流，学会描述帮助他人的经过。

【教学方法】

“自学 · 释疑 · 达标”课堂教学模式下的课堂教学。

（1）任务型教学法。

（2）合作交流、小组展示。

【教学用具】

多媒体、录音机（multi-media recorder）。

【课题类型】

听说课（listening-speaking）。

【教学课时】

第三课时（Period 3），Section B 1a–1e.

【教学过程】

（一）课前自学

学案导学 Let's prepare

Task1：Guess the meanings of the phrases in bold.

（1）We've nearly run out of paper. We need to buy some.

（2）Jim takes after his father. While Tom is similar to his mother.

（3）Could you fix up my bed now？ It's broken.

（4）We must decide what to keep and what to give away.

教师活动：提前发放学案并布置自学任务。

学生活动：完成自主学习I，把图片和动词短语相匹配。

设计意图：学生在完成课前任务I的同时复习词汇，这一部分让学生通过句子预习本课时的重点单词和短语。这属于基础型导学案，目的在于为学生扫清学习障碍，为学生学习新内容做好铺垫和过渡，从而为下面的课堂展示做好准备。

Task2：我们在Section A中学过哪些短语，尽可能多地写出来，比一比，看谁写得多。思考我们学过的这些短语以及I中的短语属于动词短语构成的哪一类？

____。

____。

教师活动：引导学生完成自主学习II中的任务，要求学生尽可能多地写出一些动词短语。

学生活动：完成自主学习II，尽可能多地写出一些动词短语。（Have a brain storming and free talk.）

设计意图：这属于基础型与启发型相结合的导学案，设置课前任务II，用头脑风暴的方式吸引学生复习更多的动词短语，有深度地过渡到新内容，为课上的听、说扫除障碍，降低学习难度，调动学生的学习积极性。

Task3：谈谈你的疑惑：

通过对生词、句子等预习，你还有哪些疑问？

____。

教师活动：根据学习委员汇报的各小组情况，了解学生自学完成的成果及问题进而完成第二次备课，形成课堂教学目标。

学生活动：课前提出预习中出现的疑惑，学习委员汇报各小组情况。

设计意图：解除预习中的疑难，扫除预习中的障碍，让学生在课堂学习中有的放矢，这也是对自主学习的落实。

（二）课堂展示与释疑

模块一：自学展示（结合课前准备Ⅰ、Ⅱ）Before Listening

情境创设 Let’s warm up

Task 1：Watch a video.

教师活动：为学生播放题为“帮助他人，快乐自己”的公益广告。

学生活动：观看“帮助他人，快乐自己”的公益广告。

设计意图：以“帮助他人，快乐自己”的公益广告导入新课，让学生感受到帮助他人的温暖场景，进入学习情境。

Task2：Let's write. 根据图片写出动词短语以及Section A中学过的动词短语。

____。

____。

教师活动：评估学生自学成果，引导学生解决疑难。

学生活动：展示自学任务（Write the phrases in groups.）

设计意图：复习导入，启发学生思维。创设情境，激发学生学习和探究的兴趣。

互动研学 Let's study

Task3：1a Match the sentences with similar meanings.

教师活动：引导学生完成1a.

学生活动：展示自学任务（Match the sentences with similar meanings）。

设计意图：让学生通过完成1a掌握本课时重点动词和动词短语。

Task4：1b Make sentences with the phrases.

教师活动：引导学生利用组成的短语造句。

学生活动：展示自学任务。

设计意图：预设情境，训练学生语言表达能力。

模块二：情境体验 While Listening

合作交流 Let's cooperate

Task1：Let's talk.

学生活动：根据课前准备，仔细观察并口头描述1c中的图片。

教师活动：引导学生观察1c中的四幅图片并鼓励学生用简短的句子描述图片，为学生的听力训练做好铺垫。

学生活动：认真观察1c中的四幅图片并试着用简短的句子描述每幅图片。

设计意图：让学生先把图片变成熟练的口头语言或关键词，为听力训练做好准备。

Task2：Let's listen. 1c

Listen and number the pictures1 ~ 4 in the correct order.

教师活动：引导学生观察图片并注意听关键词，给学生提供听力技巧的指导。

学生活动：认真观察图片并注意捕捉听力材料中的关键词，试着完成1c中的听力任务。

设计意图：让学生通过听力训练提高听力技巧和听力水平。让学生注意以后在进行听力训练时如果有图片请先观察图片再进行听力训练。

Task3：Let's listen. 1d

Listen again. Circle "T" （for true）or "F" （for false）.

教师活动：引导学生先通读1d中的四个句子，让学生在进行听力训练之前做到心中有数。

学生活动：先通读1d中的四个句子，在进行听力训练之前做到心中有数，再认真捕捉听力材料中的关键信息，试着完成1d中的听力任务。

设计意图：让学生通过听力训练提高听力技巧和听力水平。让学生注意以后在进行听力训练时请先阅读题干中的句子再进行听力训练。

小组展示Let's show

Task4：Fill in the blanks.

After listening，please try to finish the following conversation：

Man：Jimmy，tell our listeners what you do.

Jimmy：Well，many kids don't have enough money to buy their own bikes. So I find or buy old bikes .Sometimes parts like the wheels may be________. So I________the bikes and then________to these kids.

Man：That's fantastic. What gave you the ideas?

Jimmy：I guess I________my father. He loves to help people. He always________to help people in need.

Man：Wow！Your parents must be proud of you.

Jimmy：I guess so. But now I've________money，so I can't buy________old bikes.

Man：Oh，that's too bad.

Jimmy：Yeah. I need to________some ways of getting money or I'll have to stop.

教师活动：为听力材料设计听力填词，让学生再次训练听力，进一步提升学生的听力填词水平和能力。

学生活动：先浏览对话，注意划线空白处，再认真练习听力，完成听力填词。

设计意图：平时考试的时候，学生对听力填词得分率不高。所以，把听力材料设计成听力填词，需要学生填写的都是重点单词和动词短语，这一环节的设计让学生既训练了听力又巩固了重点词汇和动词短语。

Task5：Let's imitate.

模仿秀：反复跟读，模仿语音语调。

教师活动：播放录音并引导学生认真聆听，要求学生跟读听力材料，注意模仿录音中的语音、语调。

学生活动：认真聆听并跟读听力材料，模仿录音中的语音、语调。

设计意图：这一环节的设计目的是让学生完成听力训练后进一步巩固听力材料。让学生模仿录音中的语音、语调，提高口语表达能力。让学生在进行听力训练的同时也兼顾了口语的训练，真正做到"听"和"说"双管齐下。

纠错互评Let's correct

Task6：Let's do exercises.

巩固练习：试着翻译下列句子。

（1）吉米已经把钱花完了。

Jimmy has________money.

（2）他们正在修缮房屋。

They are________their house.

（3）汤姆像他的父亲。

Tom________his father.

（4）猫和虎有类似的特征。

Cats and tigers have________features.

教师活动：督导、巡视、指导，看学生练习完成情况并适时提醒学生注意动词的时态。

学生活动：认真完成巩固练习并到黑板上展示，学生展示完后进行纠错互评。

设计意图：这一环节的设计让学生通过完成练习巩固重点单词和短语，让学生夯实基础。以上四个任务的完成是互动研学环节，师生、生生互动完成学习任务。

模块三：拓展延伸

学以致用 Let’s apply

After Listening.

Task1：1e Pairwork：Role-play a conversation between Jimmy and the reporter. Use the information in 1c and 1d. 你和同伴一个是Jimmy，一个是reporter，进行采访活动。可参照下面的语言结构：

A：What do you do，Jimmy?

B：I fix up the bikes and give them away.

教师活动：巡视学生进行对话练习并适时给予指导，要求学生进行对话时力求自然，语言交流时不能过于生硬。

学生活动：两人一组进行对话练习，尽量自然流畅，语言交流做到不生硬。

设计意图：在完成听力训练后再训练对话，既巩固了听力材料中的内容，又培养了学生语言交际的能力，从而提高了学生的口语表达能力。

小组展示Let’s show

Task2：Group work.

调查同学们做过的好人好事。将其他同学的信息记录在表格内。

表3-3-1

Name	What

教师活动：走到每个小组中，巡视学生调查情况并适时给予指导。

学生活动：进行组内小调查，看看谁做过的好人好事多。

设计意图：让学生通过组内小调查激起“帮助他人，快乐自己”的热情，提高语言实践能力。新课程强调“课堂小社会，生活大课堂，课堂生活化，生活即课堂”的理念。要求学生运用本课所学动词短语和功能句，解决实际问题，实现学以致用的目的，增强学生学习的兴趣和信心。教师设计的达标题目注重让学生知道学什么、做什么，学生做起来轻松自如，信心倍增，同时增加了自主学习的兴趣，增强了学生课堂展示的信心。发挥教师的引导、指导、监督作用，以学生为本，面向全体学生，充分调动学生的学习积极性。小组合作学习需要评价机制，学生通过自主学习，带着明确的目的，相对轻松地走入课堂，在学生有着强烈的展示欲望下，教师一定要有较好的评价机制作为保障，这样，才会使自主学习和展示环节产生较好的教学效果。

（三）课堂总结

提炼总结 Let’s summarize

From this lesson I have learnt：（知识、能力、方法）

____。

我还有哪些疑惑：

____。

下课后，我要及时弄懂并掌握。

教师活动：引导学生从知识、能力和方法等方面总结这节课所学内容。

学生活动：从知识、能力和方法等方面总结这节课所学内容。

设计意图：让学生提炼总结本节课所学内容，锻炼学生的归纳总结能力。

（四）达标评估

诊断评价Let’s check

1. 根据句意及首字母或汉语提示补全句子

（1）My bike is broken，I must r________it.

（2）Lucy takes a________his Lily，because they are twins.

（3）My opinions are________（相似的）to his.

（4）We are going to________（修理）up the broken clock this afternoon.

（5）Jim________（捐赠）away his bike to the boy who doesn’t have a bike last.

2. 根据汉语完成句子

（1）如果你的钱用光了，可以向我借。

If you______ ______ ______your money， you can borrow some from me.

（2）你可以帮我修自行车吗?

Would you please help me______ ______（______）my bike?

（3）她捐了很多钱去帮助无家可归的小孩。

She______ ______a lot of money to help homeless children.

（4）这个小女孩很像他的妈妈。

The little girl______ ______（______ ______ ______）her mother.

3. 同义句转换，每空一词

（1）He is like his brother.

He______ ______ ______his brother.

（2）Jim spent all his money buying computer games.

Jim______ ______ ______his money to buy computer games.

（3）Your new sweater is quite like hers.

Your new sweater is______ ______hers.

（4）I'm sure uncle Wang can fix the camera soon.

I'm sure uncle Wang can______the camera soon.

教师活动：走进学生中间，观察、巡视学生做题情况，监督学生完成练习并适时进行指导，必要时给予点拨。了解学生对练习的完成情况后进行调整，以便于在讲解练习时做到主次分明。如果学生完成得很好就不需要费时讲解了，如果学生完成得不好就必须详细讲解。

学生活动：以最快的速度完成达标检测，尽量在五分钟之内完成，完成后先在小组核对答案再进行展示，然后进行纠错互评。

设计意图：让学生通过做练习巩固本课的重点单词和短语，夯实基础，进一步巩固本课时中的重点短语的用法及运用。检测学生对本课重点单词和短语的掌握与运用效果。

【教学反思】

本课为听说课，以培养学生的听说能力为指导思想，以话题为主线，层层递进设置任务链。整堂课采用导入—呈现—听—说，感知—体验—理解—巩固—升华的顺序，先输入后输出，循序渐进地深化教学内容；倡导“主动参与，合作交流，乐于探究”的学习方式，寓听、说于语言实践活动中，实现了

“用中学，学中用”的学习目的。本课以英语学科教学模式为依托，体现了以学生为主体，在小组内开展自主、合作、探究学习活动，让学生成为课堂的主人。本节课展示时，学生表现积极，参与度高，小组间的合作积极而有效，小组成员学习积极性高涨，表现欲强烈，尤其对课堂中的评估打分尤为重视。学生之间的互学互帮意识强，人人为组不甘落后，学生真正体验到“我学习，我快乐，我进步，我自豪”的学习乐趣。这堂课也很好地对学生进行了情感教育，唤起了学生“帮助别人，快乐自己”的热情。不足之处：在教学过程中，尽管所有的情境和问题都能激发学生的兴趣和动机，也注重培养学生的听说能力和小组合作意识，但是没有给学生自己主动提出问题，进而自己解决问题的机会，以后在这方面还需加强。

第四章

道德与法治学科

课堂教学模式的构建与解读

道德与法治学科教学模式是基于学校“自学·释疑·达标”课堂教学模式构建的。从学校建校之初，刘静校长就积极倡导全体教师认真学习新课程改革的理念，勇做教学改革的弄潮儿，创造性地提出了“自学·释疑·达标”的课堂教学模式。道德与法治学科组的老师们积极参与到教学改革和实践中去，并在此基础上结合道德与法治学科特点，不断探究和摸索适合本学科的课堂教学模式。

21世纪初，我国开始进行新一轮课程改革，要求教育改革强调知识与技能、过程与方法、情感态度与价值观“三维”目标的实现，特别强调激发学生的自主意识，让学生学会合作，勤于动手，培养学生的创新精神和能力，全面推进素质教育。党的十九大报告明确指出：“要全面贯彻党的教育方针，落实立德树人根本任务，发展素质教育，推进教育公平，培育德智体美全面发展的社会主义建设者和接班人。”这是新时代赋予道德与法治课的重要使命，这些为道德和法治学科教学模式的构建提供了思想指导和理论支持。结合学校自学·释疑·达标课堂教学模式的实践和道德与法治学科的特点，逐渐形成了以“新知初探·拓展探究·实践笃行”三大板块为基本架构的道德与法治学科课堂教学模式。

经过十多年的实践，道德与法治学科课堂教学模式在教学中得以不断完善和发展，优化了课堂教学，激发了学生的学习热情，培养了学生的自主学习能力、合作探究能力和实践笃行能力得到了广泛的认可、推广。道德与法治学科组的老师们多次在省市县各级研讨会上执教公开课，介绍先进经验，多次与省内外兄弟学校开展交流和研讨。道德与法治学科课堂教学模式的实践为教师和学生提供了展示自我的平台，真正实现了教学相长，成为绽放在微山湖畔的课改之花！

第一节　模式的探索与形成

在学校自学·释疑·达标课堂教学模式的摸索与实践过程中，学科组老师们通过加强集体备课和教研，深入学习道德与法治学科课程标准，准确把握道德与法治学科的性质和特征，在教学实践中坚持把思想性、人文性、实践性、综合性与学生的情感体验相结合，积极探索具有学科特色的课堂教学模式。在模式构建过程中，学科组教师们认真学习新课程改革的基本理念，领悟新课改的基本原则，践行新课改的基本要求，积极促进以“全面发展的人”为核心的学生发展核心素养的培养，研究道德与法治学科核心素养，结合教学改革和实践，培养学生的公民素养，促进学生的全面发展。在上述理论研究和教学实践的基础上，经过省市县教研部门的指导，我校逐步形成了以“新知初探·拓展探究·实践笃行”三大板块为基本架构的道德与法治学科课堂教学模式。

一、为什么要构建道德与法治学科模式

道德与法治学科模式的构建是新课程改革和实践的必然要求，是落实道德与法治学科课程性质与思想性、人文性、实践性、综合性四个特征的本质要求，是全面提升学生核心素养，培养政治认同、法治意识、公共参与、理性精神等素养的基本要求，也是学校“自学·释疑·达标”课堂教学模式不断深入和实践的必然结晶。道德与法治学科模式是经过学科组老师们不断反复实践、反思和总结逐渐形成的。

1. 道德与法治学科课程特征的需求

道德与法治新课程标准指出，道德与法治课程是一门以初中学生生活为基础、以引导和促进初中学生思想品德发展与法治素养提升为根本目的的综合性课程。这是道德与法治课程区别于其他课程的根本所在，也决定了道德与法治

课程具有思想性、人文性、实践性、综合性四个方面的特征。

思想性，即以社会主义核心价值体系为导向，深入贯彻落实科学发展观，根据学生身心发展特点，分阶段分层次对初中学生进行爱祖国、爱人民、爱劳动、爱科学、爱社会主义的教育，为青少年健康成长奠定基础。思想性这一特征要求道德与法治学科模式构建要关注初中学生道德品质与法治素养发展的特点。初中学生思想品德发展与法治素养提升是一个学习知识、情感体验、反思践行相结合的复杂过程。

人文性，即尊重学生学习与认知发展规律，体现青少年年龄和认知规律，关注学生精神成长需要，以符合学生认知和情趣需求的方式优化课程内容，编制教学案，以优秀的中华文化和民族精神陶冶学生心灵，提升学生的人文素养和社会责任感。人文性要求道德与法治课堂教学模式的构建要立足于初中学生生活与社会发展的规律，关怀学生情感、态度、价值观成长的真实需要，精心选择具有青少年文化特点的教育情境，运用他们乐于接受并主动自主参与的方式优化课程内容，将思想品德学习、法治素养提升与学生自主发展相融合。

实践性，即从学生实际出发，并以初中学生逐步扩展的生活作为课程建设与实施的基础，注重与社会实践的联系，引导学生自主参与丰富多样的活动，在认识、体验与践行中促进正确思想观念和良好法治素养的形成和发展。道德与法治学科模式的构建与实践性紧密结合，倡导自主、合作、探究式学习。通过教学活动激发学生思维，每一个学生都积极行动起来，参与学习活动；通过模式构建尽可能地创造条件，学生能够积极自主地去尝试、探索；通过学习小组去合作、交流，发挥学生个体的创造潜能，使之成为学习的主人。

综合性，即有机整合道德、心理健康、法律和国情等多方面的学习内容，与初中学生的家庭生活、学校生活和社会生活紧密联系，将情感态度价值观的培养、知识的学习、能力的提高与思想方法、思维方式的掌握融为一体。这就要求教学模式构建要关注学生的综合性，坚持“贴近学生、贴近生活、贴近社会”三原则，精选典型材料，精心组织教学活动，在教学中既要关注学生自主学习状态，又要引导学生参与小组的合作学习，在思维、能力上得到锻炼，经过个体有意义的思考和有价值的判断，形成一定的思想认识和态度观念，最后落实到核心素养的养成和提升上去。

综上所述，道德与法治学科模式的构建是道德与法治学科特征的内在要求和外在体现，模式构建和实践中致力于道德品质和人文精神的养成，使得课程更加注重思想性、人文性、实践性和综合性。塑造学生美好的心灵，陶冶高尚道德情操，提升其精神境界，是本学科模式构建的主要使命之一。

2. 道德与法治学科核心素养的需求

随着社会的发展，教育改革的焦点逐渐转移到以“全面发展的人”为核心的学生发展核心素养方面。中国学生核心素养包括文化基础、自主发展、社会参与三个方面，综合表现为人文底蕴、科学精神、学会学习、健康生活、责任担当、实践创新六大方面。教育改革已经由关注知识的学习，变成关注学生个性发展、健康成长和学生素质能力的提升。我校道德与法治学科教学模式的构建顺应教学改革的大潮，以全面提升学生核心素养为主要改革和实践方向。

道德与法治学科作为一门基础性课程，在对学生核心素养的培养上发挥着独特作用。道德与法治学科核心素养为公民素养，具体包括政治认同、法治意识、公共参与、理性精神四个方面。围绕这四个方面，道德与法治学科组对学科教学模式进行再思考、再探究、再实践，形成独具特色的学科教学模式。政治认同，即是要具有国家意识、文化自信，具有热爱党、拥护党的意识和行动，具有热爱社会主义、拥护社会主义的情感和责任。要培养法治意识，遵守国家法律、法规，遵从社会公德，从小养成良好习惯，加强未成年人用法律维护自身合法权益的意识；公共参与，即是自尊自律，诚信友善；孝亲敬长，有感恩之心；热心公益，敬业奉献；具有绿色生活方式和可持续发展理念及行动等。“理性精神”介绍：理性精神即是要培养学生独立意识和自主思考的能力，在合作中，不照搬他人的学习成果，也不盲目自我膨胀，能够理性学习。

基于道德与法治学科核心素养的要求，我校道德与法治学科模式经过探索和实践，逐步形成了以“新知初探·拓展探究·实践笃行”三大板块为基本架构学科模式。在“新知初探”板块，教师指导学生在教学案的引领下积极进行自主学习，并适时开展“对学”“群学”，通过“学案导学—合作探究—小组展示—纠错互评—点拨拓展”五个环节完成对知识的初步认知和构建，并渗透核心素养的提升。在实践过程中，教师要努力做好以下四个方面：首先是知识的传授，使学生具备公民意识、公民品德、公民常识；其次是方法的指导，如何掌握科学的思维方法并加以实际运用；再次就是综合能力的培养与提高；最后是在情感态度和价值观上的方向性引领，确保学生身心健康发展，形成健全的人格，从而提升学生的核心素养。

3. 新课程改革实践的需要

21世纪初，中共中央、国务院提出要“深化教育改革，全面推进素质教育”，掀起了新一轮基础教育课程改革，也就是我们常说的“新课改”。时至今日，新课改仍在深入发展的进程中。道德与法治学科教学模式的构建乘着新课改的东风，在学习新课程、实践新课程中秉承夏镇一中西校“追求卓越，永不满足”的精神，勇立潮头，积极实践，在学校“自学·释疑·达标”课堂教学模式的基础上摸索出一条独具特色的道德与法治教学模式，即以“新知初探·拓展探究·实践笃行”三大板块为基础的学科模式。每个板块都为学生自主学习提供了足够的时空平台，经过反复实践证明，这种模式设计激发了学生的学习兴趣，让学生在教学案的引领下发散思维，自主学习，合作探究。学生的主体地位得到尊重和体现，学习内容不仅局限于知识的积累，更注重能力的提升和行为的养成，课内知识与生活经验的统一；课堂教学发生变化，强调课程整体育人功能和价值，更加关注学生学习体验、动手实践及创新意识的培养，突出实践育人的价值；教学评价的中心从重视学习结果的评价转移到学习过程的评价上来，重视学生的互评；教师的角色也发生了革命性变化，教师是学生自主学习的设计者和引领者，是小组合作探究的指导者和合作者，是实践笃行的参与者和帮扶者。

4. 学校模式再发展的需要

经过十多年的实践，学校“自学·释疑·达标”课堂教学模式已经响彻齐鲁大地，教学研究成果得以广泛传播。道德与法治学科也多次在省市县各级研讨会上执教公开课，介绍先进经验，多次与省内外兄弟学校开展交流和研讨。随着社会的发展和学生时代特性的悄然改变，学校教学模式也进入到改革发展的深水区，如何在新的时代背景下，使“自学·释疑·达标”课堂教学模式青春永驻，是夏镇一中西校所有教师面临的新课题，这也对道德与法治教学模式改革提出了新的要求。为此，政治组的老师们展开多种形式的研究和实践，对学科教学模式进行了再思考，对每一个环节进行了优化和调整。优化和调整最根本的是要围绕全面贯彻党的教育方针，解决好“培养什么人、怎样培养人、为谁培养人”这个根本问题，努力培养担当民族复兴大任的时代新人，培养德智体美劳全面发展的社会主义建设者和接班人，承担起立德树人的初心和使命。

二、模式形成过程遇到的困惑与误区

道德与法治课堂教学模式是我校教学模式在道德与法治学科教学中的具体化。在道德与法治学科模式的形成过程中，也存在过一些困惑，走过一些弯路，主要表现在以下几个方面：

（1）道德与法治课在学生思想品德和法治素养养成过程中发挥着极其重要的作用，而模式的构建对于理科性知识更为适合，在立德树人目标落实方面着眼点不够清晰，因为政治组的老师们对实现“三维目标”中的“情感、态度、价值观”目标疑惑较大。在实践中解决这个问题的方案的就是教学案的制作要精选思想倾向强的材料作为背景材料，在教学中增加生生互动和师生互动的机会，让学生在参与中培养学科核心素养，培育积极的情感、态度和价值观。

（2）在学校教学模式中、“达标”这一板块更倾向于与对知识构建的考查，而对于“情感、态度、价值观”目标难以落实。经过实践，我们对“达标”环节的功能进行优化，通过增加生活情境分析和走进生活体验等方式引导学生去以知导行，因而设置了“实践笃行”这一板块，较好地解决了这一问题。

（3）模式的构建容易束缚教师的个性特点，这个问题在经过三次备课中的第二次备课得以解决。模式的构建和使用着眼于学生的自主学习和小组合作探究学习，容易“套路化”“格式化”，不利于因材施教。

（4）模式自2006年起逐步摸索构建，当时教育条件较为落后，以教学案作为载体能有效地整合教育资源，提高学习时效性。但是，随着多媒体技术和信息技术的发展，课堂上拥有了更多的辅助手段和设备，有的教师逐渐步入以课件为主引领教学的误区，强化多媒体的作用，淡化了教学案和模式。如何在教学中有效整合教学案和多媒体，充分发挥教学案的载体作用和多媒体教学的辅助作用，成为道德与法治教学的新探究点。

三、模式的形成及简要概说

在学校“自学·释疑·达标”课堂教学模式的基础上，道德与法治学科模式依据课程标准和核心素养的要求，结合初中生认知和知识构建的内在规律，形成了“新知初探·拓展探究·实践笃行”三大板块。其中，“新知初探”板块融合了学案导学—合作探究—小组展示—纠错互评—点拨拓展五个环节；“拓展探究”板块融合了合作探究—小组展示—纠错互评—点拨拓展—提炼总结五个环节；“实践笃行”板块则融合了纠错互评—点拨拓展—提炼总结—诊断评价四个环节。三大板块相互兼顾，相互关联，如图4–1–1所示：

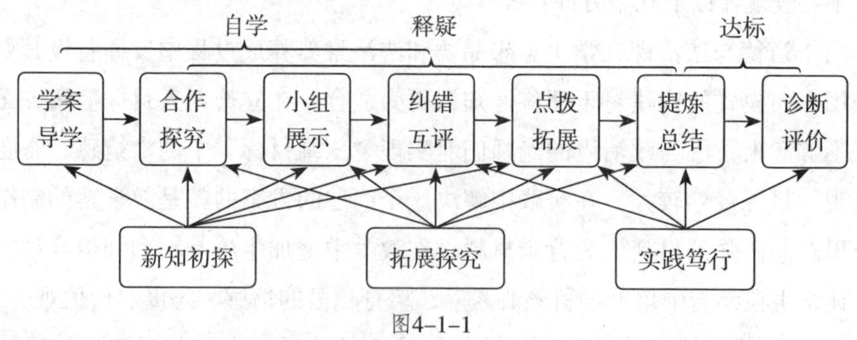

图4–1–1

第二节　模式的环节解读

基于我校“自学·释疑·达标”课堂教学模式基本环节，学科教研组依据道德与法治课的学科特点，创造性使用教学案，探索独具特色的道德与法治教学模式，将“学案导学、合作探究、小组展示、纠错互评、点拨拓展、提炼总结和诊断评价”七个环节进行有机整合。经过多年的实践和总结，并在省市县各级教研部门的指导下，形成了“新知初探·拓展探究·实践笃行”三个学习板块的学科模式。下面对这个三个板块和操作流程进行详细的解读。

一、“新知初探”板块

新知初探板块就是要求学生完成对新知识、新观点的初步认知、感悟。在课前自学的过程中，学生可以发现学习的重点，产生疑点，听课变得更有针对性了，达到一个事半功倍的效果。同时，新知初探能够培养学生的阅读、理解、分析、归纳总结等多种学习能力，使学生养成良好的学习习惯。

这一板块可以分两个时间段：

（一）课前学生自学阶段

在课前自学阶段，学生自学的主要依据是教材和教学案，根据教学案中“自学任务”的引导，通过个人自主学习、合作学习，完成学习任务。

探寻华章的学案导学：

学案导学是指导学生进行课前自学的一种方式，学生借助教学案通过自主学习，打造高效课堂，培养课前自学和课上合作学习的能力。教学案是教师从教材的编排原则和知识系统出发，对新课标、教材和教参等资料以及自己所教学生的知识基础和认知能力等进行认真分析研究，在三次备课的基础上编写出来的。学生通过学案导学，能有目标地阅读，读透教材，有步骤、有层次地体验、感悟、分析，明确基本观点和基础知识，梳理出本课的知识结构，并发现问题，为后续深入学习打下基础。

教学内容要提前一周在教研组教研活动时进行第一次跨年级集备，集思广益，收集其他两个年级在处理本课时的经验教训。本年级再进行第二次备课，个人进行第三次备课，在此基础上制作、打印出这一课的精品教学案。教学案最晚要在上课前一天发给学生，每个学生必须在课前完成教学案上的自学任务。在学生课前自学的过程中，对自己遇到的疑难点，部分学生会主动地在组内或异组进行探究、展示、纠错互评。这三个环节是学生自觉自发主动的探究研讨释疑活动，能做到的学生一般是学习认真、自觉性强的学生，大约能占班级人数的百分之三十。

道德与法治学科的核心思想是立德树人，努力让学生树立正确的世界观、人生观和价值观，提高学生的科学文化素养和思想道德素质。基于政治学科的特点，教师在教学案设计制作和使用的过程中应注意以下两个问题：

第一，抽象理论具体形象生活化。道德与法治学科有部分教材偏重理论知识，而且有的理论与现实生活中的实际现象有时存在着差距，有个别语句比较抽象、陌生，初中生不感兴趣。还有的学生认为课本讲的内容就是平时教师、家长唠叨的事情，学不学都知道了。这样，他们在阅读课本时容易缺乏兴趣，很难做到细心通读教材、读懂教材。比如，部编版八年级上册第二单元第三课的《遵守规则》，为了激发学生兴趣，我们精选了一个社会关注的疫情防控案例。通过这个疫情案例，学生的学习兴趣和激情一下子被点燃了。他们积极讨论，发表自己的观点，水到渠成地完成了本课的学习任务，同时体现了政治学科关注国家发展、关心社会生活、培养学生时政敏感度的学科特色。

第二，根据学情科学重组教材内容。道德与法治课程内容是根据全国中学生的学情编写的。为了更好地实现课程目标，在编写教学案时，有的章节我们教师要根据自己的学情，对教材的内容进行重组、排序，使之更符合自己的学生自学，让他们理清关系，整体把握，能更好地完成教学任务。比如，部编版七年级下册第二单元第四课的《情绪的管理》这一课，知识点比较多，而且联系不明确。在编写教学案时，正当七年级刚刚月考完，我们就研究出用一个来自学生身边的故事，把这节课的内容串联起来，引导学生一步步地阅读课本、读懂课本，找出本课基本观点和基础知识。

校园情景剧《考试风波》

独白：月考成绩出来了，小李考得很不错，外语还得了满分，他高兴极了，对着好朋友小张大声嚷嚷起来。

小李：小张小张，我妈说了我这次要是考好了就给我买上次看上的篮球鞋。

独白：小张考得不好，刚被妈妈在电话里训了一顿，心里正难过，听到小李的话火顿时来了，很不耐烦地大声说了一句。

小张：你有完没完，买就买呗，考得好了，了不起了，以后别找我。

独白：小李顿时黑了脸，这话正好被班主任老师听到了，就狠批了小张。

班主任：你怎么回事，考得不好还朝同学发脾气，平时还不知道努力学习，就你这态度，下午把家长请来。

独白：被班主任狠批后的小张，心里很不是滋味，望着成绩，神情沮丧，气愤地把试卷撕了，并哭着走出了教室。而同桌的小王看见小张这样伤心，还要请家长，先是默默地看着自己数学试卷上的“59分”，心想着晚上回家怎么和爸妈交代，然后趴在桌上眼泪也不禁地流了下来……

（1）同桌的小王为什么也哭了？这说明了什么？

（2）小李表达情绪的方式恰当吗？假如你是小李，面对这次考试结果，你会怎样表达自己的情绪感受？

（3）假如你是小张，你会如何来调节自己的负面情绪？合理调节情绪对我们有什么好处？

以上的《考试风波》情景剧，可以通贯全课的知识点。选材来自学生的生活实际，甚至就是某些学生自身事件的再现，所以能一下子激发起学生的兴趣和求知欲。随着剧情的发展，设计的问题可以引导学生带着疑问阅读课本，从而水到渠成地生成了本课的知识点，使学生懂得学会情绪表达的重要性，学会管理和调节情绪，保持积极、乐观、向上的情绪状态，初步实现了学习的知识能力情感价值观的三维学习目标。

联合国教科文组织出版的《学会生存》一书指出：“未来的文盲不再是不识字的人，而是没有学会怎样学习的人。”“授人以鱼，不如授之以渔”，教会学生学会学习，培养学生自学能力，是当今时代教师的职责和使命。教学案是指导学生进行课前自学和课上集体学习的一种教学方式。它着重培养学生的自学能力和合作、探究能力，养成学生提炼、总结、归纳的学习习惯，教学案能充分激发学生的求知欲，能充分发挥学生在学习过程中的主体地位。在课堂学习中，教师要树立“学生为主体，学情为主导，教师为助力”的理念要根据学情适时地给予点拨、补充、引导、升华，从而打造出一节高效的道德与法治课。

（二）课堂小组合作展示

教师课前调查学生自学的学情，再进行课前的第四次备课，让学生在自学的基础上进行课堂的合作交流、展示。

1. 激发智慧的合作探究

合作探究作为我校课堂教学模式中一个重要的教学环节和教学方法，在道德与法治课中几乎贯穿全程，有部分学优生会对课前自学中遇到的疑难主动进行组内或组外交流探究。而课堂上的合作探究是学生在教师的指导下，带着展示任务和评价任务全员参与的合作探究，是课前自学与课堂教学的衔接与延伸。通过合作探究，学生由被动变为主动，把个人自学、小组交流、全班讨论、教师指点等有机地结合起来。教师在课件上展示：

（1）以小组为单位交流教学案上的自学成果，达成统一认识。

（2）有疑问的地方做好记号，小组内解决不了的疑问记下来，等待其他组解决，借助全班力量来解答。

（3）根据本组的展示任务，小组长确定展示方式和展示人员。教师指导学生进行合作探究，同时教师深入各小组及时了解学生的合作交流情况，给予指导并进一步掌握学情。学生根据教师课件的提示进行合作探究。

上课的第一个环节就是小组的合作探究，在课前自学的基础上，学生再次合作探究。为什么要再次合作探究呢？一是由于学生的素质参差不齐，课前自学的自觉性和自学的程度也会参差不齐，甚至有个别懒惰的学生自学中的疑问连问也没问其他同学，学习缺乏主动性，这就需要其他同学来带动，尤其是小组长要发挥带头作用。二是课上的合作探究是在学习小组长的组织下按教学案上的自学任务逐个交流探讨的。这样既能让组内的学困生跟上班级学习节奏，又能在交流中激发学生思维，解决自学中的疑难。三是课上的合作探究是在教师的指导下进行的。

大教育家孔子曾经说，“三人行，必有我师。”学会合作是21世纪人才的必备素质和能力。小组的合作交流可以使同学之间优势互补，相互帮助，共同进步，充分发展各自的能力，发挥自己最大的作用，同时又能增进了解、增进团结，有利于和谐班集体的建设。合作探究能锻炼学生的分析、表达、思维能力，培养学生善于思考、追求真理、开拓进取的精神。在当今信息万变的社会里，人的知识储备需要不断更新，能力需要不断提升。学生在学校的学习只是人生学习的开始，要为今后的学习奠定基础，这个基础需要必要的知识，更需要自学的能力。

2. 大显神通的小组展示

小组展示是在小组合作探究的基础上进行的课堂学习方式，是高效课堂的核心。通过小组展示，学生明确本节课的学习要点，展示并解决自学中遇到的疑难点。小组展示是课前自学成果的呈现，又是小组智慧的展现。小组展示的过程就是学生在体验感悟中生成知识点的过程、是情感价值观升华的过程。

在小组合作交流的基础上，教师或课代表给各小组明确展示的任务，以小组为单位进行自学成果的展示。但小组展示中经常存在一些问题，因此，教师要充分发挥课堂小组展示的作用，在教学设计中要注意以下几个问题：

（1）展示内容要“精”

在实践教学中，有的老师一上课让小组合作交流自学任务，然后让学生分组把教学案上自学任务的答案按照顺序一个个都展示出来，这样既浪费时间，不能抓住重难点，又使学生失去兴趣。学生认为都是做完、讨论完的题了，再重复一遍没意思。有的老师认为，只要把教学案上的自学任务完成了，就完成了教学任务。教学案上设计的任务是有梯度性的，有的任务学生看书自己就可解决，没必要展示；有的任务借助小组力量也能解决，可以展示，通过展示及异组的纠错互评，得出最佳答案；只有少部分要通过全班讨论及教师的点拨补充来解决，这是展示的重点，也是课堂内容的适当拓展和延伸。展示的内容必须是有探究价值的、学生深入探究，明确展示是提升，绝不是各小组对教学案上问题答案的重复性讲解，统一答案。

比如，人民教育出版社的2016年11月第1版的七年级下册第10课第一框题《法律为我们护航》的法制在线环节：据统计，我国每年约有1.6万名中小学生非正常死亡。因安全事故、食品中毒、溺水、交通事故等意外死亡的，平均每天有40多人。请小组搜集、讨论：

① 我们身边存在哪些安全隐患？

家庭方面：________________。

学校方面：________________。

社会方面：________________。

② 为保护未成年人，我国专门制定了哪些法律？

③ 法律为什么对未成年人给予特殊的保护？

第一个设问有很大的挖掘探究空间，是开放性、拓展性的题目，与学生的生活紧密相连，又关乎自身的利益，很容易引起学生探究的欲望，能使学生更明确认识到自己身边的安全隐患，增强自我保护意识。而第二、三问，虽然是本课要求掌握的点，但学生自学时在课本上很容易找到。即使有找不到的同学，在小组合作探究环节也能轻易解决，所以这样的自学任务不需要展示。

（2）展示方式要丰富多样

道德与法治学科的特点，决定了道德与法治课的小组展示方式可以是丰富多彩的。根据学习内容，学生可以选择自己喜欢、擅长的展示方式，可以是口述、讲解、辩论、朗诵、游戏、板书、表演等，打造多姿多彩的、兴趣盎然的、既愉悦又高效的课堂。

（3）科学构建小组，发挥组长的调控作用

学习小组的构建要考虑学生的多项因素，有性别、性格、兴趣、特长等，让每个学生都能发挥自己独特的作用，做到扬长避短，人尽其才。因此，每个小组都要由优等、中等、后进生组成，学生性格有活泼开朗大气和文静内向沉默的搭配。小组长是组内的领导者、组织者和协调者。教师一定要重视推选和培养好小组长，积极发挥好小组长的作用，这样才能打造好团结协作、战斗力强的小组战队，才能进行紧张有序、愉悦高效的学习。

“生命以展示而自信，课堂因展示而精彩。”让学生来展示，可以检验学生的自主预习和合作交流的成果，检验学生对教材的知识掌握程度。通过展示，老师可以了解学生对本课内容的掌握情况，对于仍存漏洞的知识，再给予点拨补充。通过展示，学优生对学习内容更加明确，理解更加透彻，思维更加活跃；中等生能较好地完成学习任务；学困生通过展示，能顺利地完成学习任务，尤其是能增强学习的自信心，激发求知欲。我们的教育是为了学生将来的发展，为学生的终身学习打下基础，通过让学生展示，可以锻炼学生的口头表达能力、分析问题的能力，培养合作精神。学生的学习生活因展示而精彩，道德与法治课因学生的展示而高效。

3. 碰撞智慧的纠错互评

学生在课堂展示中的错误及不足正是学情的鲜活反映，生生间的纠错互评正是教学流程中学生思维碰撞、闪烁智慧火花的精彩环节。学生在课前自学、课堂合作交流、小组展示的基础上进行知识的深刻探究，也是“三维”目标实现的最高水平。

纠错互评环节是和小组展示、小组合作探究交叉进行的。小组展示本组答案，其他小组进行纠错评价，期间本组其他成员在小组展示完后，会继续思考本组的展示内容，恐怕有遗漏、被别的小组发现，如果临时想起更好的答案，可以立刻补充，别的小组为了挣到加分会非常认真地聆听展示，甚至会用有点吹毛求疵的严谨态度去纠错去评价，最后形成确定答案。此时，如果所有小组的答案都不是最佳的，教师就要进行引导、点拨，学生再进行谈论探究，直到得出最佳答案。

在进行纠错互评环节时，教师要注意以下几个方面：

（1）引导学生规范评价。教师平时就要做好示范，在评价学生时要注意自己的评价语的诚恳，先看到优点，再指出不足；引导学生评价时要尊重，不要嘲笑；要等学生展示完再纠错评价，绝不能插话打断；要学会欣赏，乐于表扬鼓励学生；要让学生明确评价的目的是指出学生答案的优点和不足，进而给予补充，而不是划分出优良差等级。

（2）引导学生多元纠错评价。教师要让学生认识到纠错评价的方向是多元的，不仅针对同学展示的答案内容纠错评价，还可以从答案的展示方式是否最佳，学生展示答案时的姿势、表情、动作是否恰当，展示的答案是否是本小组合作交流的最佳成果等方面，来激发学生深层次的探索，挖掘智慧潜力，使纠错评价的教学活动最大限度地接近完美。

道德与法治学科的主观性试题材料大多来自学生身边或社会热点，学生很感兴趣，特别是主观性试题思维领域宽阔，更能发挥学生的潜能。通过纠错互评，学生思维碰撞激发出智慧的火花，会得到意想不到的精彩。比如，七年级下册第四单元“走进法治天地”的未成年人保护部分。

出课划策：治理校园欺凌，是一项各方参与、共同发力的系统工程。只有学校、家庭、社会各司其职，各尽其力，每一个“少年的你”才能在阳光下健康成长。除了加强立法，筑牢校园安全防护网，还需多方面共同努力。

请从未成年人、学校、社会三个方面谈谈如何远离校园欺凌。

这个问题是个全开放型题，考查学生对“树立法治意识，依法办事”知识的运用，同时又考查学生的知识面和思维的宽度。在展示时，小组分别从“未成年人、学校、社会”三个角度去合作交流展示。其他组进行补充评价。由于受知识和思维能力的限制，小组展示的答案都不全面。比如，小组展示答出了“未成年人应增强自我保护意识和能力，要及时与家长、教师说明情况；学会依法维护自己的合法权益”。看似很全面了，经过教师点拨，有的小组立刻进行补充：“不仅自己做到，还要有责任心，让别人也做到，所以，答案应该再补充，勇于同校园欺凌、危害校园安全的行为作斗争。”

墨子说过：“夫辩者，将明是非之分，审治乱之纪，明同异之处，察名实之理。”学生相互评价时往往是站在同龄人的角度，以学生的角色来看问题的，这样更直接、更真实反映学生的认知和感受，提出的意见和建议更容易准确点出问题所在，也更容易被学生所接受。学生在评价别人的同时，自己首先要认真思考，再三斟酌，甚至对问题的理解更上一层楼，从而提高学生的比较和分析能力，拓展思维，激发潜能。纠错互评环节是道德与法治课堂的高潮和精彩所在，教室里时而响起热烈的掌声。这样的课堂是人尽其才、智慧碰撞、剧情跌宕起伏、畅所欲言的学生舞台，也是勤于思考、严谨治学、精益求精、开拓创新的阵地。

4. 触动心灵的点拨拓展

初中道德与法治课教学中针对学生学习过程中存在的知识疑难、思维与心理疑惑，教师要统观全局，明察秋毫，把握关键，并适时给予恰当的点拨拓展，开启学生智慧，点燃学生思维火花，拓展学生思路，让学生展开联想，寻找解决问题的途径与方法，以达到掌握知识并发展能力的目的。

教师的点拨拓展可以从点拨拓展重点易混知识、点拨思路拓宽视野、点拨规律等几个方面进行阐述：

（1）点拨拓展重点易混知识

教材体系中带有基础和核心性质的概念和原理、其他概念和原理都是在重点易混知识的基础上展开和发展的。比如，道德与法律的概念、两者之间的辩证关系的原理、权利与义务之间关系概念、我国的根本制度与我国的根本政治制度，都属于这一类。教师在课堂教学中要给予明确的点拨，以引起学生的注意，最好当堂让学生做一两个这类的题，让学生当堂明确掌握。

（2）点拨思路拓宽视野

道德与法治学科的特点决定了它的试题特点、材料都要来自学生身边的实际生活，来自社会关注的热点。面对日新月异的时事材料试题，道德与法治教师要总结出常见的题型和答题思路，要从七年级学生开始对其进行解题思路和方法的训练，这就要求教师在课堂上给予学生解题思路的点拨拓展。比如，七年级下册的一道法律分析题：

某市公安局抓获了一个未成年人砸车窗盗窃团伙。团伙5人均为未成年人，最小的12岁，最大的17岁。有3人虽为在读学生，但经常迟到、旷课、早退。该团伙成员是在网吧内上网玩游戏时认识，由于爱好相同，5人经常聚集在网吧内上网玩游戏，平时花销也很大，随后萌生通过砸车窗盗窃车内财物的念头，并物色作案目标。

结合上述案例，简要评价5名未成年人的行为。

该题学生在展示答案时，给出笼统的评价：“5名未成年人的行为都是错误的，且是违法的。”经过全班讨论后，学生的评价还是禁锢在原有的思维习惯里，这时教师要给予点拨：“仔细分析5名未成年人先后的行为有什么不同？应受到的处罚一样吗？”这样一点，学生马上又讨论起来，最后得出正确的判断结论：“作为学生，经常迟到、旷课、早退，甚至连续两周都未见上学，是没有珍惜自己的受教育的权利，也没有履行受教育的义务的表现；砸车窗盗窃，是损害他人利益的违法行为。”紧接着，教师强调，解答这类判断分析题时，一定要根据材料内容来判断，有的材料不能笼统地判断是对或错。

在上述设问解答完后，教师可以根据这5名未成年人的行为进行拓展：我们应从他们身上得到哪些警示？这样，既达到了教书育人的目的，又能联系复习学过的其他知识点。

（3）点拨规律

俗话说：“授人以鱼，不如授之以渔。”要使道德与法治课堂教学在教学方法上有创新、有亮点、能出彩，必须致力于规律与方法的探索与指导。让学生掌握学习规律和学习方法，培养自学能力，是道德与法治课教师的职责。很多学生和家长都反映这样一个现象：“学生知识点提问都会背，一考试就考不好，要么想不起来，要么答非所问。”这是因为学生没有找到学习道德与法治课的规律，没有掌握道德与法治知识点的规律、答题规律等。教师可以根据教学需要和学生的特点，结合具体的教学内容，运用灵活多样的教学方法进行点拨启发，让学生发现道德与法治学习有章可循，有规律，有技巧。例如，道德与法治知识点可以分为三大类，即是什么、为什么、怎么做？材料分析题也可分为人物事迹题、辨析题、社会热点材料等类别，每种题型都有其答题规律。这些规律在平时的教学中教师要适时地给予学生点拨补充，让学生掌握和运用，进而内化为能力。

教师的点拨拓展，是学生学习过程中遇到“山重水复疑无路”的“柳暗花明又一村”，是激烈争论难分难解时的提醒、暗示、强调与引导。课堂中教师的点拨拓展正是教师学科智慧优势和视野优势的展现，对学生自主探究学习成果的深化和补充是教师对课堂的及时调控和引导。高效的点拨拓展会开启学生智慧的大门，提高课堂效率，同时会让课堂变得更加精彩和智慧。

总之，“新知初探”板块，学生通过学案导学环节，让学生明确理解了基本点和基础知识；通过合作探究、小组展示、纠错互评和点拨拓展环节梳理了知识结构，并对知识的重难点有了进一步的理解和认识，也进一步提升了情感价值观。

二、“拓展探究”板块

“拓展探究”是课堂的深化环节，是整个教学流程中的高潮部分，几乎贯穿了整个教学过程。在这个过程中，学生的知识得到进一步巩固与落实，自身价值系统得到充分展现，情感态度价值观得到创造与升华。本板块根据道德与法治的学科特点，又可分为合作探究、小组展示、纠错互评、点拨拓展、提炼总结五个环节。

1. 合作探究

合作探究是课前自学与课堂教学的连接线。学案导学后，学生根据学习情况就开始进行了自发性的合作探究。例如，在讲到《国家权力机关》时，学生整体感知文本是比较肤浅的，八年级的学生，从总体上来看，还处于感性思维为主阶段，而本课内容是国家机关，与他们的生活有一定的距离，学生自学起来有难度。当学生进行初探时，面临的自学任务难以理解，很多的知识需要在教师的引导下进行拓展探究。

本来一节理论性较强的课，学生在教师的引导下自然而然地合作起来，互相交流：谁住在城区？哪个国家机关在什么地方？谁带我们去看看？等等。学生为了能够更准确地完成这项探究任务，就会第二次研读教材，对知识进行进一步的探究，图4–2–1为学生展示的国家机关：

图4–2–1

在各小组展示国家机关时，教师进一步设置以下拓展探究任务：

（1）人民代表大会是怎样产生的？其他国家机关是怎样产生的？

（2）人民代表大会与其他国家机关之间的关系是怎样的？

（3）为了更清晰地表述它们之间的关系，请以小组为单位设计一个图示或表格，并指定小组发言人进行展示。

此时的合作探究，学生不仅要知其然，还要知其所以然。为了完成合作探究任务，学生再次回归教材，研读内容。由现象到本质、由具体到抽象、由现象再到本质，从生活出发到知识落实再回归生活。

2. 小组展示与纠错互评

小组展示的内容可以涉及很多方式，通过学生的展示能够准确地反映出学生的掌握情况。教师继续设置了以下小组展示活动，如图4–2–2所示：

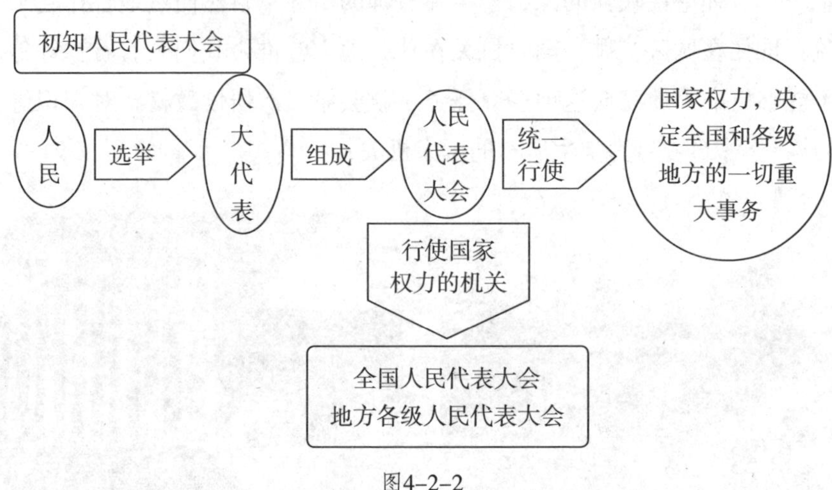

图4–2–2

（1）展示图片。各个小组展示他们拍的国家机关的照片，并由小组代表指出这是什么机关？坐落在什么地方？让学生初步感知国家机关。

（2）口述展示。为了让本环节更具挑战性，教师设置了“脱口秀”活动——“我说你挑”活动。其具体操作方法为：

① 本环节满分5分，由小组代表根据课件图示口述人民代表大会的产生。表达全面准确即可得满分。

② 本组同学可以补充，补充不得分，依然按照满分计。

③ 异组同学可以进行质疑或补充，每补充一个有效点，本组即可得1分，

④ 相反，回答问题的小组因为考虑不全面，被异组进行了补充将会失去1分，补充得越多，失分越多。

各小组为了能够多得分，开始进行了更深入的合作交流，甚至有些小组代表先在小组内示范讲给本组同学试听，然后再在全班展示。异组同学为了能够“挑刺”进行补充，也认真倾听他人展示。这样把小组展示、合作交流、纠错互评各个环节发挥得淋漓尽致。学生的思维得到锻炼，生生合作进一步增强，学生的参与热情被激发了出来。

（3）活动展示。各小组已经收集了国家机关的照片，但是各个国家机关之间的关系是什么，还得继续探讨。为了让学生深入了解各国家机关之间的关系，让这个环节更具活泼性，教师特意制作了五个牌子，开展小组争“关”活动。其具体操作方法为：

① 首先组内交流讨论这些国家机关之间的关系。

② 然后每组选举一名小组代表，每名小组代表抽选一个国家机关。

③ 每组再合作交流，根据对国家机关之间关系的理解，小组代表把牌子黏贴在黑板上，如图4–2–3所示：

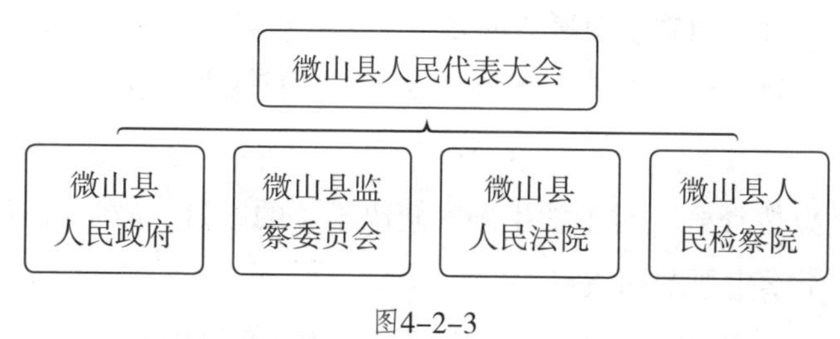

图4–2–3

④ 由一名小组代表汇报这样摆放的依据。

3. 点拨拓展

点拨可以是背景知识的拓展、相关内容的延伸，也可以是思路的变换，如在《国家权力机关》这节课中，学生对人民代表大会的职权有了认识，引导学生还要对比人大代表的职权，把人民代表大会的职权与人大代表的职权区分理解，全国人民代表大会不能混同于全国人民代表大会常务委员会，国家机构与国家机关的区别，等等。

4. 提炼总结

提炼总结是一节课的精华与灵魂，通过一节课的探究任务，学生学到的知识是零碎的、杂乱的、无序的，提炼总结就是把零散的知识形成条理性的、逻辑性的知识结构，并总结思维过程、方法及情感体验。因此，这一环节同时具有“实践笃行”功能。对于点拨后大多数学生仍不能理解的问题，教师应给予透彻分析，讲清思路，教给方法，总结规律，指出纵横联系，保证学生对知识点的落实和升华。

三、“实践笃行”板块

“实践笃行”是道德与法治学科教学模式的最后一个板块，融合了纠错互评、点拨拓展、提炼总结、诊断评价四个环节。纠错互评、点拨拓展、提炼总结已经在前面篇章讲述，不再一一赘述，重点说明诊断评价。

诊断评价的主要功能是检查学生本节课的学习程度，辨别造成学生学习困难的原因，为堂堂清提供参考，为教师的三次备课提供依据。它可以是基础性知识作业，即达标测试，通过本节课的学习检测学生对知识的掌握程度。问题设计要有科学性和梯度性，易于引发学生思考。其主要过程和方法为：

（1）明确内容，赋分限时完成。

（2）组内互批，明确小组疑难问题。

（3）小组质疑，组际解答。小组解决不了的问题提出来，由全班同学一起讨论解决。

（4）教师点拨释疑。对于学生确实解决不了的题目，教师可以在解题方法和技巧上，给予学生帮助和指点。

以八年级《国家权力机关》一课为例展示达标测试内容。

1. 习近平总书记在党的十九大报告中强调，人民代表大会制度是坚持党的领导、人民当家作主、依法治国有机统一的根本政治制度安排，必须长期坚持、不断完善。下列对人民代表大会制度的认识正确的是（　　）

①我国的基本政治制度；②直接反映了我国人民民主专政的社会主义国家性质；③真正保障了人民群众参与国家管理；④充分体现了人民的意志和利益。

A. ②③④　　B. ①③④　　C. ①②③　　D. ①②④

2. 下列关于人民代表大会表述正确的有（　　）

①全国人民代表大会是最高国家权力机关；②全国人民代表大会代表全国人民统一行使国家权力；③全国人民代表大会是我国的根本政治制度；④地方各级人民代表大会是本行政区域内人民行使国家权力的机关。

A. ①③④　　B. ②③④　　C. ①②④　　D. ①②③

3. 2017年9月1日，十二届全国人大常委会第二十九次会议表决通过了《中华人民共和国国歌法》，自2017年10月1日起施行。这说明全国人民代表大会有（　　）

A. 立法权　　B. 决定权　　C. 任免权　　D. 监督权

由于道德与法治学科的特点，教师在“实践笃行”板块中特别渗透情感、态度、价值观教育。为了发挥道德与法治学科的育人作用，特意设置实践作业。

继续以本节课为例，实践作业如下：

2019年1月12日，微山县第十八届人民代表大会第三次会议胜利闭幕。257名人大代表齐聚一堂，共谋微山发展大计。

微山县为南水北调重点区域，在南四湖自然保护区域，许多煤矿关闭转型，微山县将面临就业难、经济发展、湖区保护、交通堵塞等一系列的发展问题。此次会议设置“代表通道”，专门与人大代表面对面。请你就某一个问题，与身边的人大代表交流，交流微山发展的新举措（图4-2-4）。

图4-2-4

学生扮演市民，收集到如下两个问题：

1. 尊敬的×××人大代表，您好，我最关心的是就业问题。近年来，微山关闭了很多煤矿，造成了很多工人失业，虽然政府给予了生活补助，但是工人们的家庭经济负担依然很重。今年的两会胜利闭幕，在就业方面带来了哪些新举措呢?

2. 尊敬的×××人大代表，您好，作为微山的一名市民，我最关心的是微山以后的发展问题，特别是在当前全面建成小康的关键时期，经济发展令我们担忧。

通过实践笃行这个板块，让学生体验与人大代表面对面的交流，增强对人民代表大会的了解，帮助学生了解人民代表大会在当地经济社会发展中所发挥的作用；激发学生热爱家乡、关心家乡发展、建设家乡的情感，让学生了解社会发展，关注社会发展变化，积极投身于社会实践，

总之，我们通过新知初探，使学生掌握基础知识，理解基本观点；通过小组合作展示和拓展探究，引导学生树立正确的人生价值观和生活态度，培养学生积极向上的心态，完成情感、态度、价值观目标；通过拓展探究和实践笃行，培养学生的答题方法和技巧以及社会实践的能力，从而实现“三维”教学目标。

第三节　"自学·释疑·达标"道德与法治课堂教学案例

课题：八年级上册《遵守规则》。

【教学目标】

了解规则与自由的关系，提高自律能力，敬畏规则，学会维护规则的技巧，锻炼参与改进规则的能力。树立遵守社会规则的意识，培养自律意识和敬畏规则的意识，形成自觉遵守规则和维护规则的理念。

【教学重点】

自觉遵守社会规则。

【教学难点】

自由与规则的辩证关系。

【教学方法】

教学案导学，自主学习，小组交流，合作探究。

【课题类型】

新授课。

【教学课时】

1课时。

【学法指导】

自主、合作、探究。

【教学过程】

（一）新知初探

环节一：课前自学

自学任务1：课前调查。下列行为你是怎样做的？

（1）不到假期最后，作业就拖着不做。

（2）不断提醒自己少玩手机，却时不时地看屏。

这启示遵守社会规则就要加强对自己的什么要求？

设计意图：选取学生自身的事例，激发学习兴趣，使学生初步体验到：要加强对自己的管理，提高自控力，不能随心所欲。

自学任务2：阅读课本P27~29并思考。

2020年3月15日，北京朝阳公安分局接某小区卫生防疫工作人员报警称：一女子拒不配合社区防疫工作。接到报警后，民警立即赶赴现场开展工作。经核查，梁某妍，澳大利亚籍，3月14日由首都机场入境进京，本应在租住地居家观察，她却未戴口罩在小区内跑步，社区卫生防疫工作人员进行劝阻，但她情绪激动，拒不配合。

（1）你如何看待梁女士“跑步”的自由？

设计意图：“澳籍女子‘任性’外出跑步事件”的案例是一个典型的不遵守规则的行为，分析她的行为可以让学生明确维护规则的重要性。自由与规则不可分，社会规则划定了自由的边界；自由不是随心所欲，社会规则是人们享有自由的保障。

（2）疫情防控期间，作为普通民众，我们应遵循哪些规则？这些规则是否限制了我们的自由？为什么？

设计意图：通过让学生观察疫情防控期间全国上下众志成城共同抗疫的事例，明确我们作为普通民众应遵循的规则，自觉为我国早日战胜疫情做贡献。让学生走进生活，关心社会，积极承担责任，学以致用。

（3）与梁某相比，在疫情期间，我们大多数人都能自觉遵守疫情期间的有关规定，梁某和我们的差异在哪里？

设计意图：通过这一设问的探讨，教师引导学生明确：“遵守规则需要自律和他律；需要我们发自内心地敬畏规则，将规则作为自己行动的准绳。”增强规则意识，提高自律能力。

自学任务3：阅读课本P30～P31内容并思考，以下规则变化说明了什么道理？

① 疫情期间，出入公共场所、乘坐公共交通工具时都要出示绿码；醉酒驾驶属于犯罪行为。

② 废除劳动教养制度。

③ 外卖提供者应在网上公示菜品和主要原料名称。修订的《餐饮服务食品安全操作规范》也将从2018年10月1日起施行。

设计意图：旨在引导学生认识到规则需要维护和改进。积极关注社会发展变化，自觉服务社会，并为新规则的形成建言献策，使之更加符合人民的利益和社会发展的要求。

环节二：课堂展示和释疑

（1）观看央视的疫情防控宣传片

设计意图：疫情是全球热点，教师通过让学生观看央视的疫情防控宣传片，使学生关注疫情、关心社会与国家，认识疫情防控的重要性，自觉遵守防控规则，积极为我国早日战胜疫情做贡献。

（2）合作探究环节

学生活动：

① 小组内部对课前自学任务进行质疑、释疑，达成共识，有疑问的点做好标记，借助全班力量释疑。

② 根据本组的展示任务，确定展示方式和展示人员，做好展示准备。

教师活动：

① 在课件上展示小组合作交流内容和方法。引导学生的合作交流。

② 在小组自主交流时巡查；指导学生利用适当的方式展示，发现疑点，适时点拨拓展。

设计意图：合作探究是课堂的开始。这个环节，让学生最大限度地找出自学中普遍存在的疑难问题，或针对教师设计的高层次目标任务，采取小组合作探究的方法，形成统一的意见和认识。这次的合作探究是在课前自学的基础上的深度合作探究。

比如，自学任务2中的两个思考题：

① 你如何看待梁女士“跑步”的自由?

② 疫情防控期间，作为普通民众，我们应遵循哪些规则?这些规则是否限制了我们的自由?为什么?

对于这两个稍有难度的问题，学生可以通过合作探究来交流，同时学生还可能由《遵守规则》这一课的自学，联想到更多关于规则的故事、事件，激发出更多关于规则的灵感，甚至还可能想出更多能提高人们规则意识、自律能力，自觉遵守规则和维护规则的方法和策略。所以说，课前自学中的合作探究作用巨大。

（3）小组展示、纠错互评、点拨拓展环节

这三个环节是相继交叉进行的，也是课堂的高潮部分。各小组根据分配展示的任务，以小组为单位进行展示。展示的方式根据内容选取，可以口头表达、书面表达，也可以设计开放性活动；可以一人完成，也可以多人合作。具体方式由各小组自己确定。各小组展示后，进行异组纠错互评和组内即兴补充，使学生在生生互动、自主、合作、探究学习、生成新知、组际互评的基础上碰撞出思维的火花。在学生纠错互评的同时，教师给予及时恰当的点拨拓展。

（4）知识梳理：在自学和展示的基础上，梳理本课知识提纲。

学生活动：

① 在自主学习、小组展示、交流的基础上形成本课的知识网络。

② 展示知识网络。

③ 评价。

教师活动：

对学生形成的本课的知识网络进行点拨补充。

设计意图：通过知识梳理，让学生整体对课本的基本观点和基础知识形成网络结构，从而完成新知初探的学习任务。

（二）拓展探究

放学时候，某中学门口混乱停车，校门堵得水泄不通。学校和相关部门做出了以下决定，学校领导干部轮流在放学人流高峰时期疏通校门口交通；交通管理部门规定，除指定停放地点外，距校门100米以内不得停放任何车辆。

通过学校和相关部门的努力，校门口拥堵问题得到了很大的改善。很多学生认为，要使这一问题得到更好的解决，学生也应加强自律，并对低年级学生和家长进行宣传，要自觉遵守相关规定，努力营造良好的校园接送环境。

（1）拟题：运用所学知识，自拟一个体现材料主要内容的题目。

（2）评论：从不同的角度对上述材料进行分析评论。

学生活动：结合图片，阅读材料，以小组为单位合作讨论，各组展示自己的讨论结果，相互纠错互评，提炼总结，得出最佳答案。

教师活动：指导学生进行合作探究、展示、纠错评价，并适时点拨，帮助学生整理解题方法。

设计意图：所选材料是学生亲身经历的、每天发生的、社会关注的热点问题，能激发学生的思维，引起学生情感共鸣，使学生在体验中更深一步理解本课的难点"自由与规则的辩证关系"。同时通过合作探究，培养学生分析问题、解决问题的能力，树立了遵守社会规则的意识，形成自觉遵守规则和维护规则的理念，实现情感态度价值观的学习目标。

（三）实践笃行

1. 选择题（每小题2分，共8分）

（1）风筝在天空中的自由是靠着线的束缚而获得，系着它的线一旦断了，风筝很快就会掉落地上。这说明（　　）

A. 规则是获得自由的保障　　B. 规则和自由谁也不依靠谁

C. 有了规则就失去了自由　　D. 没有规则约束的自由才是真正的自由

（2）遵守社会规则，需要我们将规则内化于心、外化于行。下列行为属于遵守社会规则的是（　　）

A. 小华在影院看电影时大声喊叫

B. 在公共汽车上，小红主动给老人让座

C. 在动物园里，小军向猴子扔投食物

D. 在课堂上，小刚随意离开座位扔垃圾

（3）电影《流浪地球》中有一句经典台词："北京市第三交通委提醒您，道路千万条，安全第一条，行车不规范，亲人两行泪。"这启示我们（　　）

①遵守社会规则需要他律；②遵守交规是对生命的负责；③违反交规必然会受到刑罚处罚；④对生命要有敬畏的情怀。

A. ①②③　　B. ①②④

C. ①③④　　D. ②③④

（4）坚定维护规则，一方面自己要自觉遵守规则，另一方面要提醒、监督、帮助他人遵守规则。下列同学的做法与上述不一致的是（　　）

A. 小明在上学和放学的路上，总是等绿灯亮了再走

B. 小丽看见小明随地吐痰，上前告诉他不能随地吐痰的相关规定

C. 小强看见一行人在翻越护栏，他上前制止并劝说

D. 小红看见同学折了一枝桃花，她也随手折了一枝

2.分析说明题

对给广场舞立规矩这一问题，不少居民和广场舞爱好者观点不一。请对以下两种说法简要评析。（4分）

甲：广场跳舞是自由，健身条例太强求。

乙：自由不是法外物，健身条例要遵守。

学生活动：在限定时间内独立完成实践笃行的测试题目；小组相互批改、交流、质疑释疑。

教师活动：指导学生完成实践笃行的测试题，适时点拨解题方法和技巧。

设计意图：在这一环节，设置了4个选择题和1道探究题，每题都进行了赋分。探究题选取了学生熟悉的广场舞扰民材料，是生活中常见的现象。学生通过分析材料，解决问题，合作交流，学以致用，把所学知识内化于心，养成自律意识和敬畏规则的意识。

【教学反思】

本节课是在"自学·释疑·达标"的课堂教学模式框架下，结合道德与法治学科的特点，以"新知初探、拓展探究、实践笃行"三大板块为序灵活运用了学案导学、合作探究、小组展示、纠错互评、点拨拓展、提炼总结、诊断评价七个教学环节来开展教学。由于本课内容知识点较多，且理论性较强，在备

课时教师选取了热点疫情防控案例材料，对教学内容进行了重组编排，设计了具有梯度性的设问，引导学生层层感悟。在教学中教师联系学生生活指导、点拨，使教学真正触动学生的心灵，顺利实现了教学目标。学生在教学过程中积极参与。整堂课践行了"学生为主体、以学情为主导，运用教师助力"的课堂新理念，打造了一堂高效的道德与法治课堂。

本节课不足之处，在维护规则、规劝别人遵守规则部分，教师应适当安排学生表演规劝别人遵守规则的情境，使学生通过体验明白与人沟通要讲究技巧；在以后教学设计时，要注意挖掘学生身边的材料，拓展学生的思维。

第五章

历史学科
课堂教学模式的构建与解读

21世纪以来，学校教育从“知识本位”向“素养本位”转型，是世界教育发展的共同趋势。一场基于“核心素养”的教育变革正在深刻影响着中国的教育。在“素养本位”的教育中，我们期待的是能够培养出主动构建知识，具有良好的社会互动性，能够利用学到的知识解决实际环境中各种问题的人才。一言以蔽之，学校教育的目标不在于培育只会机械学习的人，而在于培育出色的“思考者和探索者”。

为了培养新时代所需的具备学习、实践、探索、创新等综合能力全面发展的高素质人才，国家自2001年以来开始实行新课程改革。乘着新课程改革的春风，2006年我校开始探索新课程理念在现实中的落脚点，提出了“自学·释疑·达标”课堂教学模式，并在教学实践中获得了巨大成功。

近年来，随着各类教育理论和教育思想不同程度的更新，就历史学科而言，基于时代对教育教学“素养本位”的要求，各类专家学者提出了历史学科教育教学中处在第一位的教学目标，即培养学生的五大核心素养，包括唯物史观、时空观念、史料实证、历史解释、家国情怀，从知识、能力、情感态度价值观三个维度分别提出了更新更高的要求。在教育教学实践中，我们的老师将这些新的理念和精神植入到“自学·释疑·达标”课堂教学模式中，使之更加适应历史课堂教学实践的需要，形成了突出历史学科教学特色的学科模式。

第一节　模式的探索与形成

为了促进“自学·释疑·达标”教学模式的深化发展，使其在历史课堂上焕发新的生机，我们做了进一步的探索与总结，在校本模式的基础上结合历史学科的特点，合并、新增、调整了一些环节。对于这些调整，我们分别从新课改的时代背景上、全新的学科核心素养提出上以及本校模式在历史教学中再发展的需求上三个方面对调整的原因进行了详细的分析。调整后的模式具备什么样的优势？如何在历史教学实践中体现这些优势？这一系列问题将在本节进行详尽的阐述。

一、为什么要构建历史学科模式

新课程改革的不断深化，对于历史课堂教学的要求也逐渐提高。如何在历史教育教学中突出学生的主体地位？如何调整新时代历史课堂上的师生关系？如何在历史课堂教学中全面培养学生的历史学科素养？如何促进历史学科课堂教学模式的深化发展？为了解决这诸多问题，我们将从学科素养、本学科发展的需要两个角度分析构建历史学科模式的重要性。

1. 历史学科核心素养培养的需求

历史教育的唯物史观、时空观念、史料实证、历史解释、家国情怀五大核心素养，既独立存在，又不可分割，五个方面相辅相成，共同发展。这几大素养的培养在历史教学中需要以大量的史料为依托，培养学生的史料实证观念、时空观念，引导学生使学生树立唯物史观，逐步提高历史解释能力，让学生在历史课堂上体会正确的、积极向上的家国情怀。所以，我们要对传统教学模式进行改革和突破。各位历史老师积极行动对我校“自学·释疑·达标”教学模式在历史课堂上的应用做了进一步探索，力求在理论与实践层面上都使其更适应新时代历史课堂的需要。

2. 学科特点和模式再发展的需求

英国历史教育家李彼得说："历史的有用是在于改变我们看待世界的眼光，改变我们对现实，对于人类是什么及可以是什么的看法，因而使我们能够有去改变想达成的结果的机会。"历史学科具有极强的前瞻性、人文性、主客观统一性、科学性与文学性。历史是回望过去、立足现在、展望未来的一门学科，所以学习历史要以现实为出发点，从过去发生的事件当中获取经验教训，在学习历史的过程中形成特有的思维观念与方法，即历史意识。只有具备了这种历史意识，我们才能理解历史的演进，懂得历史的经验和教训，根据历史启示和历史发展的规律来理解历史、观察现实、展望未来，形成对自身、民族、国家、文化的历史及其发展的认同感和责任感。所谓"读史使人明智"，即指学习历史可以教会人们用历史的眼光审视问题。

这就要求我们在历史教学的过程中要注重探究式教学，培养学生历史意识，而且历史教学的本质是人文素质教育。历史人文素养的形成离不开学生的体验、参与，历史学习的思维则是批判、反思思维。所以，在教学过程中同样离不开思辨推理。这与本校"自学·释疑·达标"课堂教学模式的理念不谋而合，但原本模式是在理科探究式思维的基础上形成的，与历史学科的人文素养提升略有不同，虽然大方向一致，但本校"自学·释疑·达标"课堂教学模式在历史课堂实践中略有水土不服。同样是合作探究，理科的探究问题大都是结构良好的问题，学生对问题进行探究，一步一步推导最终得出一个唯一的正确的答案，同时在探究过程中可以培养学生的逻辑思维和合作能力；而在历史学科当中很多知识大多属于图片式知识，知道就是知道，不知道就是不知道，没有探究的余地；除此以外，历史学科当中需要探究的问题则大多是结构不良问题，没有唯一的正确的答案，探究过程需要在掌握简单的图片式知识的基础上，引入大量的历史材料、背景知识，为探究活动提供支撑，而需要探究得出的结论大多数时间并非一个固定的、一成不变的答案。历史学科最大的特点在于我们需要引入大量史料并在引导学生分析史料的过程中培养其历史思维、开发历史意识、接受历史的更多可能。为了解决这一主要矛盾，我们将本校"自学·释疑·达标"课堂教学模式与历史教学实践相结合做出了进一步的调整与完善。

二、历史学科教学模式与学校教学模式的联系与区别

本校"自学·释疑·达标"课堂教学模式遵循循序渐进的教学原则，其基本结构分为课前自主学习和课堂教学两大部分，自学、释疑、达标三大板块，学案导学、合作探究、小组展示、纠错互评、点拨拓展、提炼总结和诊断评价七个环节。依据历史学科特点，历史学科五大核心素养和历史教学理论，我们将学校模式进行适当调整，自学、释疑、达标三大板块不变，原本的七个环节调整为学案导学、交流互评、材料研读、提炼总结、诊断评价五个大环节。自学板块包括为学案导学和交流互评两个环节；释疑板块包括交流互评、材料研读、提炼总结三个环节，材料研读环节又包括合作探究、展示互评、点拨拓展、归纳升华四个子环节；达标包括提炼总结和诊断评价两个环节。三大板块、五大环节既彼此独立又相互联系、相辅相成，共同构成了完备的历史课堂教学模式。

历史学科教学模式流程调整如图5–1–1所示：

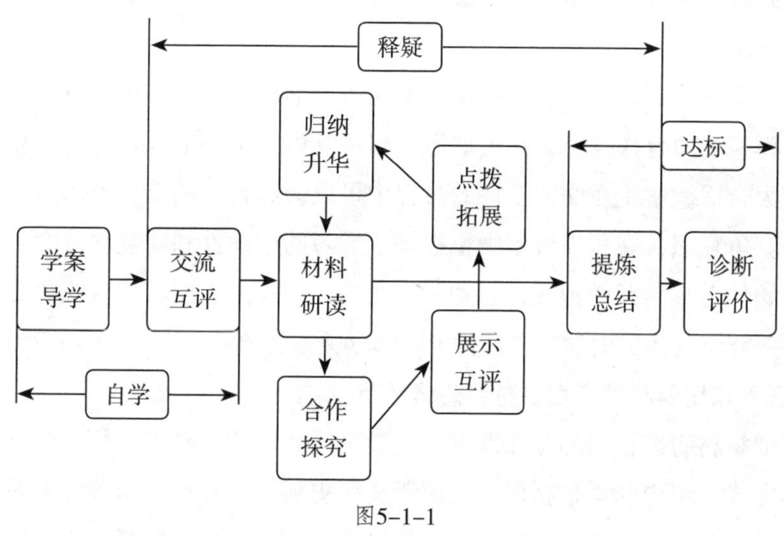

图5–1–1

具体调整阐述如下：

（一）灵活运用学案导学、提炼总结、诊断评价三个环节

历史学科教学模式对学校模式中的学案导学、提炼总结、诊断评价三个环节进行了继承和发展，在大方向不变的前提下，运用更灵活，使其更符合历史

学科的课堂要求。

（二）将学校模式中合作探究、小组展示、纠错互评三个环节合并为交流互评

从历史学科的角度出发，通过多次教学实践总结经验，不断反思，得出如下结论：

历史学科的课前预习内容多是比较基础的知识，通常只需要对课本进行通读即可完成预习任务。第一环节学案导学中学生的预习任务是本校历史教学团队严格按照学生认知水平精心打磨设计的，学生通过自主预习、通读课本，能够很好地解决大部分问题。课堂上的讨论交流环节，一方面与课前预习衔接；另一方面通过交流可以解决在预习当中遇到的简单问题，如在预习过程中对某个知识点不确定，填写过程中出现错别字，或者读音不准确等问题。由于学生差异导致课下预习程度存在差别，所以在讨论过程中会继续进行更深入的交流，这个过程会增加一个异组的交流以及教师深入组内的指导。通过这一系列的合作交流与讨论指导，学习预习中出现的简单问题基本上能够得到充分解决，然后进行充分的小组展示，最后针对组内或者异组之间发现新的问题，进行纠错互评。

综上所述，我们一致认为这是一个在历史学科教学当中相对简单的环节，把学校模式中的合作探究、小组展示、纠错互评三个环节合并为交流互评一个环节更为合适。学生在交流互评的过程中可以锻炼自己的交流表达能力、合作精神和竞争意识，在积极展示中也提高了学习的主动性和课堂参与度，为一节课的开始种下了活跃的种子，起到了“龙头”的作用。而学校模式中更深层次的合作探究应放在历史学科中材料研读部分更为合适。

（三）依据学科特点增加材料研读环节

所谓材料研读，指的是在课堂上，通过研究历史材料来进行历史学习的一种教学方式。历史材料包括但不局限于文字史料、图片、实物等方方面面的内容。这一环节属于“自学·释疑·达标”课堂教学模式的释疑板块，也是学校教学模式下历史课堂教学模式改革实践的核心环节。

1. 从历史教学目标来看

历史学科素养的培养必须依托于材料研读。五大核心素养中的史料实证是指对获取的史料进行辨析，并运用可信的史料努力重现历史真实的态度和方法，以史料分类、史料辨析、史料运用、观点论证的形式进行呈现，与材料研读的关系最为密切。历史解释也是以史料为依据，以历史理解为基础，对历史事物进行理性分析和客观评判的态度、能力与方法，以材料整理、史料解读、追溯起源、探讨因果、分析趋向、说明影响、判定地位等形式进行考查，培养学生叙述历史和形成历史认识的能力。

至于时空观念，则需要培养学生把所认识的史事放到特定的时空，据此观察和分析的观念。时空观念的培养则以历史纪年、历史时序、年代尺、阶段特征、历史大事年表、历史地图等形式呈现。以上种种内容都需要引入各种历史材料。而运用确实可信的历史材料进行历史教学，揭示人类社会历史客观基础及发展规律的科学历史观和方法，包括社会存在决定社会意识、生产力决定生产关系、经济基础决定上层建筑、人民群众是历史的创造者、人生的真正价值在于对社会的贡献等，则是对唯物史观最好的注解。

2. 从历史课堂实际来看

历史学科与其他学科的最大不同就是教学内容与学生的实际生活相差甚远，教学内容基本是在几百年前甚至几千年前发生的，这些知识内容对学生来说较为抽象。所以，教师在教学的过程中要合理运用材料，带领学生走进历史，使学生在脑海中形成历史的表象。

初中历史教师在进行历史教学的过程中，受到教材限制，往往使用简洁的语言对知识进行高度的概括，这种情况就使得学生无法对历史知识进行深刻的理解，所以教师在教学的过程中，要将材料研读加入教学中，从而使学生掌握历史事件的细节，加强学生对历史知识的理解和掌握。

如果历史课堂教学仅仅依据课本进行，将历史事件进行单调的梳理归纳，则会落入单方面灌输式的传统课堂教学模式的窠臼，难以激发学生的学习兴趣，调动学生的积极性，为此，我们必须在课堂上引入新鲜的、具有刺激性的材料才能时刻保持学生的兴奋度，构建更为积极开放的历史课堂。

3. 从中考的角度来看

材料研读并非求新求异不考虑现实状况的空中楼阁，而是与学生的中考紧密相关的。自新课改以来，国家致力于发挥中考、高考的教育导向作用，在题目的设计上更具难度，更考察学生的核心素养。

纵观各地历史中考题，题型大致可分为两类：选择题；材料分析题。材料分析题，是题目中出现大量史料，围绕一个主题排列组合综合多方面内容设计的问题，让学生通过材料分析结合所学知识给出答案。而选择题也与传统单纯考察历史知识点的选择题不同，更重视题目的综合性，并且历史材料的使用越来越多，近几年的中考题目设计，几乎到了题题有史料的地步。所以，立足于核心素养的材料研读环节变得非常重要，我们必须从每节课做起逐步培养学生的材料分析能力，以达到核心素养的不断提升。

基于上述考虑，我们增加了材料研读这一环节，通过对学生进行有针对性的指导和训练，改善学生的思维方式，提高学生的思辨能力，突破思维瓶颈的束缚。

（四）材料研读

历史学科中材料研读是一个大的环节，要想完成整个环节需要多个子环节辅助，根据材料进行合作探究→展示互评→点拨拓展→归纳升华，如此循环往复，完成一个又一个历史问题的探究。

1. 合作探究

在学校“自学·释疑·达标”课堂教学模式中的合作探究环节既是学生课前预习的过程，又作为课堂的开始，使课前预习与课堂教学加以对接，并且贯穿教学的全过程。

针对历史课堂的实际情况，我们将合作探究环节与材料研读环节紧密结合在一起。材料研读的重点不仅在材料上而且在研读上。所谓“研读”，其实在某种程度上等同于构建主义理论下的发现学习，通过发现问题和解决问题来构建知识。“材料”相当于发现学习过程中的一个驱动性问题，“研读”则包括后续的解决问题环节。我们认为这种“研读”通过合作探究方式进行最为合理高效。为保持材料的新鲜感，新增添的材料一般不在预习环节出现，这就使合作探究环节原本对接课前预习与课堂教学的功能转变为单纯的释疑环节，即学生针对教师依据历史材料设计的高层次目标（理解、应用、综合等）任务，采取小组合作探究的方法，形成统一的意见和认识；对于仍然不能解决的问题，要做好记录，以便在下面的环节中提出问题。

这不是传统意义上的被动接受式学习，而是指教师、学生和学习共同体其他成员在某种情境活动中构建共同理解所产生的学习，可称为“有意义学习”或“深度学习”，这才是历史课堂真正需要的东西。

2. 展示互评

这一环节是对学校教学模式中纠错互评环节的继承，在历史学科课堂教学实践中改为“展示互评”，重点在于学生通过各种方式展示合作探究的成果，并进行组内、组际互相评价。在这一过程中，学生取长补短，完善自身。

历史是延伸的，历史是文化的传承、积累和扩展，是人类文明的轨迹。在历史教学中，有着许许多多并不能用简单的对错来概括的问题。通过历史材料研读设置的展示互评，其展示的目的重点不在于纠错而是在展示互评的过程中形成的分析能力和历史思维，原本的“纠错”二字在此处用“展示”更为合理。

从教育学的角度来说，展示互评可以让学生成为学习环境构成的核心参与者；有利于保持学生的社会性，促进组织优化的协同学习。这种展示能够促进生生交流、师生交流，既能形成生生间的有效竞争，又没有强烈的压迫感，能够构建“有效学习”环境，促进所有学生的发展。

3. 点拨拓展

点拨拓展环节与学校教学模式中的点拨拓展环节基本一致，但点拨的方向略有不同。点拨拓展一定要对学生无法解决的与需要拓展的问题进行点拨，除此以外，还要对历史发展的脉络进行点拨，让学生从宏观角度认识历史，更要点拨出学生在课堂上的情感体悟，与归纳升华相结合，培养学生的家国情怀。

4. 归纳升华

归纳升华环节是对以材料研读为核心的合作探究，展示互评和点拨拓展几个环节的总结与提升。这一环节结束之后，既可以回到材料研读环节，进行下一步的探究，也可以进入下一环节提炼总结，视课堂具体情况而定。

一方面，这是对知识进行反思和评价的过程，是对师或生材料研读的探究过程及结果进行系统性归纳，得出广泛适用的知识、方法；另一方面，学生从中获得更深层的情感教育则更为重要。历史学科五大核心素养之一就是家国情怀，是指学习和探究历史应该具有的社会责任和人文情怀，这一环节能够将家国情怀教育“润物细无声”地在学生探究的过程中进行渗透。历史课堂教学向来是进行情感教育、爱国教育的重要阵地，传统课堂中情感态度价值观的教育大多十分生硬，教师仅仅是为了将该说的话简单刻板地传递给学生。在这个过程中，学生仅仅是生硬地记住了试题的答案，而非深刻理解了什么叫作“以史为鉴”，难以切身体会中华民族历史悠久、中华文化源远流长，对于学生家国情怀的培养意义不大。

而归纳升华这一环节是建立在前几个探究环节基础上的，通过史料拉近历史与现实的距离，通过探究发挥学生的主动性并加深学生的理解，通过互评和点拨进行生生之间、师生之间的有效交流，只有在前面层层递进的基础上，再渗透家国情怀的教育，才能让学生真正认识到学习和探究历史应该具有的社会责任和人文情怀。

第二节 模式的环节解读

虽说“教无定法”，但教有定论，这个“定论”就是依据党和国家立德树人的育人要求，立足于教育教学实际，实现促进学生全面发展、培养社会所需要的具备探究式思维的高素质全面发展人才的目标。继承自本校“自学·释疑·达标”课堂教学模式的历史学科模式经过调整后更适应历史学科的特点，将历史学科核心素养与本校教学模式及具体历史教学实践相结合，更能提高课堂效率，发挥历史学科的人文价值，促进学生综合素养的发展。这几个新的教学环节之间既相互联系又彼此独立，在课堂上的应用不拘泥于流程的完整与环节的严丝合缝，而是与历史教学中每堂课的具体教学内容相结合，秉持着发挥学生主观能动性的理念，或拆分或合并地灵活应用。下面我们对模式在课堂应用上的具体操作方式做出详细的解读。

一、学案导学

学案导学教学法是一种新型的教学模式，旨在通过学生的自主学习，培养学生的自学能力，提高教学效益。所谓学案导学，是指以学案为载体，以导学为方法，以教师的指导为主导，以学生的自主学习为主体，师生共同合作完成教学任务的一种教学模式。这种教学模式改变了以往教师“满堂灌”的教学方式，可以充分体现教师的主导作用和学生的主体作用，从而发挥最大化教学效益。

要想使其作用发挥到最大化，在学案导学的过程中，无论对教师还是学生都提出了一定的要求。首先，教师在对学案进行设计的时候，应从教材的编排和知识系统出发，对大纲、教材和教参资料以及自己所教学生的认知水平等做到系统认真的分析研究，合理处理教材，做到简单明了，要求明确，可操作性强，要符合学生的内在需求、思维结构与能力层次，做到重点突出、难点分散，达到启发学生思维，增强学生自主性和主动学习的能力的目的。其次，对学生自学也提出了一定要求，教师提前编写好教学案，在课前发给学生，学生根据学习目标，带着问题对课本进行预习。同时，教师在学生自学过程中应适当辅导，指导学生自学的方法，如告诉学生学案中哪些内容需要掌握，哪些只需要了解，注重知识前后联系等，让学生逐步理解掌握教材，使学生较好地掌握教学内容，培养学生的自学能力。再次，教师要对出现的问题进行记录。最后，在这个过程中帮助学生形成预习习惯和正确的自学方法，而良好的预习习惯和正确的自学方法一旦形成，学生便会受益终身。

总之，无论教师还是学生，都应该认真对待教学案，如若能用好，将达到意想不到的效果。那既然是学案导学，那“导”的是什么呢？

1. 目标启航

目标明确，学生学习效率才会高。教师通过精心备课，研究教材，根据学生情况，制订出学习本课的学习目标，这样学生就从宏观上把握了学习内容和知识的重难点，做到心中有数。

比如，八年级下册第三单元第10课《建设中国特色社会主义》，内容多，且理论性、政治性极强，学生学习起来比较困难，学习兴趣不浓，不好把握这一课到底要学习什么。

学案导学明确了本课的目标是：

（1）知道邓小平理论、“三个代表”重要思想、科学发展观、习近平新时代中国特色社会主义思想的形成过程，认识它们对中国特色社会主义建设的巨大作用。

（2）学会在历史发展的进程中认识历史人物、历史事件的地位和作用。

有了学案导学中的目标，学生就明白了这一课的重点、难点，明白了不仅要掌握中国特色社会主义思想的形成过程，还要感悟杰出历史人物在历史上的重要贡献，感悟中国共产党是全心全意带领中国人民不断奋斗、追求强国富民的政党；在中国共产党的领导下，我国的社会主义现代化建设取得巨大成就。因此，有了学习目标的“导航”，学生便可自主探索，获得新知。

2. 初探教材

学生根据教学案，阅读课本整体内容，既能比较清晰地知道需要掌握的知识，又能比较轻松地完成教学案中自主学习部分，完成预习任务，久而久之，形成良好习惯。所以学生遇到新的一课，首先要阅读教学案上的学习目标，带着目标通读课本，有了整体感知，然后再次回到教学案上的自主学习部分，在此基础上进行课本的二次阅读并完成自主学习部分的填空，这样就大大提高了学习效率。

总体来说，课前学习内容相对简单，但是需要填写的预习内容又非常精准地展现出本课的重难点。通过此预习环节，毫不夸张地说，学生在学习新课时就可以达到事半功倍的效果。

3. 深度预习

学生在完成教学案自主学习部分之后，对整个一课内容有了初步了解，部分学生可能会发现问题或者存在疑虑，这时候教师应该鼓励学生探究，引导学生大胆质疑。在教学案自主学习部分之后，教师也会设置一个或多个合作探究的问题。

比如，八年级下册第四单元第14课《海峡两岸的交往》中，教师会提出合作探究部分的问题“促进和阻碍海峡两岸统一的因素有哪些”或者“台湾问题和香港、澳门问题有何不同”。

无论是学生自行提出还是教师在合作探究中设置的问题，都应该是学生在预习完基础知识后思考的问题，通常学生会在自习课上自行思考，有自己一定的想法之后，会在课下与同组或其他组的同学进行讨论，讨论的过程就是合作探究的过程。当然这只是初步探究，等到历史课上，这些问题会作为一个单独的环节，即“材料研读”过程中出现，最终得到完善解决。也就是说，学生在课下预习并完成教学案的过程中已经引发了思考，产生了合作与探讨，并极大地激发了学生学习的兴趣，也有了表达自己的意愿。因此，教学案实际上在无形中已经达到了预想之内的效果，甚至实现了效果扩大化。在这个过程中，学生的自主性得到发展，思维得到锻炼，探究能力和水平也会有所提升。

4. 预习反馈

在学案导学中，学生或多或少存在着知识和技能等方面的差异，在课前学习中存在参差不齐的现象。为了让学生的课堂学习有的放矢，也为了教师适时调整教学进程，教师可在上课前会把学生自主学习的教学案收上来，一般来说抽一个小组或具有代表性的学生来进行查看审阅，然后根据学生学情来进行备课，课堂教学也变得更加有针对性、合理性、有效性。再有，老师针对教学案或预习过程中学生普遍存在的问题巧妙点拨，调动了学生，解放了教师，学生“活”起来了，学生“议”起来了，学生“想”起来了，从而有效组织了学生学习，学生的综合能力也得到了不同程度的提升和发展。

二、交流互评

交流互评环节主要包括学生交流、展示和互相评价三小块内容。首先学生交流学案，一方面是与课下预习相衔接，另一方面也是为了对课下的预习起到一个纠正和回忆的作用。一般来说，历史学科教学案的设计会偏向于比较简单的、带有引导线索的知识点填空的形式，学生课下通读课本后基本都能完成预习内容。预习学案把最提纲挈领的部分找出来让学生填空，这样经过阅读课本和填写学案之后，学生会形成一个初步的知识框架，填空的部分学生书写一遍之后也能加深印象。所以经过一系列的预习再进入课堂学习之后，学生就会胸有成竹，如鱼得水，从而有机会在课堂上提出或者解决更多探究性的问题。在预习的基础上，学生课上进行学案自主学习部分内容的交流，特别是经过组内交流，在预习过程中出现的初级错误基本都能够被发现并得到订正。

然后以小组为单位进行展示，展示是为了进一步验证，也是为了与其他小组统一答案。展示的内容一般来说是教学案上的自主学习部分，上面学案导学部分已举例说明，这里不再赘述。展示的方式包括口述、板书、投影等多种形式。展示对象并非仅仅是每个小组中的佼佼者，而是包括后进生在内的所有学生。通过上一步的交流讨论，哪怕是后进生也能完成需要展示的部分，而他们大多缺乏自信不敢开口，这种情况则需要采取适当的激励办法，如结合量化加减分制度，同一个问题由小组内不同程度的同学回答所加分值不同，后进生回答问题所加分值大于优秀生所加分值。这样能够极大地激励后进同学参与课堂，日积月累，学生知识得到拓展，能力得到提升，素养得到提高，后进生同样能转变成优秀生。

通过小组展示，学生实际上已经发生了重大变化，他们的自信心有了很大的提高，一些以前在课堂上不举手、不开口的学生，也积极地参与到展示环节，所以通过不断的实践，“自学·释疑·达标”课堂教学模式极大地促进了学生参与课堂活动，能充分发挥学生的积极性和主动性，增强学生学习的内驱力。紧接着是互相评价，这个评价既包括知识点正确与否的评价，也包括对这个展示的同学或者小组表现的评价，这个过程不仅是知识的验证，也是关注学生本身能力的发展。

三、材料研读

材料研读是以课本教学内容为基础，以丰富的史料为载体，设计合理的探究问题，从而调动学生积极性，激发历史学习兴趣，加深历史知识理解，培养历史思维的一种重要方式，是“自学·释疑·达标”课堂教学模式下历史课堂教学的核心环节。这里的“材料”相当于“先行组织者”，相当于在学生的实际能力与潜在能力之间搭起的桥梁，依托材料与合作探究、展示互评、点拨拓展、归纳升华这几个子环节的辅助，使得学生的实际能力与潜在能力都能不断得到提升。

这一环节的重点，一是在于史料的选择，二是在于问题的设置。

史料选择，一定要把握四大原则：

第一，要保证史料来源可信。历史学的入门第一课就是了解历史学界关于历史的研究的各种史观，包括全球史观、文明史观、现代化史观、唯物史观等不一而足。立足于不同的史观对于历史事件、历史人物的看法也不尽相同，但一般在分析重大历史事件的根本原因与重大影响时会采用唯物史观进行分析，这与历史教学目标五大核心素养中的唯物史观不谋而合。教师在选取史料时一定要注意史料来源，在漫长的历史研究过程中曾经走过很多弯路，有许多学者将历史当成任人打扮的小姑娘，将人为意志强加在历史之上，不尊重历史史实，进行各种杜撰。初中阶段是学生刚刚接触历史的时期，在这一时期学生会形成对历史的初印象，树立正确的史观尤为重要。为了避免陷入历史虚无主义的陷阱，教师在历史课堂一定要充分尊重历史史实，保证史料来源的可信度，不可为了向自己的观点靠拢人为地断章取义。

历史上正史野史繁杂，各种言论层出不穷，尤其现在网络发达，很多野史因为富有戏剧色彩以讹传讹反而比正史的影响更大。这个时候，历史教学更要注重史料的真实性，帮助学生树立正确的历史观。

权威的史料来源大致可分为下列几类：①教材配套教参中提供的史料；②各类史书；③当前主流承认的各位历史学家的作品；④官方发布的各类文

件；⑤各大核心期刊发表的论文等。

第二，史料选择要符合学生的认知规律。在初中阶段，学生认知的特点是思维的抽象逻辑性占主要优势，但还属于经验型的逻辑思维阶段，在一定程度上还需要感性经验的直接支持。在史料的选择上，教师要根据学生在不同认知发展阶段的规律进行合理筛选，在材料研读的过程中促进学生认知规律的逐步发展。

在史料选择上应保证难度适宜，不可过于晦涩超出学生的理解范围；也不可过于简单，达不到提升学生能力的目的。中国自古以来就重视对史料的保存和研究，以中国古代史为例，权威史料往往带有大量古汉语和文言文的内容，这些内容大多超出了初中生的理解范围。在采用这些权威史料时，教师应进行提前加工，采取注释、翻译、缩减内容等方式降低难度以配合初中生的认知发展水平。

例如，在进行《魏晋南北朝的科技与文化》教学时，需要让学生了解贾思勰在完成中国历史上第一部完整的农书《齐民要术》时采取了哪些方法，体现了什么智慧？这一问题需要通过史料来研究，而原始史料的内容为：“今采捃经传，爰及歌谣，询之老成，验之行事……资生之业，靡不毕书。——《齐民要术·序》”这明显超出了学生的认知能力上限，所以在课堂上呈现这段史料时是这样的：“今采捃（jùn）经传，爰（yuán）及歌谣，询之老成，验之行事……资生之业，靡（mí）不毕书。——《齐民要术·序》”注解：他整理古书中记载的农业知识，采集民间歌谣谚语，汲取农民的生产经验，自己在实践中证明这些经验……凡是平民谋生的技术，没有不记载在这本书里的。运用注音、翻译注释的方式降低史料难度是课堂处理史料的常规手段。

第三，史料选择要详略得当，与教学内容紧密相连。在繁杂的史料当中，教师应当有舍有得，重点突出，选择与教学重点内容紧密相关且有一定探究意义的史料。中国的各种史料汗牛充栋，浩如烟海，如果在史料选择上不能做到紧紧扣住教学目标，紧紧围绕教学重点，那么在课堂上可以增加的材料就太多了。过于繁杂的史料不仅起不到拓宽学生视野，锻炼学生能力，提升学生素质的作用，反而会极大地增加学生的负担，在对史料的艰难理解中丧失对历史的学习兴趣。所以，与教学内容相关不大的材料，即便可信又意义深远，也应当舍弃。

第四，史料选择要注重多样性。在史料选取上，我们要做到“全面”，第一，从呈现形式上分，可选取文字史料、图片史料、历史遗迹影视资料等；第二，从来源上，可分为文献资料、网络资料、教师见解主张和学生手工资料及课堂生成性资源等；第三，从组织形式上，可分为坐标图、表格、照片、绘画作品、思维导图等。

在选取资料时，教师应全面考虑，尽量用多样的材料诠释历史的丰富性，增进学生对历史的理解，提升“历史解释”能力，落实学科素养目标。

例如，在进行《探寻新航路》教学时，我们可以选取3幅世界地图分别说明新航路开辟前、开辟中和开辟后的世界，结合斯塔夫里阿诺斯的《全球通史》相关文字描述，强化学生的世界意识；通过表格对比郑和下西洋和新航路开辟的异同；通过网络资料说明新航路开辟的影响，尤其是对今天美洲的影响；等等。

问题的设置直接联系“材料研读”中的第一个小环节“合作探究”，起到承上启下的作用。重在提出具有探究意义的问题，逐步提升学生能力。问题设置要坚持立足教材，结合史料，循序渐进，形式多样，为接下来的“合作探究”做好铺垫。

（一）合作探究

合作探究这一环节基于教师的教学设计和学生的认知水平，对学生在材料研读过程中提出的有效问题进行深入探究。在教学中，教师用合作探究的方式进行教学，通过小组内成员间的相互交流，互教互学，激发了学生学习的积极性、主体性、创造力，有助于培养学生的合作意识、合作技能，让学生更善于与他人交往，有助于形成和谐的人际关系；通过小组间的竞争，可培养学生的竞争意识，让学生积极乐观地迎接挑战，培养学生的团队精神，增强小组成员间的凝聚力；通过合作学习，能让学生获得更大限度的发展，增强学生的学习动力，大大提高学生的学习效率。在教学中，教师可适时、适地、应用合作学习，提高课堂教学的效率。但在这一环节的课堂实践中，教师需要注意如下几点：

1. 合理分配学习小组

学生学习小组的分配，要尽力做到组内异质、组间同质，即在组合小组成员时要让学习基础好的与基础差的搭配，思维相对比较活跃、反应较快的与思维反应相对较慢的搭配，爱发言的同学与不爱发言的组合在一起。只有分组合理、科学，让学生间的气质差异形成互补，才能让小组有很强的亲和力，从而保证每个小组成员都能真正融入小组中，使得小组内学习活动的开展确实有意义、有效果。做到组间同质，是为了让小组同时竞争更具有公正、公平性，也更具有挑战性。

2. 控制好学生的讨论进程

学生进行小组讨论时，教师一定要控制好学生讨论的进程，尽力克服掉以下几种情况，否则合作学习只是一种形式，收不到真正的实效。

（1）一放不收（讨论时间过长耽误教学进程）。

（2）一放即收（学生还未认真思考，未想出自己的观点，讨论时间太短，刚布置学生讨论，教师马上就公布正确答案）。

（3）小组代表发言时，教师不组织其他同学认真仔细地聆听，细致地品味分析。

（4）教师表面上组织学生讨论，而实质上还是教师在把着讲。

（5）小组内成员讨论时，只有部分甚至少部分同学参与。对此种情况，教师要想办法让每个同学都真正参与到小组讨论中。

（二）展示互评

展示互评是对合作探究成果的展示与评价，既包括生生之间的评价，也包括师生之间的评价。这一环节相当于在合作当中引入了竞争机制。在小组内部各成员间以及学习小组之间引入竞争机制，让学生充当老师的角色，可充分调动每名学生的学习积极性，激发学习的热情。

在课堂教学实践中提出问题—小组内合作解决—小组代表提出组内无法解决的问题—其他组的同学解答—教师点拨、引导、总结。

这样的教学设计可以让学生积极参与课堂、主动地发现问题，并为了寻找问题的答案而积极地、主动地学习。这无疑能充分调动学生学习的主动性、积极性，同时也大大提高了教师教学的针对性，因为教师只需讲解学生不懂的、自己无法解决的问题，学生能自行解决的问题全由学生自主完成。

教师对积极、主动地参与小组学习并善于解决问题的学生和表现突出的学习小组及时给予肯定、表扬，同时让他们彼此竞争，这将大大激发他们的学习积极性。

（三）点拨拓展

“不愤不启，不悱不发”，当学生心求通而未能得其意，口欲言而未能得之貌时，就要及时发挥教师在课堂上的作用，开其意，达其辞。体现在模式中就是点拨拓展环节。在课堂教学实践中，点拨拓展与展示互评往往是相互融合的，在展示互评的过程中，教师对学生无法解决的或需要拓展的内容进行适当的点拨，拓展学生的眼界，启迪思维，以达到画龙点睛、拓展提升的作用。历史学科的点拨拓展集中在如下问题上。

1. 难以理解的文言文材料

从学科的角度来讲，文史不分家。在进行历史学习尤其是中国古代史的学习中需要识读大量的文言文材料，晦涩难懂且生僻字非常多，这些超出学生认知范围以外的东西都需要教进行适当点拨。比如，这段材料，太宗谓侍臣曰："……今省徭赋，不夺其时，使比屋之人恣其耕稼。"——《贞观政要·论务农》，"恣其耕稼"的"恣"就需要进行点拨解释，当学生明白"恣其耕稼"在这里的意思是顺应农耕的需求，则很容易就能理解这段材料体现了唐太宗重视农业生产的政策。

2. 审材料、审问题的方法

初中阶段的学生对材料的分析能力、对问题的解剖能力有所欠缺，需要教师在课堂上对这种能力进行培养。通过材料研读、合作探究培养学生自主分析材料的能力，但学生通过合作难以提炼概括出理论高度上具有广泛适用性的解决问题的方法，教师在这个时候就要进行适当点拨，让学生形成清晰的方法论的认知。

3. 对历史发展的脉络进行点拨

历史学科核心素养强调要对时空观念进行培养，初中阶段的历史教学要让学生能够把握住历史发展的主要进程，对中国历史与世界历史形成系统性的认知。这就要求教师在课堂教学中以小见大，从每节课出发，逐步培养学生构建历史知识体系、梳理历史发展脉络的能力。学生受限于自身的原有知识与认知水平，难以将某些零碎的历史知识与自身知识结构相结合，难以将历史新知放置于漫长的历史长河当中的某一具体历史时期进行分析，此时需要教师进行适当点拨。

4. 需要对家国情怀进行培养的时刻

点拨拓展中对家国情怀的点拨与培养与归纳升华环节紧密相连，可以说，这是归纳升华环节通过点拨拓展进行的灵活应用，经过材料研读、合作探究、展示互评的层层铺垫后，已经极大地拉近了历史与现实的距离，加深了学生对历史问题的理解，在这之后进行情感教育的升华就是水到渠成、自然而然的事情。这样的升华与传统历史教育中的强行升华、刻板说教不同，是在学生对历史问题有深刻理解的基础上自然产生的情感体悟，印象更为深刻且不会产生抵触心理。教师点拨的重点在于寻找恰当的契机自然而然地对学生进行家国情怀的渗透教育。

（四）归纳升华

归纳升华首先是对合作探究、展示互评、点拨拓展几个环节的归纳总结，升华是在总结的基础上进行情感的渗透教育，升华是本环节的重点与核心。

在升华过程中，教师应该注意紧扣核心素养，升华内容不能是无源之水、无根之木，应当紧紧围绕历史核心素养中的家国情怀进行，根植于历史学习应该具有的社会责任和人文情怀，为学生提供正确的价值导向。

具体操作时可注意如下几点：

1. 与爱国主义教育相结合

在中国近现代史的学习中，培养学生以爱国主义为核心的中华民族精神是我们的重要任务，应结合革命先烈、建设先驱的事迹，引导学生了解中华民族历尽磨难、艰难前行的峥嵘岁月，从中体会今天幸福生活的来之不易。在升华环节，教师要注意结合爱国主义教育，从而使学生树立正确的世界观、人生观、价值观。

例：在进行八年级上册22课《抗日战争的胜利》一课教学时，教师出示《左权家书》："志兰，作战已爆发，这将影响日寇行动及我国国内局势。国内局势将如何变迁，不久或可明朗化了……我虽如此爱太北，但是时局有变，你可大胆按情处理太北的问题，不必顾及我……志兰！亲爱的：别时容易见时难，分离二十一个月了，何日相聚？念、念、念、念！"这就引发学生情感共鸣，进一步感受革命先烈先国后家、不畏牺牲的抗战精神。

2. 展示中华优秀传统文化的魅力

中国古代史部分的教学是展示中华民族优秀传统文化的重要阵地，中华文化源远流长，博大精深，历史教育要寻根溯源，在升华环节要让学生知道中华民族的根在哪里，领略漫长的历史长河里我们的无数先辈创造的灿烂文化，树立民族自信心和自豪感。

例：在进行七年级上册第7课《战国时期的社会变化》中都江堰的教学时，可以采用都江堰的结构示意图，辅以视频动态讲解，让学生直观感受都江堰工程的巧夺天工，从而自然而然地为中国古代劳动人民的智慧感到惊讶与敬佩，产生民族自豪感与自信心。

3. 放眼望世界，汲取世界先进文化的营养

在世界全球化趋势的背景之下，党和国家提出构建人类命运共同体的伟大命题，历史升华教育更不能仅仅囿于中国文化的自吹自擂当中，应当放眼世界，汲取各国先进文化，开阔学生眼界，培养具有世界视角的新时代人才。

例：在进行九年级上册第20课《工业革命》的教学时，教师可以设置材料研读，让学生合作探究：结合材料说明工业革命产生的影响，你从中获得了什么启示?

材料一："资产阶级在它的不到一百年的阶级统治中所创造的生产力，比过去一切世代创造的全部生产力还要多……"

——《共产党宣言》

材料二：发动机一开始，人们就必须工作——男人、女人和孩子们都一起被套在钢铁和蒸汽的轭具下。动物机器……被紧紧地拴在不知痛苦和不知疲劳的钢铁机器上。

——《受雇于曼彻斯特棉纺工厂的操作人员的精神和身体状况》

材料三：英国学者卡特莱特指出，到1830年，英格兰的大工业城市没有一个安全的饮用水供应，这些地区的河流都受到了严重的污染，以致河里鱼都没有了。

——《英国工业革命时期的环境污染和治理》

这样就让学生直观地体会到，工业革命极大地提高了生产力，但是产生了对立的资产阶级和无产阶级，造成了严重的环境污染，所以我们在今天建设的过程中既要重视科技进步，又要注重环境保护，进行可持续发展。

教师在进行升华教育时，语言组织要注意自然严谨，点到为止，不要过度夸张；要注重灵活应变，学生不可能完全按照教师课前设定好的流程进行，要重视课堂生成，结合学生反应随机应变。

归纳升华完成后，如果本节课仍然有未完成的任务，教师可以结合具体情况回归材料研读环节；所有任务都完成后就可以直接进行下一环节提炼总结。

四、提炼总结

历史学科的提炼总结对整节课起到一个收束结尾的作用，能够帮助学生理顺内容的逻辑关系形成知识框架，可以说决定了一节课知识传授的成败。

首先，历史学科记忆性的内容较多，通常人们的刻板印象会认为历史背一背就好了，实际上单纯靠死记硬背是学不好历史的，更何况在新课改的大潮中，非常注重学生能力的发展，根据历史学科五大核心素养中的唯物史观、时空观念等的引导，让学生在理解的基础上记忆，尤其是把整个线索提炼出来后，更有利于学生知识的掌握。

其次，提炼总结可以帮助学生复习巩固知识点，这也是记忆的一种很好的方式。学生一方面可以做到查缺补漏；另一方面也可以发现新问题，再加以解决。一个优质的提炼总结就要求学生能够熟练掌握所学知识，并对事件的发展脉络有一个清晰的认识。

再次，提炼总结可以承上启下，为后续学习做好准备。因为历史学科一般是按照事件联系或者时间顺序来进行编排的，大多数知识是系统的、连贯的，所以通过知识总结的系统化、网络化也可以帮助学生尽快接受下一步学习的新知识，促进理解掌握。

最后，提炼总结也是一种能力。通过多次提炼总结，学生逐渐掌握总结的方法和技巧，形成这种能力，既掌握了知识，又学到了学习方法和经验，在听别人总结的时候也能发现自己的不足，学到新的方法，为接下来的学习提供动力。

提炼总结实际上是对一堂课学习成果进行精加工的过程，即把零散的知识形成条理性、逻辑性的知识结构，这个过程是通过师生互动、生生互动后，由学生来完成的，从而提高学生学习效率，培养学生知识综合能力及语言表达能力的目的。

比如，八年级上册第三单元第11课《北洋政府的黑暗统治》，整节课知识点结束后，我们对其进行提炼总结：袁世凯就任临时大总统→"宋案"→二次革命→袁世凯复辟帝制→护国战争→军阀割据。

综上所述，提炼总结无论是在学习过程中，还是在生活中都是必不可少的重要方式，我们在今后的学习教学生活中，都要为学生提供必要的机会，使他们能够从事提炼总结活动。培养学生提炼总结的好习惯，让我们的学生不仅主动学习，而且会学习。进一步把这种优良做法带到以后的学习生活中，使他们一生受益无穷。

五、诊断评价

诊断评价包括诊断和评价两部分内容，但两者紧密相连，诊断完必定要评价，评价必定是在诊断的基础上。

历史学科的诊断评价有很多种，包括对知识点掌握情况、课堂表现情况以及学习过程方法的诊断评价，对情感态度价值观的形成等各方面进行全面诊断评价。在诊断评价环节，我们要全面了解学生的学习历程，对学生能够获得的知识和技能给予充分的肯定和鼓励，诊断学生在学习中存在的困难，及时调整和改善教学过程。

诊断主要以教学案上设计的达标检测为主，时间在3～5分钟左右，将一课中最重要的知识点挖掘形成题目进行检测。诊断之后即可做出评价，我们可以采取小组内互评的方式，对学生所呈现的普遍性错误及时矫正，并重新强调知识点或者教授做题方法，进行知识补救，记录测试结果，做好错题记录和分析，强化学习后效。记录结果时，我们可以采用ABCD四个等级评定，准确率在百分之九十以上为A级，百分之八十为B级，百分之七十为C级，其他为D级。这个达标检测的评价首先是小组内部进行诊断，运用小组或个人加分或减分的方式得出诊断结果。

除此之外，检测还有口头诊断评价的方式，教师组织学生以竞赛的方式口头回答问题，以此来诊断学生课堂掌握情况，但抛出的问题一定是本课重点，至少也是学生跳一跳能够到的问题，因为一堂课的知识已经学完，虽然每个学生掌握程度不尽相同，但达标检测面向的是全体学生，所以，我们在问题选择上一定要慎重，要符合学生学习水平。另外，教师也可按照实际情况让学生板演答案，以便真正实现诊断评价的意义。

第三节　“自学·释疑·达标”历史课堂教学案例

课题：人教部编版七年级上册第11课《西汉建立和“文景之治”》。

【教学流程】

模式的案例教学流程如图5-3-1所示。

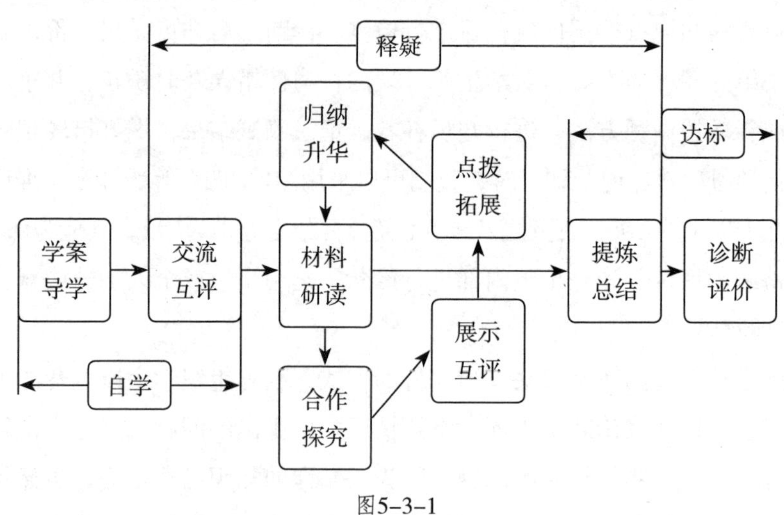

图5-3-1

【教学目标】

（1）了解西汉建立、休养生息政策、“文景之治”等基本史实。

（2）研读与本课相关的史料，做到论从史出，学会从史料中分析汉初刘邦实行休养生息政策的原因和“文景之治”出现的原因，提高透过历史现象认识本质的能力。

（3）认识汉初统治者吸取秦亡教训，政治宽厚，生活恭俭，感悟“成由俭败由奢”及“得民心者得天下”的道理。

【教学重点】

休养生息政策和“文景之治”。

【教学难点】

休养生息政策及汉初采取休养生息政策的原因。

【教学过程】

（一）自学板块，学案导学

学生活动：通过课前自主学习讨论完成学案自主学习部分的内容。

教师活动：从学生学案当中抽取样本获取预习情况反馈，有针对性、设计课堂教学。

设计意图：学生通过课前自主学习对学习内容有初步了解，培养自学能力；教师可以及时获取学生学习情况，根据学情调整教学设计，提高课堂效率。

（二）释疑板块

1. 导入新课

提问：视频讲述了哪一经典故事？

播放视频《霸王别姬》。

导入语：力拔山兮气盖世的霸王最终还是败在了刘邦手上，落得个乌江自刎的下场，谋得天下的刘邦建立了一个怎样的王朝？他又是如何治理这个王朝的？今天我们穿越千年的时光，走进《西汉建立和“文景之治”》。

教师活动：引导学生观看视频，用简洁有力的语言导入新课。

学生活动：观看视频得出问题答案。

设计意图：通过视频创设情境，营造轻松愉快的课堂氛围，激发学生学习兴趣，为下一步的课堂活动做好铺垫。

2. 交流互评

学生活动：以小组为单位讨论交流学案自主学习部分内容，统一答案准备下一步的展示；以小组为单位展示学案自主学习部分的内容，同组互评，异组互评。

教师活动：组织学生交流展示互评学案，在此过程中对学习内容与学习方法进行恰当的指导与点拨。

设计意图：交流互评既属于自学版块，又属于释疑版块，是衔接课前自主学习与课堂教学的重要环节，通过交流展示解决学生课前自主学习中遇到的简单问题，树立自信心；通过互评提高学生参与度，让学生动起来，在课堂中主动思考探究，培养学习能力。

3. 材料研读

整体感知：将教学内容分为三大板块，从整体上把握历史脉络。

天下初定　百业待兴

无为而治　休养生息

继承祖制　开启盛世

第一板块：天下初定，百业待兴。

（1）西汉建立（图5-3-2）。

图5-3-2

（2）材料研读（图5-3-3）。

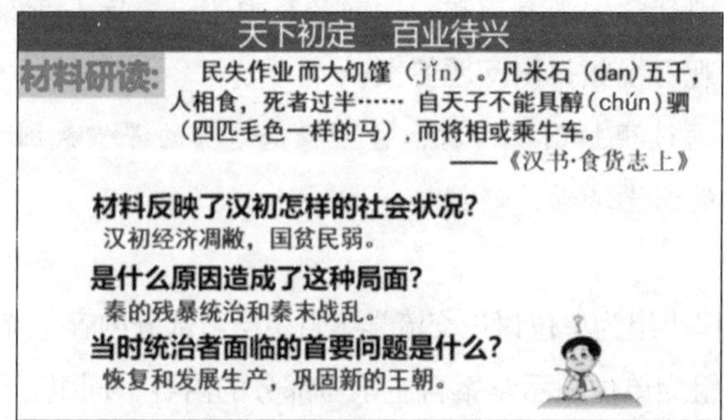

图5-3-3

学生活动：研读材料交流讨论回答问题。

教师活动：对材料研读进行指导。

设计意图：这一设计属于教学环节中的材料研读环节，通过史料让学生了解汉初经济凋敝的社会状况，为学习汉初休养生息政策做铺垫；进一步增强学生的史料分析能力。

（3）视频学史。

学生活动：观看视频，思考问题：西汉初年的治国思想和政策各是什么？

教师活动：播放纪录片《中国通史》剪辑片段（片段内容反映西汉初年无为而治，休养生息是治国思想和政策）。

设计意图：这一设计同属教学环节中的史材料研读环节，通过视频史料吸引学生注意力，激发学生学习兴趣，将晦涩的治国思想与政策深入浅出地呈现给学生，突破难点。

第二板块：无为而治，休养生息。

（1）休养生息政策概念解读。

休养生息是国家在大动荡或大变革后，实施的减轻人民负担，保养民力，增加人口，以达到恢复经济、稳定统治的政策。

（2）休养生息政策内容影响（图5–3–4）。

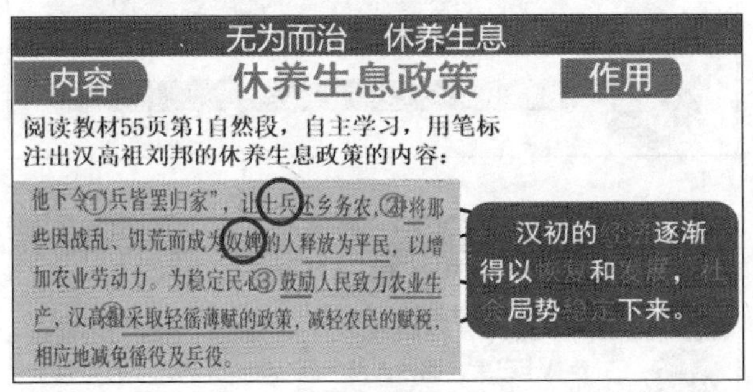

图5–3–4

学生活动：自主阅读课本，找到休养生息政策的具体内容；对找到的内容进行展示；从中体会政策带来的影响。

教师活动：指导学生进行归纳总结。

设计意图：这一设计同属教学环节中的史料研读环节，依托课本，培养学生从材料中提取信息的能力、归纳总结的能力。

第三板块：继承祖制，开启盛世。

（1）文景之治。

汉文帝、汉景帝。

（2）论从史出（图5-3-5）。

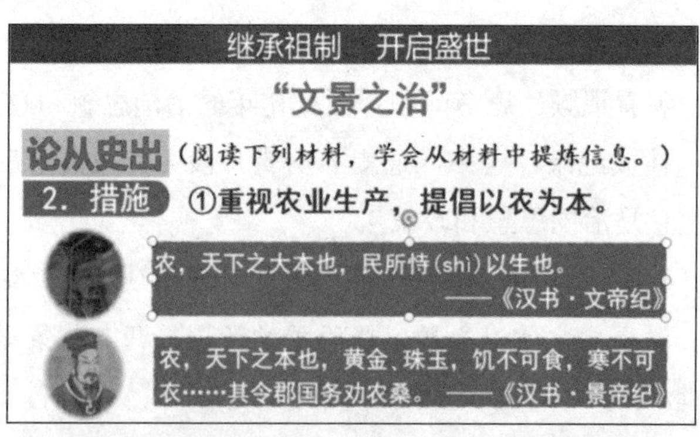

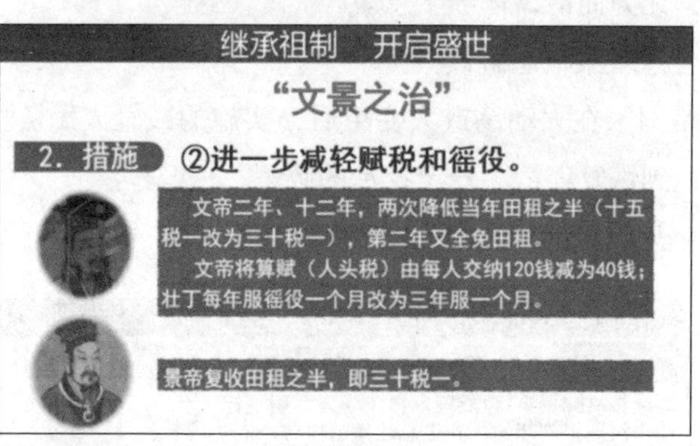

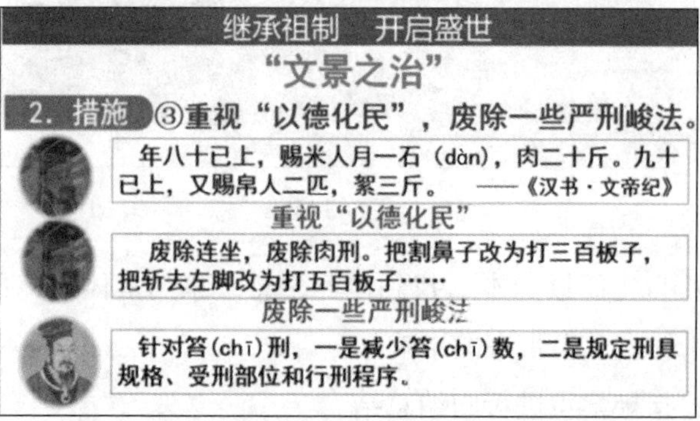

继承祖制　开启盛世

"文景之治"

2. 措施　④提倡勤俭治国，反对奢侈浮华。

孝文皇帝，即位二十三年，宫室、苑（yuàn）囿（yòu）、车骑、服御无所增益。

——《汉书·文帝纪》

治霸陵皆以瓦器，不得以金银铜锡为饰，不治坟，欲为省，毋烦民。——《史记·孝文本纪第十》

继承祖制　开启盛世

"文景之治"

提炼归纳（学会用精炼的语言归纳知识点。）

2. 措施

①注重<u>农业生产</u>；

②减轻<u>赋税徭役</u>；

③废除<u>严刑峻法</u>；

④提倡<u>勤俭治国</u>。

继承祖制　开启盛世

"文景之治"

3. 结果

吏安其官，民乐其业，畜积岁增，户口浸息。——《汉书》

政治清明
社会安定

京师之钱累巨万，贯（穿钱的绳子）朽而不可校。太仓之粟陈陈相因，充溢露积於外，至腐败不可食……——《史记》

经济发展
国库充盈

图5–3–5

学生活动：

研读材料，合作探究得出问题答案并进行展示互评。

教师活动：

① 辅助学生进行材料研读，对文帝、景帝的措施进行提炼归纳。

② 补充历史故事——缇萦救父，表现汉文帝的仁德。

③ 对比朴素的汉文帝陵墓与豪华的秦始皇陵墓，引导学生得出"成由勤俭败由奢"的道理。

设计意图：这一设计属于教学环节中的史料研读与归纳升华环节，通过史料分析汉文帝、汉景帝的治国措施，培养学生材料分析能力；通过对比文帝、景帝节俭仁德与秦始皇暴虐奢侈的不同下场，培养学生善良朴素的品质。

（3）合作探究（见表5–3–1）。

表5–3–1

合作探究通过秦与西汉农民负担的对比，说一说从秦亡汉兴的过程中，你得到什么启示？

	西汉初年	秦朝
赋税	汉高祖：十五税一 文帝、景帝：三十税一	上交收获物的三分之二
徭役	汉高祖：减免徭役 文帝、景帝：三年一事	修长城、骊山陵墓、阿房宫、灵渠等
刑罚	文帝、景帝废除一些肉刑	死刑十多种，还有族诛、连坐等
工程	勤俭节约	奢侈腐化

学生活动：根据表格提示，以小组为单位合作探究对比秦汉统治者的不同政策并谈谈从中获得的启示；以小组为单位进行展示互评。

教师活动：在探究与展示过程中对学生进行引导与点拨，并进行恰当的评价。

设计意图：这一设计包括教学环节中的合作探究、归纳升华、点拨拓展、展示互评等环节，通过上一环节的铺垫，合作探究对比秦汉统治者的不同政策、产生的不同结果，从而得出暴政亡国，仁政立国；成由俭，败由奢；得民心者得天下，要减轻人民负担的道理；让学生认识到人民群众对历史进程的重要作用，树立唯物史观。

第四版块：达标版块。

（1）提炼总结（图5–3–6）

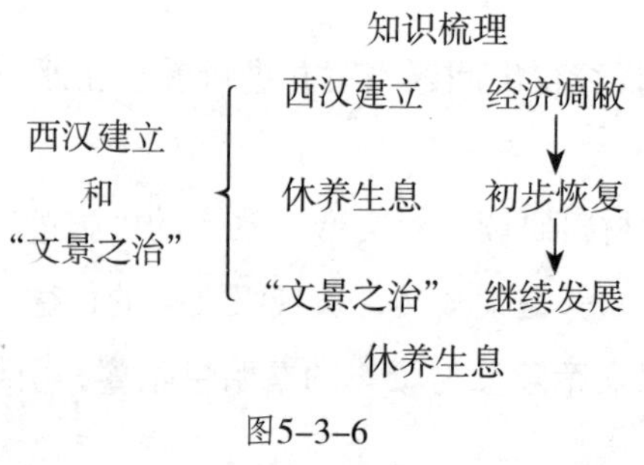

图5–3–6

学生活动：梳理归纳本节课重要内容与重要线索。

教师活动：辅助学生对整节课的内容进行提炼总结，进一步揭示历史事件之间的内在逻辑。

设计意图：这一设计既属于释疑版块，又属于达标版块，属于教学环节中的提炼总结，通过梳理让学生对整节课的内容有明晰的认知，形成整体的知识结构，理解历史发展的脉络，从宏观上认识历史。

（2）诊断评价

学生活动：规定时间内完成学案达标检测部分内容并纠错。

教师活动：

① 规定检测时间。

② 提供参考答案。

③ 组织学生纠错并进行点评，对学生无法解决的问题进行讲解。

设计意图：这一设计属于达标版块，属于教学环节中的诊断评价，以测试形式检验学生的学习成果，查漏补缺，进一步巩固所学内容。

【教学反思】

这节课从整体上看，将内容分为“天下初定，百业待兴；无为而治，休养生息；继承祖制，开启盛世”三个板块。用板块将内容分割，一方面能够精要地概括整节课的内容；另一方面也能层层递进地展示出汉初的历史发展脉络，并且简单揭示出重点内容“文景之治”出现的原因。

在整节课最重要的释疑板块，教师运用了阅读课本、视频学史、论丛史出等手段，这些教学手段都紧扣教学模式中的材料研读环节，运用丰富多彩的史料引起学生的探究欲望，并且运用了自学、合作学习、教师指导等多种教学方法，培养学生的自主学习能力、合作探究能力、思维拓展能力等。课程设计避免了传统教学中不顾学生特点的弊端，紧扣新课程改革的理念，立足于构建主义的教学理念，将发现学习、有意义的接受学习等学习方式互相结合，促进了学生能力的不断发展。

在达标环节，教师先是简明扼要的梳理线索，再是高效地通过学案进行达标检测。这样设计一方面直观地反映学生的学习状况，有利于下一步教学的开展；另一方面达标的过程也是巩固复习的过程，有利于学生巩固课堂学习成果。

参考文献：

［1］赫尔巴特. 普通教育学［M］. 李其龙，译. 北京：人民教育出版社，2015.

［2］应纯. 核心素养在高中历史教学中的落实［J］. 中学教学参考·语英版，2020（9）.

［3］陈志刚，郭艳红. 从历史学科特点析历史教学的本质［J］. 淮北煤炭师范学院学报（哲学社会科学版），2007（3）.

［4］高金毕. 家国情怀在课堂中的渗透［J］. 文学教育下半月，2020（2）.

［5］黄赛男. 应用多元史观培养学生历史核心素养［J］. 中学教学参考·语英版，2019（8）.

［6］周伟. 高中历史教学中学科核心素养的培养［J］. 教学研究，2020（35）.

［7］曹黎明. 核心素养在高中历史教学中的解读与落实［J］. 中学教学参考，2018（22）.

［8］蒲石平. 浅谈初中历史教学对历史核心素养的解读［J］. 焦作师范高等专科学校学报，2017（2）.

［9］钱晓平. 基于历史学科特点的高效教学策略探析［J］. 中学教学参考，2014（34）.

［10］施建琴. 紧扣历史学科特点，提高教学有效性［J］. 教育观察，2014（27）.

第六章

物理学科
课堂教学模式的构建与解读

义务教育物理课程旨在提高学生的科学素养，让学生学习终身发展必备的物理基础知识和方法，养成良好的思维习惯。在物理教学中，既要让学生学习科学知识，又要增强其能力，培养其科学态度与科学精神。

课堂教学是实现课程目标的重要环节。在课堂教学中教师应根据教学目标、学生特点及教学环境等采用灵活的教学方式。《国家中长期教育改革和发展规划纲要（2010—2020年）》指出，“注重学思结合，倡导启发式、探究式、讨论式、参与式教学，帮助学生学会学习”，不同的教学方式有其不同的功能，只有综合使用多种教学方式，才可能更有效地教学。另外，学习的意义最好让学生去发现，而不是简单地给予，富有探索性的物理学习实践是发现物理现象背后意义的关键。而物理学科模式就是指一种课堂教学方式，主要从学习者个体发展的需要和认识规律出发，提出以“自主教育”为指向的探究式学习。

第一节　模式的探索与形成

《基础教育课程改革纲要（试行）》强调："改变课程实施过于强调接受学习、死记硬背、机械训练的现状，倡导学生主动参与、乐于探究、勤于动手，培养学生搜集和处理信息的能力、获取新知识的能力、分析和解决问题的能力，以及交流与合作的能力。"

"自学·释疑·达标"课堂教学模式实施十几年来，我们通过多次的调研，深入一线的课堂观察和访谈，该模式在物理课堂得到了扎实有效的推进，课程改革成效显著。同时我们也发现"自学·释疑·达标"课堂教学模式在物理课程中尚有进一步完善的地方，如如何有效地从生活现象中提取有价值的物理问题，如何进行探究性学习获取知识和应用知识等。为了提高物理课堂教学的高效性，我们在"自学·释疑·达标"课堂教学模式的继承与发扬的基础上，构建了物理学科模式。

一、为什么要构建物理学科模式

物理学是由事实、概念、规律与方法构成的系统化理论体系，其本身具有内在统一性。物理课程和教学实践一直有重视基础知识与基本技能、重视知识系统性与完整性的传统。但在应试教育的压力下，教师往往更关注考试说明文件中列举出的大量的具体知识以及相应的试题，使学生头脑中填充了大量零散的知识，而缺乏围绕物理概念对知识合理的组织，进而，影响了学生应用知识解决问题的能力，遇到陌生问题时缺乏思维的框架，加重了学生的学习负担。因此，我们必须引导学生系统领悟物理知识，并从整体上构建物理学科模式。

1. 物理学科特点的需要

初中阶段，学生初次接触物理课程，对物理的学习处于起步阶段，这个阶段的物理课程通过从自然、生活到物理的认识过程，激发学生的求知欲，让学生领略自然现象中的美妙与和谐，培养学生终身的探索兴趣；通过基本知识的学习与技能的训练，让学生初步了解自然界的基本规律，使学生逐步客观地认识世界、理解世界；通过科学探究，使学生经历基本的科学探究过程，学习科学探究方法，发展初步的科学探究能力，形成尊重事实、探索真理的科学态度；通过展示物理学发展的大体历程，让学生学习一些科学方法和科学家的探索精神，关心科技发展的动态，关注技术应用所带来的社会进步和问题，树立正确的科学观。

新课标将全面提升学生科学素养作为物理课程的定位，从“知识与技能”“过程与方法”“情感态度与价值观”三个方面提出了课程目标。从物理课程的发展变化可见，中学物理课程的目的越来越明显地定位于学生的全面发展，培养学生的科学素养；物理课程内容越来越关注与学生生活、现代社会和科技发展的联系，关注学生的学习兴趣与认知特点，精选学生终身发展必备的基础知识与技能；教学方式更加倡导学生主动参与、乐于探究、勤于动手，更加注重培养学生收集和处理信息的能力、获取新知识的能力、分析和解决问题的能力以及交流与合作的能力。

基于此，我们认为，在所有教学活动的背后，都存在着激发学生学习动机的问题。教学不再仅仅是指人们必须学习某种东西，更意味着教师有目的地引导学生投入积极的学习状态。因此，在学校模式的基础上，我们将激发动机单独列出成为一个环节，并将其作为教学的起点。

把教学的起点定位于关注学生的学习动机上，对于我们从“把教学只当作传授知识或演示技能”这种传统观点中解放出来，无疑是很重要的。学生各种学习任务在性质上是极不相同的，而在不同的领域（如概念、信仰、技能、习惯、态度等）的学习特点差异明显，学习过程也各不相同。但万变不离其宗，只有引起学生的学习动机，如此众多的学习形式、教学活动才能产生效果。再者，在某些场合，我们所要求的学习任务适合于学生通过自己的摸索、体验来完成。给学生自行决定活动程序的机会，或让他们先自己发现问题，然后再加以条理化的机会理应成为教学活动的一部分。激发学生的学习动机，意味着把学生置于教学活动的中心，将立场拉回到作为教学活动出发点和落脚点的学生身上。换言之，没有学生的参与，教学无从谈起。只有切实满足了学生在认知、情感等方面的需求，我们才能使教学活动具有不竭的动力。

实地的课堂观察发现，教师的课堂教学改变了以往仅仅重视知识结果的教学，更加注重客观地展现物理现象和物理过程，注重引导学生在一个个物理问题情境中获得概念，发现规律，深化理解，从中体会科学探索的过程，发展探索兴趣、能力及创新的意识，并充分体会物理课程的意义和教育价值。

2. 师生教与学的需要

物理课程标准提出，“注重全体学生的发展”“从生活走向物理，从物理走向社会”“注重科学探究，注意学科渗透”“注重评价改革导向，促进学生发展系”等课程核心理念。

教学过程是教师的教与学生的学的交往、互动过程，师生双方相互交流、相互沟通、相互启发、相互补充的过程。在这个过程中，教师与学生分享彼此的思考、经验和知识，交流彼此的情感、体验与观念，丰富教学内容，求得新的发现，从而达到共识、共享、共进的目的，实现教学相长和共同发展，因此，教师备课、讲课、反思都应从学生出发。如何让学生以最佳的状态接受知识是提高教学质量的关键所在。

探究学习不仅能激发学生求知欲和好奇心，而且能促进学生理解科学知识、掌握科学方法、发展科学思维、培养科学精神。例如，有教师谈到课堂教学要完成知识向能力的转化，教学过程中要让学生自己去品尝解决实际问题的甘露，让学生成为学习的主人。在学生评价上，教师们普遍认为，对学生的评价应全面，特别要重视对解决实际问题的能力、创新意识、动手实践能力、科学精神等方面综合素质的评定；不仅要有对学习结果的评价，更要注重过程性评价；评价要考虑学生个体之间的差异性。

物理作为一门以实验为基础的学科，教学内容和教学方式都很灵活，肩负着培养学生的学习能力和全面提高素质的重任，所以学生的学习状态尤其重要。如果教师只是站在教的角度设计教学，则教学效果必然不佳；如果站在学生的角度设计教学，则有利于提高教学效率和质量。学生能力的提高、智力的发展都必须依赖于课堂教学这一载体，如何探索提高课堂效率及教学质量的模式、途径和方法就成为我们思考的问题。

基于此，我们认为学案导学功能既是实现学生自主学习的关键环节，又是实现教师教学“形散而神不散”的依据。教师提前将教学案印发给学生，学生以教学案为依据，以学习目标、学习重点、难点为主攻方向进行自学。在教学案中，教师对学生的学习方法进行适当的指导，让学生掌握粗读、细读、精读教科书的方法，养成边读、边思考、边动笔的习惯，让学生清楚可以通过哪些方式去探究新知（如阅读教材、动手实践、画出图形、查阅资料交流讨论等），提高学生主动学习的能力。不仅如此，教学案还可以在课堂上引导学生认真思考，找出问题错误的关键，指导学生进行下一步的学习，帮助学生总结知识规律，标注重点，用好教学案的备注栏，标出自己尚存的疑问，让学生带着问题走进下一环节。

这样，教学案一方面能使学生逐步养成良好的预习习惯，掌握正确的自学方法；另一方面又能逐步培养学生自主学习的能力。而教师也在尊重教材和教学案的前提下，加入自己创新性思维，发挥个性化教学方式，旁征博引，展现丰富学识，更好地激发学生的学习欲望，培养其独立自主的性格。可见，教学案既是教师教学的依据，更是学生学习的主线。因此，在学校模式的基础上，我们将学案导学贯穿于课堂始终，作为教学的主线。

通过多年的实践，我们认为学案导学不仅培养了学生自主学习的习惯及能力，还为学生课堂上的展示做了充分准备，也为教师的下一步引导点拨提供了起点。在课堂上，“东张西望”的学生少了，“眼神迷茫”的学生也少了，因为大家都知道什么时间干什么。

3. 学校模式再发展的需要

在深切感受到学校“自学·释疑·达标”课堂教学模式为教师和学生带来巨大进步，看到“名师引领”和“小组合作”凸显出的学校面貌、教师气场、学生素养等方面的改变时，我们也常常以旁观者的身份来审视自己的工作，以跳出模式看模式的眼光自评工作，在不断的反省中再深一步思考，能不能再通过自身的努力，走出一条属于物理学科的路子，达到一定的高度。这时，就需要重建学科自身的自我发展机制。发展是模式的根本问题。在构建物理学科自我发展机制时，我们认为对教学模式的探讨是联系新课程标准和物理教学实践的桥梁。下面从物理学科教学模式构建的思路进行阐述。我们认为，物理学科教学模式主要做到了“四个着眼”：着眼于教学思想，着眼于教学目标，着眼于教学程序，着眼于教学的主客体；“两个追求”：追求教学设计的更高立意，追求因材施教的理想。

二、物理学科教学模式构建中的困惑与误区

1. 关于科学探究

探究教学是物理新课程所倡导的，与传统接受式学习相比，探究性学习更注重学生的能力发展和综合素质的提高。物理教师们在积极探索和实践中存在着许多困难和疑惑，如怎样的教学才符合科学探究的思想？在探究过程中如何发挥教师的指导作用？探究活动的目的是否明确，其有效性应怎样评价？如何考查学生的探究能力？等等。

教学模式所倡导的自主、探究、合作等新教学方式在实施过程中也出现了一些问题。虽然教师给了学生更多的思考与活动的空间，学生的学习也积极性大大提高，但从教学过程来看，教师既要活跃课堂气氛，又要注意教学效果；既要强调学生动手做，又要注意不能将讨论、交流、合作流于形式，缺乏促进问题解决的思维活动。此外，教学情境设计的生活化追求、情境与内容缺乏本质联系。

2. 关于学生学习评价

建立促进学生全面发展的评价体系，了解学生的发展需求，帮助学生认识自我、建立信心，发挥评价的教育功能，促进学生在原有水平上发展，是学生发展性评价的基本内容。

教师们认为，现有的学生学习评价在操作性和可行性方面还有待提高，因为评价内容偏简单，缺乏评价的具体指标、操作指导、案例、学生的日常表现记录范例等；对学生的探究过程缺乏具有可操作性的评价指导；面对学生数过多的班级，实验动手、小制作、小发明、小设计等的评价工作量偏大，实施难度大。

教师在学习评价的实施过程中，也存在诸多困难和疑惑：在学生的学业评价中如何体现过程性评价，难以把握；如何选择合适的评价方式，及时向学生反馈评价结果；如何有效发挥评价的激励作用；等等。

在学校模式的基础上，我们将“提炼总结”和“诊断评价”两个环节整合为“学有所得”环节。

物理课堂教学模式倡导多种评价方法，客观、公正地评价学生的学业成绩和发展状况，学生学习所得的范畴是广泛、丰富的，而并不仅仅只是纸笔测试所得到的成绩。知识和内容的掌握只反映了学习所得的一个重要方面，我们更应该看到，教学带给学生的是全方位的发展情境。学生从教学中获得的还可

能是审美体验的升华或思维方式的改进，这些在学生成长途中的作用亦至关重要。因此，我们需要立体、综合地关注学生学习所得。

三、模式的形成及简要概说

科学探究式教学就是让学生模仿科学家进行科学研究时的方法，去探索未知规律，从中领悟科学的思想和方法，领悟科学家探究自然规律时所进行的各项活动。图6–1–1是我们初期形成的物理学科课堂教学模式框架图。

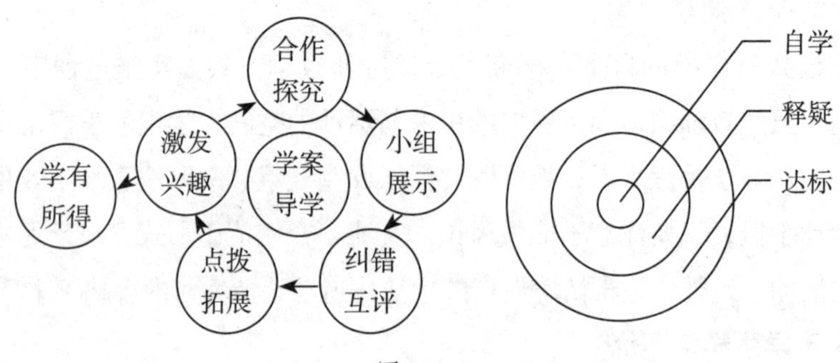

图6–1–1

然而，学习物理的目的是用物理学的知识和方法来解决学习、生活、工作中的问题。《义务教育物理课程标准（2011年版）》在课程目标中首先就指出，学生应该"在分析题和解决问题时尝试运用科学知识和科学研究方法"，也就是我们通常所说的"从生活中来到生活中去"，要让学生学会用物理知识和方法来解决问题。教师们认为，物理学科课堂教学要落脚在学有所得上。因此，我们将物理学科课堂教学模式进行完善，如图6–1–2所示。

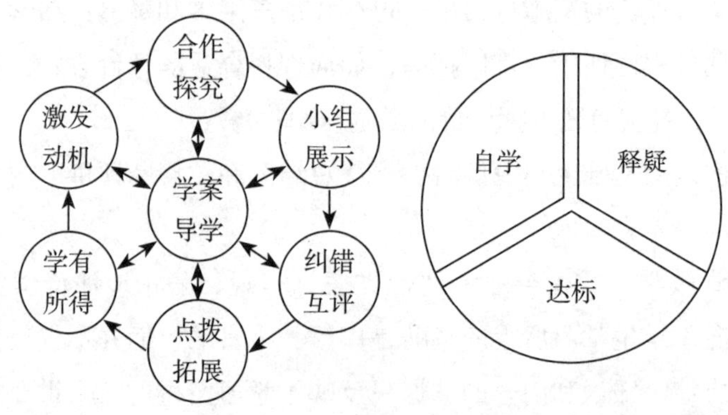

图6–1–2

通过实际教学，物理学科模式始于激发动机终于学有所得，增强了学生运用物理知识和方法解决问题的意识，使学生加强了物理学科与生活、社会的联系的体验，解释了生活中的物理现象，分析了实践中的物理问题，让学生在看到这些现象、遇到这些问题时，会自然地联想到曾经应用过的物理知识和科学方法，建立情境、问题与知识、方法的联系。

那么，什么是物理学科下的“自学·释疑·达标”课堂教学模式呢？简而言之，它是在学校“自学·释疑·达标”课堂教学模式的基础上适合物理学科的课堂教学模式。“自学”是指学生在物理教学案指导下的自主学习，“释疑”是指在师生、生生之间进行的点拨、释疑，“达标”即当堂完成学习目标，学有所得的达成。

具体而言，物理学科模式是指以物理教学案为主线，以学生的自主学习为基础，在探究性学习中，充分发挥教师的引导作用，在师生、生生互动中对教学问题进行点拨释疑，有效帮助学生理解学习重点，破解学习难点，当堂完成学习任务，达成学习目标，培养全体学生的科学素养的学习过程。该模式遵循循序渐进的教学原则，其基本结构分为：课前自主学习和课堂教学两大部分；自学、释疑、达标三大板块；学案导学、激发动机、合作探究、小组展示、纠错互评、点拨拓展和学有所得七个环节。其中，学案导学为课前预习和课堂教学的“对接链”，使二者合为一体。自学就是学案导学环节，释疑包括激发动机、合作探究、小组展示、纠错互评、点拨拓展五个环节，达标就是学有所得环节。三大版块相互兼顾、相互关联。

四、学科模式的优势与特点

1. 物理学科模式实现了从传统物理教学到基于核心素养的物理教学的转变

物理教学通常是以知识为线索展开的，这就容易导致教师把教学重点放在知识的讲授上，而忽视物理课程的育人功能。通过实践，我们在设计教学案和利用物理学科模式开展教学时以物理核心素养为导向，将物理观念、科学思维、实验探究、科学态度与责任等要求，自始至终贯穿在教学活动之中，使物理教学过程成为学生核心素养的形成过程。

传统教学重视结论应用，轻视思维过程。如何提高学生的思维能力？物理学科模式以学生已有的经验为基础引入相关的物理问题，建立起学生已有知识与将要学习的知识间的联系，唤起认知思维，激发学习动机，使学生进入探索者的角色，作为学习主体参与到学习活动之中。在科学探究中，我们不仅让学生通过合作探究发现某些规律，而且注重在探究过程中发展学生的探究能力，提高学生的探索兴趣，通过点拨拓展增进学生对探究本质的理解，培养学生科学态度和科学精神。

教师在教学活动中以学案导学为主线，选取与所学内容密切相关的、典型的、学生感兴趣的素材，用生动活泼的语言展示物理概念和规律以及其中的科学思想和方法，展示应用物理知识的情境，使学生对所学的内容有兴趣、有亲切感。

2. 物理学科模式实现了从传统评价观到发展性评价观的转变

《基础教育课程改革纲要（试行）》指出，要"建立促进学生全面发展的评价体系。评价不仅要关注学生的学业成绩，而且要发现和发展学生多方面的潜能，了解学生发展中的需求，帮助学生认识自我，建立信心。发挥评价的教育功能，促进学生在原有水平上的发展"。这就是学生发展性评价观的基本内容。

传统的评价过于单一、过分关注学生的学业成绩，评价方法也过于单调，将纸笔测验作为主要的评价手段，容易使学生不断地尝到"失败的痛苦"，挫伤学生的自信心和自尊心。实践中，我们既可以通过课外小实验、收集资料、阅读预习或书面练习等作业，教师根据学生完成作业的质量，判断学生的知识掌握情况、学习能力和学习态度等，了解学生的发展水平，并以此作为改进和调整教学的一个重要依据；其次，可以通过口试、纸笔测验和现场操作等测验，发现学生学习中的问题；再次，可以通过学生的调查报告、小论文、研究性学习成果、小发明、小制作等作品，体现学生综合应用知识和技能解决实际问题能力，增强学生的自信心和成就感，通过学生、同伴、教师等多主体共同参与的评价，让学生学会欣赏并学习他人，反思自己作品的不足，大胆提出进一步改进的方案，发展学生的综合能力。最后，我们运用成长记录的方式，收集学生成长过程中的材料，如作业、调查报告、小论文、作品等，记录学生发展变化的轨迹，使教师能够对学生发展状况有清晰、全面的把握，促进学生的自我反思，激励学生的进步。

第二节　模式的环节解读

“自学·释义·达标”课堂教学模式，在每个学科教学中都能起到指导和引领的作用，但由于每个学科的教学都有不同的学科特点，所以该模式在各科教学的具体运用中，又有不同的方法和技巧。根据我们多年来对“自学·释义·达标”课堂教学模式在物理教学中应用的探索和实践，逐步形成了学案导学、激发动机、合作探究、小组展示、纠错互评、点拨拓展、学有所得七个教学环节。这七个环节贯穿整个教学过程，每个环节既彰显各自功能，又互为一体，充分体现“自学·释义·达标”课堂教学模式在物理教学中发挥的作用。下面我们就从以上七个环节来详细解读和分析该教学模式在物理课堂教学中的具体应用。

一、学案导学

教学案集教师的“教”和学生的“学”于一体，既是教师的教案又是学生的学案，既是学生的笔记又是学生的作业。教学案让学生真正成为学习的主体，成为自主学习的自发组织者、评判者。教学案是“自学·释疑·达标”课堂教学模式的载体。

学案导学是实现自主学习的关键环节。教师要至少提前一天将学案发给学生。在学案的引导下，学生以学案为依据，以学习目标、学习重、难点为主攻方向进行自主学习，懂得通过哪些方式去探究新知（如阅读教材、动手实践、画出图形、查阅资料、交流讨论等），完成教学案上的自主学习内容。教学案能引导学生在课前和课上认真深入思考和交流，也能让学生找到问题错误原因的关键，同时整理生成新问题。在自主学习中，学生能解决的问题自己解决，能自己归纳的规律自己归纳，培养了学生自主学习的习惯，提升了学生独立思考能力。学生自主学习解决不了的问题可以在小组内讨论寻求解决，有利于学生形成合作意识，建立深入合理的合作交流机制。学案导学，鼓励学生通过圈点标记深入钻研，发掘实质性的、规律性的内容，培养了学生善于分析、总结的意识。学案导学有利于学生进行下一步学习的规划。例如，教学案组成部分之一“备注栏”，可以方便地记录学习的体会和尚存的疑问，有利于学生带着问题走进下一学习环节。围绕教学案，教师也可以对学生学习方法进行指导；可以让学生学会掌握粗读、细读、精读学习方法，学会标注重点，培养学生边读边思考边动笔的习惯；上课前教师能根据学生自主学习情况进行二次备课，有利于教师掌握学生的真实需要。

通过多年的探索和实践，我们发现学案导学有如下重要作用：①能让学生逐步养成良好的课前自学习惯；②能培养学生善于课前深入思考和分析的习惯；③能提高学生独立自主的学习能力和合作交流意识；④能为教师的点拨提供起点。可见，教学案既是教师教学的核心，又是学生学习的主线。

总结学案导学的具体作用可以从以下方面理解和操作：

1. 导流程

在学案导学流程的引导下，学生清楚在什么时间该做什么，因此学习环节变得紧凑，学习效率大幅提高；避免了部分学生学习漫无目的、无所事事促进了学生良好学习习惯的养成。

2. 导思路

学案导学不是让学生一味做题，而是让学生不断思考，因此教学案不能设计成“习题集”，做题是平台，思考才是目的。

3. 导方法

良好的学习方法是在学习的过程中发现的。因此，教学案的设计要注重学习方法的积累和归纳；好的学习方法最终形成好的学习习惯、交流的习惯及思考的习惯等。

4. 导规律

知识之间的规律要导出来，这样知识的学习才能升华，才便于学生记忆、理解和应用。

5. 导问题

“教不会的学生，教学生不会的地方”，找出两个“不会”是教学案的设计的重点。很多教师很善于提出问题，而忽视了让学生提出问题的价值。

二、激发动机

激发动机是课堂教学实施的起点，主要是依据学生的学习基础、学习背景，创设学生学习情境，把学生带入教学中，以培养学生自主探究的科学精神，培养学生自主发现问题、分析问题和解决问题的能力。在教学中，教师一般可以从以下几个方面激发学生学习动机，例如，演示实验、学生活动、小魔术等。

1. 演示实验激发学习动机

我校王老师在执教上海科学技术出版社八年级物理6.5节“摩擦力”这节课中，做了一个很有吸引力的演示实验“听话的土豆”，效果及其显著。王老师课下在一个土豆上对穿了一个v形空，穿一根细棉线，由于土豆和棉线之间摩擦力很小，老师拿着穿有棉线的土豆几次上下翻转，土豆都在重力的作用下下滑，但是当老师每次发出停止的口令时，听话的土豆就即时悬停在竖直的棉线上，非常神奇。看到这种现象后，学生非常激动，急切地想知道为什么，对学习的内容充满了期待，学习动机全都被激发出来了。接下来的课堂学习过程学生热情高涨，他们自主探究欲望非常强烈，课堂教学效果显著。

2. 学生活动激发学习动机

我校刘老师在执教上海科学技术出版社八年级物理“8.1压力的作用效果”这节课时，为了点燃学生的学习热情，激发学生的求知欲，精心准备了一项学生活动。课前准备了两个外观一样的空茶叶盒，一个去盖，另一个封盖，分别找一个强壮的男生和一个瘦弱的女生（老师安排女生按压没盖的茶叶盒），比赛把两个茶叶盒竖立插入盛满沙子的塑料盒里，在规定的时间内按压较深的为胜。为了增加气氛，课堂配以动感的音乐，结果女生很快获胜，大家既感到震惊，又感到极大的疑惑。学生对学习压强产生了浓厚的兴趣，有效激发了学生学习的动机。

激发动机，目的是激发学生的学习兴趣，吸引学生注意力，让学生产生良好的情感体验。教师根据学生已有的认知结构和思维水平，在探索物理规律的过程中设置一个个彼此相关、循序渐进地探索性问题，通过连续提问，诱导学生去发现问题、分析问题和创造性地解决问题。在这种方式下，教师根据课题和学生的特点，通过联系生产与生活实际、小故事演示实验或对学生已有知识的拓展深化等手段，以问题为引子，引导学生关注物理现象、过程，让学生置身于问题情景中，自主发现问题存在的客观性和规律探究的价值性，从而激发学生的创造欲望，引导学生自主学习，构筑知识探究课堂。问题的设计要让学生如鲠在喉，弓箭在弦，情动辞发，这样才能达到最佳效果。

三、合作探究

合作学习是学生在小组中为了完成共同的任务，有明确的责任分工的互动性学习。合作学习有助于培养学生的合作精神、团队意识。合作学习既要完成一定的学习任务，更要学会如何合作，学会合作对一个人的一生都会产生深远影响。事实证明，要提高一个学生的学习成绩，更有效的办法是激发他的情感和意识，而不是单纯强化他的学习。小组合作探究教学是在班级授课教学组织形式的前提下，以学生异质小组为基本形式，以小组成员合作探究活动为主体，小组目标达成为标准，小组总体成绩为评价和奖励依据的教学模式。

1. 组建结构合理的合作学习小组

在开展初中物理小组合作学习中，合理分组是至关重要的。小组成员间结构的合理性程度会直接影响到小组合作学习的效率。较为合理的分组方法是：①每组同学以4 ~ 6人为宜；②依据学生的知识结构、能力层次、特长、性别等，进行合理搭配，使各小组都成为一个综合的、整体水平均等的小组；③小组自己确认或以教师委派的方式选派首任组长。

2. 小组合作探究中成员角色的分配

初中物理课堂主要类型有一般新授课、典型实验课、复习课、试卷（习题）讲评课等。不同的课堂类型，成员角色的分配不同。恰当分配角色对于合作学习很重要。除了小组被分配专门的任务之外，通常小组成员也要被分配进行专门的角色活动。合作学习活动的成功取决于教师对角色的期望和角色任务的传达，以及必要时对它们的设计。例如，在探究浮力的大小与哪些因素有关的实验中，为了节约时间，教师可以把探究浮力与密度的关系、探究浮力与物体排开液体体积的关系、探究浮力与物体浸没在液体中的深度的关系三个任务，分别分配到不同的小组。而每个小组的成员也要有明确的角色，如实验组织者——指导小组成员的分工，实验操作者——具体操作实验，实验记录员——记录实验数据或实验现象，实验分析员——实验数据或实验现象的分析，实验总结者——公布数据和结论。小组成员有了明确的角色分工，小组合作学习才更加有序而高效。

3. 小组合作探究中教师的角色定位

在小组合作探究环节，教师不能把自己视为局外人，教师的角色定位及其主导作用非常重要。与传统教学法相比，小组合作探究对教师的要求不是降低，而是提高了。它要求教师不仅要对教材内容有充分的把握，而且要对课堂形势有很强的研判与驾驭能力。正如一部电影，质量的关键取决导演。同样一堂课的好坏也取决于教师主导作用的发挥。教师正确的角色扮演，可以提高学生合作探究学习的技巧和质量。在合作探究环节，教师应是合作学习的精心设计者、强有力的组织者、循循善诱的引导者、平等的参与者。

4. 构建科学合理的评价机制

科学合理的评价机制对于小组合作学习起着关键性的作用，如果评价不合理，小组合作学习的积极性会受到严重影响，反之，效果倍增。在对学生进行评价的过程中，我们不能简单粗暴地判别出优劣好坏，正确的引导和恰当的激励才是最重要的，这也是新课程标准所明确倡导的。例如，教师不要吝啬对学生的表扬。对于学生精彩的回答、合理的提问，要适时给予赞许的目光和鼓励的语言，这是最为必要的。或许教师一个简单的微笑，又或许一句赞同性的评价都会树立起学生的自信心，增强他们对教师的认同感，从而转化为对学习的强大内驱力，使其更加热爱物理的学习。评价的方式，应当是多样性的，教师需要多元化地去评价一个学生。只有这样，学生的情感、态度、价值观才会得到全方位的培养。

四、小组展示

“生命因展示而自信，课堂因展示而精彩。”展示是高效课堂的重要环节，是检验和评价学生学习方式方法、学习成果、学习效果的核心。展示效果的好坏决定着课堂高效的成败。展示是学生学习成果的表达、证实、展现和提升。展示过程是一个生生之间、师生之间互动学习的过程，展示可以让课堂更生动，展示可以让学生更有激情，展示可以开拓学生的视野，展示可以夯实基础、拓宽知识面。

1. 小组展示的要求

规范流程，注重模式。在初期，教师要树立学生展示的自信，规范物理学科展示用语，培养学生良好的展示习惯，固化小组展示流程，如此才有利于学生在初始阶段迅速进入角色，保障课堂的节奏，提高课堂效率。在课堂展示过程中，学生以小组为单位，按照顺序进行，展示顺序一般可按照所展示的知识板块在教材中的先后顺序进行。

注重细节，积极互动。在展示中，如果学生展示不到位的、不完善的，教师要在赞同的基础上，引导同组的同学先去补充，这样可以让同一个小组展示得更全面，也方便学生在同一角度对知识理解得更透彻，同组不能解决的问题，再引导其他小组解决。学生展示时要面向全体同学，姿势端正，声音洪亮，吐字清晰，表达条理，因果逻辑不能颠倒。例如，提到电流与电压的关系时，只能说：电阻一定，电流与电压成正比，而不能说电压与电流成正比，逻辑顺序不能乱。

根据展示的内容，教师也可以组织小组间进行挑战对抗、互动，完成展示环节。

广泛参与，共同发展。在教学中，教师在学生每次展示时都会发现，各组成绩优秀、能力强、心理素质好的学生更愿展示，机会最多，这样就使落后生受到了冷落，长期下去，不利于合作共赢，均衡发展。为此，教师可以引导小组制订规则，课堂上小组成员轮流展示，提高组员的参与度，确保学生均衡发展；要发挥小组长的作用，组织协调组内优秀生帮扶落后生，把相对容易的展示任务分配给落后生，帮助他们树立信心，确保学生共同提高。

2. 小组展示对教师的要求

教师要努力提升自身专业素养，在课堂中不断提升倾听和研判的能力，在学生展示中努力做到干预不干涉；课前要对学情充分调查，做好三次备课，充分预设问题，做到心中有数；要深入小组指导制订切实可行的展示方案，从展示的方式、方法、顺序、展示者的姿态、语言等方面，给予点拨，提醒学生注意展示细节，帮助学生预测在展示过程中可能遇到的困难，制订好相应的对策；要指导学生做好倾听、补充、评价。在课堂上，教师要根据实情，合理安排小组展示顺序，把展示、听展、评价有机结合，调动全体学生广泛参与展示，尤其鼓励和组织落后生积极参与展示，提高参与度，共同发展。对于小组展示不到位的问题，教师通过追问、引导、启发、点拨，组织有效的生生、师生互动，深化问题，揭示问题实质；对于群体性的质疑，要及时交流或点拨，实现对课堂展示的有效引导。

3. 小组展示对学生的要求

学生在展示时必须具备基本的礼仪，姿态端正规范，大方得体，面向全班学生；表情自然放松，肢体语言丰富而不矫揉造作；板面展示时，不能遮挡展示内容，上台和离开要迅速、安静、有序、不拖拉。学生在口头展示时，要说普通话，声音洪亮，吐字清晰，语言准确，不重复不啰唆。要学会倾听，学生在展示时，其他学生必须停止组内的一切交流活动，专心倾听展示内容，小组展示完毕后，再补充和点评。如果学生没按要求做到，教师要随时提醒，严格要求，并做好评分记录，培养学生倾听的习惯与能力。教师可以每节课或每周评选几个最会倾听的小组或最会倾听的明星，以促进全体学生倾听习惯的养成。学生书写要认真、规范、整洁。小组内展示时，小组成员可轮流书写记录，以提高书写的能力；学生在展示时，其他学生要边听边记，及时记录重点内容和疑难问题，以便交流；板演时要用双色笔，重点突出，条理清晰，预留部分板面，方便更正补充点评。在展示活动中，学生要通过细心的倾听和观察，主动思考，及时发现问题，随时准备质疑与点评。

4. 小组展示的类型

组内小展示。它是由小组长组织在组内进行的展示，展示对学中尚未解决的问题或一些生成性的问题，解决的是最为基础的问题。小组长将组内交流还未解决的问题经汇总后学习组长汇报给老师，便于教师把握学情，为班内大展示做好铺垫。

班内大展示。展示时小组选派代表在班内展示带有共性的问题、易错的问题。对于小组内不能解决的问题，教师要引导小组间进行补充和交流讨论，并给予必要的点拨。对展示不到位的，教师要追问、点拨、启发，使问题充分解决。

5. 小组展示的方式

在课堂中，如果无法调动学生的学习积极性，久而久之，再诱人的课堂也会淡然无味。只有多元化的展示形式，才能让平凡的课堂一浪胜过一浪。常用的小组展示形式有：

口头展示：内容包括物理概念的形成、现象的描述、实验结论汇报等。

书面展示：规律的总结、推理、探究的过程等，可以利用投影展示。

黑板展示：内容包括例题的解答等，通过黑板板书能及时发现问题。

实验操作展示：实验操作演示对于小组内的协作能力是一种锻炼和考验。通过对实验过程和实验结果的展示、比较、交流，学生可以加深对相关知识的印象及对物理规律的理解。

五、纠错互评

物理作为一门科学，具有自然科学的本质属性；作为人类的一种认知活动，反映了人类世界观的形成和不断完善。对物理现象本质的探究，本身就是发现、提出、质疑、假设、验证的过程，纠错互评是物理教学过程中的一个重要环节，是学生进行科学探究，发展分析、概括、解决问题能力，培养良好的学习习惯、协作能力和科学探究精神的实践活动，是促进学生全面发展的过程，也是促进师生、生生交流的一种重要方法。所以，纠错互评过程对物理教学至关重要。

1. 学习小组补充

在物理教学的过程中，小组作为学生合作学习的平台不仅给学生创造了展示自我的机会，也是学生知识构建、建立自信、敢想、敢说、勇于争辩、发表个人观点、纠错容错的坚强后盾，学生只有放开思维，敢于推理分析概括判断，陈述自我，才能提高思维能力和表达能力。小组内的互补和完善，凸显了小组合作学习这个完美舞台作用，真正把学生在课前、课上、课下的学习积极性调动起来。

例如，在学习“14.5节探究串、并联电路中的电压的特点”的过程中，我班五组一名学生代表展示了探究串联电路中有关电压的数据和分析结果：在串联电路中，每个灯泡两端的电压相等，每个灯泡两端电压之和等于他们两端的总电压，即$U=U_1+U_2$。展示后，有的同学点头表示赞同，有的则提出质疑，认为他们测量总电压和分电压之和有点不同。学贵有疑，在解决疑问的过程中，我们往往离事实又近了一步。这时候五组另一名同学站起来说：在测量的过程，是会存在误差的，这是正常现象，你们的情况正是误差的原因。刚才质疑的学生，都表示赞同，在测量的过程中，确实存在这名同学所说的情况。但这时又有的同学提出疑问，每个灯泡的电压不一定相等。这时五组的组长站起继续补充，其实大家的疑问都有道理。大家听后，目光都向这名组长看去，很显然大家都非常期待五组组长能继续说下去。组长继续说："在实验中，为了避免结论的偶然性，我们不仅要多次实验，还应当换用不同规格的灯泡，多收集数据进行分析，这样得到的结论才更具有普遍性。我认为所有小组的数据全部汇总得到的结论，才更有真实性。"作为五组的组长，不仅补充完善了本组的实验结论，而且指出了关键所在，并把科学探究的意义上升到了更高的高度。小组展示、纠错互评，正是在这种不断的互动中，学生的能力才得以提高。"自学·释义·达标"课堂教学模式在物理教学中的应用，给学生能力的发展、科学素养的提高带来了无限的可能。

2. 异组纠错

对于小组展示过程中不能解决的、解决不到位的、不够完善的问题，教师要引导其他学习小组帮助解决问题，可以提出质疑，帮助分析，指引思考的方向，或指出错误的原因，提供正确的方式方法。在小组间纠错互助中，各小组可以相互启发，取长补短，鉴别和提升本组的实验方案，解决问题的方式方法，让问题的解决方案更科学、合理、规范、完善，让问题结论的表述更加准确、简洁、严谨。对于各小组意见不统一、存在的共同问题，教师要组织和引导各小组展开对问题的讨论和辩论，让学生在质疑、分析、比较、判断、推理、演算中，理清思路，找到突破口，直到彻底解决问题。

3. 师生共建与评价

在各小组纠错和相互评价的过程中，师生通过认真的倾听、比较、鉴别、欣赏，结合自己在问题展示过程中的思考和体验，并进行简单总结，再通过各种形式，向大家阐述自己的感悟和启示，以实现资源共享，共同提升。

在学生的纠错互评过程中，教师要全身心地参与学生的活动，明察秋毫，要把握整体，把握住方向，认真组织和引导；在小组展示的过程中，要鼓励学生大胆展示，认真倾听，积极思考，及时给予学生恰当的评价。对于学生展示不到位、不充分、不完善或出现错误时，教师要先让学生组内解决再小组间解决。对于出现的共性的、学生解决不了的、有价值拓展延伸的问题，教师要做好记录，为接下来的点拨拓展做好准备。

六、点拨拓展

物理学是一门以实验为基础的、带有方法论性质的、严密的、严谨的自然科学，但物理学不是公式和法则，也不是一系列事实的堆砌，而是含有丰富的物理概念、规律、实验技能、科学的探究过程、严谨的思想和方法、实事求是的科学态度、高昂的科学探索激情和科学精神。为了帮助初中学生从直观思维为主向抽象思维方式转变，增强学生的逻辑推理能力，培养学生的发散思维，学会多角度思考解决问题，深刻理解物理概念，准确把握物理规律，熟练操作实验器材，规范分析计算过程，培养学习兴趣，提高科学素养，教师在物理教学中适时点拨拓展尤其重要。

（1）在学习物理概念时，教师要引导学生善于抓住物理概念的核心词语，点拨学生深刻理解核心词语的内涵，准确把握物理概念。例如，在“2.1动与静”的学习中，理解并运用“机械运动”这个概念解决问题时就出现了困难，学生对于参照物的理解和选择还较为容易，但在物体是运动还是静止的判断过程中，面对较为复杂的情景容易出现困难，原因就在于学生对概念理解不清。“在物理学中，把一个物体相对于另一个物体位置的改变称为机械运动。”这时教师的适当点拨就尤为重要，重点点拨“位置的改变”。什么是位置？应当是空间位置而不仅仅是平面位置。改变了什么因素？是指一个物体相对参照物的距离或方位的改变，这就是相对参照物的位置改变了，也就是物体运动了。教师如果再展示两个典型事例的图片或视频，以供学生观察理解，学生对于这个问题就会有更深刻的认识。适时精准地点拨学生，帮助学生扫除理解的困难，同时也提高了他们学习物理的兴趣。在以后的学习物理概念、规律中，学生就会有经验、有意识地去抓住这些关键所在，为以后物理的学习打下了坚实的基础。

（2）在物理教学中，拓展的原则要立足于新课程标准的要求，立足于物理课本所呈现的内容，有助于学生理解课本的物理概念、公式、方法、实验原理、规律及其内在的联系，有助于激发学生物理探究兴趣，有助于学生动手动脑，有助于学生联系生活实际。拓展的形式是多样化的，有的适合在课上拓展，有的适合在课下。拓展要难度适中，不要占用学生太多精力。

例如，在完成“10.2阿基米德原理”学习后，根据阿基米德原理（图6–2–1），学生又得到一组计算浮力的公式：$F=G_{排}=m_{排}g=\rho_{液}gV_{排}$。有的学生联系到9.1的内容提出：根据上节学到的浮力产生的原因，知道浮力的大小可以用$F=F_{向上}-F_{向下}$计算得出。很显然，这两个公式包含的量不同，那么计算得到的浮力一样大吗？以八年级学生目前的推导水平和对浮力这个抽象概念的理解，学生很难找到两者的关系，但是如果能帮助他们找出这两个公式的联系，显然对学生学习浮力大有裨益。拓展两个公式的关系，贯穿前后两节的内容，显然很有必要。此处可以由教师根据班级实际情况先给出必要提示，然后由各组讨论交流，自行推导，教师给予指导。

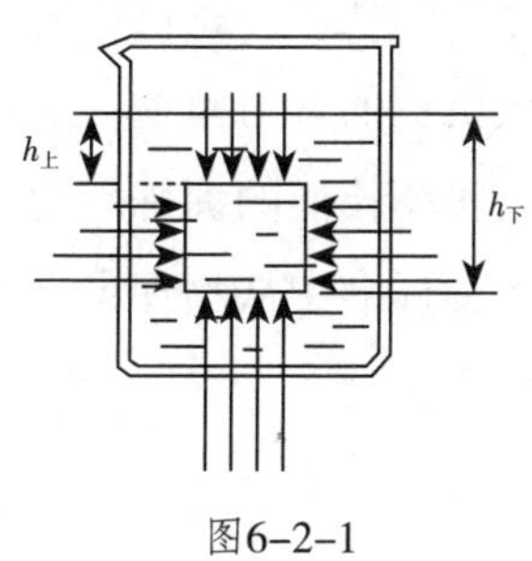

图6-2-1

$P_{向下}=\rho gh_{上}$，$F_{向下}=P_{向下}S$

$P_{向上}=\rho gh_{下}$，$F_{向上}=P_{向上}S$

$$
\begin{aligned}
F_{浮}&=F_{向上}-F_{向下}\\
&=P_{向上}S-P_{向下}S\\
&=\rho gh_{下}S-\rho gh_{上}S\\
&=\rho gS(h_{下}-h_{上})\\
&=\rho gSh\\
&=\rho gV\\
&=\rho_{液}gV_{排}\\
&=m_{排}g
\end{aligned}
$$

由以上的推导可知，两个公式$F=F_{向上}-F_{向下}$和$F=G_{排}=m_{排}g=\rho_{液}gV$排是相等的。一个公式是实验结果生成的，一个是理论分析得到的，其结果是一致的，这也验证了物理规律的正确性。本次的拓展延伸，推倒了间隔前后两节知识点那堵墙，使同学们的思路豁然开朗，对继续学习浮力有关的知识建立了信心，提高学生学习浮力的兴趣。

物理是建立在实验基础上的科学，实验的拓展有利于培养学生学习物理的兴趣，如在学习物体的浮与沉过程中，学生从物体所受液体浮力与重力的大小关系探究出了浮沉的条件后，老师又从物体密度与液体密度的关系，拓展浮沉的条件。首先从公式进行了推导，让学生认识到物体的浮沉与物体密度、液体密度存在联系。为了给学生一个直观的认识，我校张老师在校本课程中，通过引导学生自主制作鸡尾酒，寓教于乐，帮助学生从直观现象中认识到物体的浮沉与物体密度、液体密度之间的关系：（1）$\rho_{物}<\rho_{液}$上浮或漂浮；（2）$\rho_{物}>\rho_{液}$下沉；（3）$\rho_{物}=\rho_{液}$悬浮。校本课程实验的拓展有效提高了学生学习物理的兴趣，加深了学生对浮力的认识。我校贾老师、侯老师在校本课程中引导学生自主制作喷雾器和飞机机翼的升力模型，加深了学生对流体的压强与速度关系的理解，加强了对学生实验技能的训练。通过以上的物理实验拓展教学活动，教师有效贯彻了物理课程标准中从物理走向生活、从生活联系物理的教学理念，提高了学生的科学素养。

七、学有所得

学有所得环节是对学生学习情况进行总结和检测的过程，是检查学生学习情况和教师教学效果的重要环节。在本环节教师要启发学生对本节课教学内容进行知识与技能的归纳，过程与方法的总结，使学生得到情感、态度与价值观的收获，帮助学生完成知识体系的构建，形成知识链，达到教学三维目标；要使学生对本节课的内容有一个整体的、系统的、有序的认识，形成知识点—知识线—知识面；要通过检测和反馈检查学生所学内容的达标情况，实现教与学任务的堂堂清。

（一）具体做法

1. 课堂小结，系统知识

学有所得是回顾本节学习内容、学习方法，对知识进行归纳整理系统化的过程，可以以画知识树的形式概括，便于学生记忆。课堂小结的主体可以是教师，也可以是学生。课堂小结的形式是多样的，但无论采用什么样的方式，都应该抓住关键，突出重点，言简意赅，把教学内容的精髓鲜明地体现出来。

2. 检测反馈，能力拓展

当堂检测和反馈是提高课堂教学效率、实现教学任务堂堂清的重要手段。

检测要突出物理学科特点，根据学生所学内容出示达标检测题，检测的对象是每个学生，检测题要具有针对性和典型性，既面向全体，又关注差异。检测题可以分为必做题和选做题两部分，既能提高学困生学习的积极性，又能促进学有余力学生的有效提升。学生完成后，教师做适当点评，查漏补缺，给不过关的学生第二次学习机会；可以采用口头形式，也可以通过设计动作、实验等手段，达到检查学生掌握情况的目的，实现反馈效果的最大化，即从多角度来证明学生已经掌握了知识，形成了能力。

（二）学有所得的作用

一是为了使知识和方法条理化、结构化，使学生对本节要掌握的知识和题型有一个清晰的认识，以便课下查漏补缺；二是为了提高，重在把新课题下的知识与方法体系跟已有的知识与方法体系进行有机链接，实现知识的丰富和方法的提升。

学习的过程是一个知识不断丰富、方法不断积累和升华的过程。新知是在已有的知识和能力的基础上构建起来的，一个人只有把自己所具有的知识和方法有机地整合在一起，才能形成解决问题的能力；只有把新知识和新方法与已有的知识和方法有机地整合在一起才能提高能力。学生根据本节课所理解的内容并进行整理汇总，进一步发现问题，并加以解决。我们要求学生在整理的过程中不是生搬硬套，而是把知识真正变成自己的东西，并进一步思考相关内容。本环节不仅可以使学生熟练掌握本节教学内容，更为学生进一步探究做好了铺垫，这样才能创造开放式课堂，培养学生不断思考的习惯。

第三节 "自学·释疑·达标"物理课堂教学案例

——以人教版物理八年级下册9.1压强为例

八年级________班________组 姓名________。

【教学目标】

1. 知识与技能

（1）知道压力的概念，从力的三要素认识压力。

（2）通过实验探究，学习压强的概念。能用压强公式进行简单计算。

2. 过程与方法

（1）经历"压力的作用效果跟哪些因素有关"的科学探究过程，学习运用控制变量法研究问题。

（2）通过实验探究，让学生经历从学习到模仿再到创新的过程。

3. 情感态度与价值观

（1）通过对日常生活、生产中压强现象的解释，培养学生将物理知识应用于日常生活、生产的意识。

（2）通过科学探究，培养学生掌握科学方法，以科学态度和科学精神去解决问题，处理问题。

【教学重点】

压强概念及其建立过程，控制变量法的应用。

【教学难点】

压力和压强的概念，学生设计实验。

【教学方法和手段】

教学方法：实验、观察、讨论与交流。

教学手段：分组实验、演示实验、计算机辅助教学。

【教学用具】

教师演示：气球、缝衣针、刻度尺、钩码。

学生探究：铅笔、橡皮泥、细线、粗线、钩码、海绵、小方桌、金属块、测力计、沙槽、图钉、肥皂。

【课题类型】

新授课。

【教学课时】

1课时。

【教学过程】

（一）激发动机

（1）教师用缝衣针扎气球。

（2）学生踩气球。

（3）多媒体展示生活中与压强有关的图片。

学生活动：3名学生合作完成踩气球活动。

教师活动：拿出一个吹好的气球和缝衣针，提问：气球缝衣针相遇会怎样？用针轻轻扎破气球。设疑：为什么用针轻轻就能扎破气球，同学却踩不破呢？

设计意图：3人合作踩气球，可以培养学生的合作意识。通过设疑激发学生对科学的求知欲以及探究科学知识的兴趣，体现出从生活走向物理的新课程理念。

（二）新课教学，学案导学

认识压力。

活动1：认识压力（F）。

观察图6-3-1，回答下列问题。

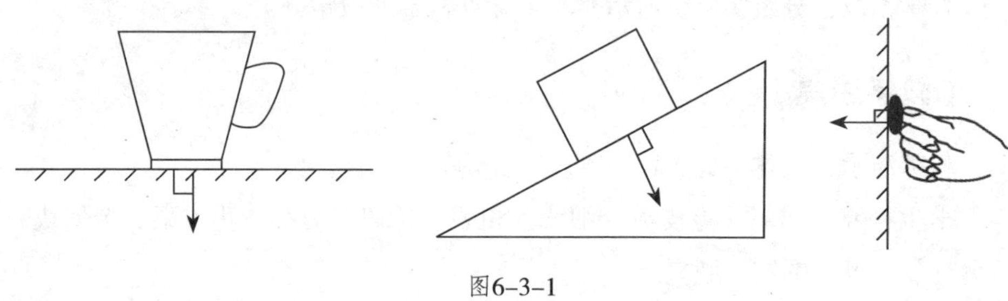

图6-3-1

（1）在图中画出杯子、木块、图钉所受压力和重力的示意图。

（2）谈谈你对压力的认识。

填一填：

（1）物理学中将________作用在________的力叫压力。

（2）自由置于水平面上的物体对支持面的压力的大小等于________，还等于________。

学生活动：先在学案导学的基础上进行自学。①举出生活中压力的例子；②在学案上画出压力和重力的示意图，小组内交流讨论；③小组代表汇报学习情况。

教师活动：利用钩码和测力计分别演示物体对水平面、斜面和竖直墙面的压力，学生通过观察刻度尺的形变情况，更直观地认识压力和重力的关系。

设计意图：将画图落实到学案上，让所有学生都参与，然后组内交流再去汇报，符合学生的认知规律。学生自学“压力”相关内容，获得知识，培养小组合作意识。压力和重力的关系是本课内容的难点和易错点，所以采取独立思考、小组讨论、组间交流的方式，最后教师通过演示实验解决这一难点。

（三）合作探究→小组展示→纠错互评

探究压力的作用效果。

活动2：感受压力。

完成下列小实验：

（1）用两手指捏三角板、图钉、铅笔等。

（2）用大小不同的力捏橡皮泥、气球。

交流讨论：

（1）实验中压力的作用产生怎样的效果？

（2）根据你的感受，猜想压力的作用效果与哪些因素有关？

猜想：压力的作用效果与________________有关。

学生活动：利用教师提供的或自己身边的器材感受压力的作用效果，根据感受提出合理的猜想。

教师活动：引导学生依据实验提出合理的猜想。

设计意图：教师通过直观的实验现象，使学生感知压力的作用效果与受力面积和压力大小有关；为学生提出合理猜想提供实验依据。

活动3：实验探究——压力的作用效果与哪些因素有关。

1. 小组合作设计实验

设计思路：

（1）要研究压力的作用效果跟压力是否有关，应保持________不变，改变________，观察比较________；

（2）研究压力的作用效果跟受力面积是否有关时，应保持________不变，改变________，观察比较________。

根据以上讨论，自选器材，设计实验。

A. 小桌　B. 海绵　C. 沙子　D. 气球　E. 三角板　F钩码　你所选的器材是________________。

2. 小组合作进行实验

填一填：

由实验观察可知：当受力面积相同时，压力越________，压力的作用效果越明显；当压力相同时，受力面积越________，压力的作用效果越明显。

学生活动：小组内讨论出设计实验的方案，选择器材后小组合作动手操作完成实验，记录现象并进行分析；小组代表上台展示选取的实验器材、实验步骤、实验现象以及可以验证的猜想；其他小组补充。

教师活动：引导学生筛选猜想，归类综合整理，提出与本课有关的猜想：压力的作用效果可能与压力的大小和受力面积的大小有关。组织小组内讨论设计实验的思路（控制变量法）。指导学生进行实验。多媒体展示实验总的结论：压力的作用效果与压力的大小和受力面积的大小有关，即当受力面积相同时，压力越大，压力的作用效果越明显；当压力相同时，受力面积越小，压力的作用效果越明显。有效评价学生实验探究过程。

设计意图：该环节让学生经历实验探究过程，培养学生提出问题的能力、敢于猜想的精神、设计实验能力、科学探究能力、分析概括能力；通过学习小组合作实验，让学生感受合作的意义和快乐；通过展示实验，让学生既学会了知识，又培养了能力，学生能获得一种成功感和自信心。

（四）合作探究→小组展示→纠错互评

建立压强的概念。

活动4：如图6-3-2所示，将几块相同的砖分别按甲、乙、丙三种方式放在水平地面上，其压力的作用效果不能直接显示，结合“活动3”中的结论思考讨论：

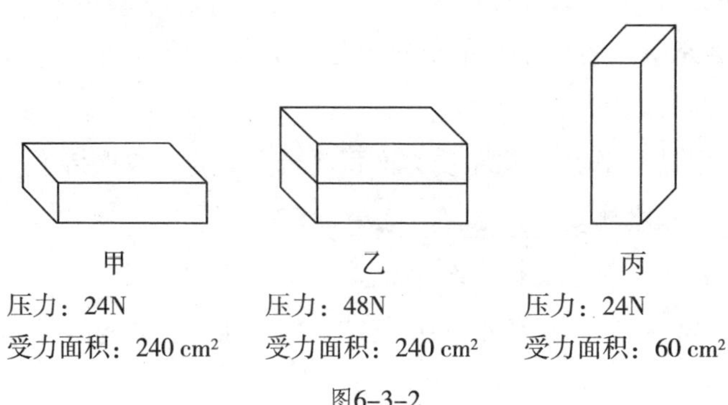

图6-3-2

（1）甲、乙两种情况哪个压力作用效果强，你是怎样比较的？

（2）甲、丙两种情况哪个压力作用效果强，你是怎样比较的？

（3）怎样比较乙、丙两种方式压力的作用效果？

填一填：

（1）压强的定义：物理学中，把__________叫作压强。

（2）压强的公式：$P=$__________。

（3）压强的单位：__________。

（4）1Pa的物理意义是：__________。

点拨拓展：

考考你：小明站在冰面上，已知他的体重为500N，他每只脚与冰面的接触面积约为$0.012m^2$，估算他站立时对冰面的压强。若冰面能承受的最大压强约为3×10^4Pa，他能安全离开冰面吗？

学生活动：①根据上一环节得出的结论，完成“活动4”分析压力作用效果的大小。先自主分析，然后小组内交流讨论分析成果，展示汇报学习成果。②自主学习教材144页内容，认识压强的定义、公式、单位。③利用压强公式完成所给例题的计算。

教师活动：①组织学生利用所得结论分析问题；②组织学生自主学习压强的相关知识；③展示学生自学成果，引导学生互评；④介绍帕斯卡的故事，激发学生学习的热情，进行情感态度价值观的培养。

设计意图：培养学生灵活运用所学知识解决实际问题的能力和自主学习的能力；通过介绍帕斯卡的故事，激发学生学习的热情，进行情感态度价值观的学习。

（五）学有所得

1. 揭秘“气球踩而不破”

学生活动：根据所学知识解释气球踩不破的原因。

教师活动：引导学生解释踩气球问题，对学生的合理解释给予适当的评价和鼓励。

设计意图：教师通过实验揭秘环节，让学生感受利用所学知识解决实际问题的成就感和喜悦；使课堂环节完整，首尾呼应。

2. 小结

我学会了……

学生活动：总结交流本节课所学知识，提出自己的疑惑。

教师活动：引导学生总结所学内容，让学生从学习内容、学习方法谈谈自己的收获；解答学生存在的疑惑。

设计意图：这样设计的目的是培养学生总结概括的能力，通过学生小组交流，让优生帮助学困生，实现让全体学生学有所获。

3. 达标检测

（1）下列四幅图是北京奥运会福娃代表的运动项目，其中对地面压强最大的是（　　）

（2）实验回顾与现象分析（图6–3–3）。

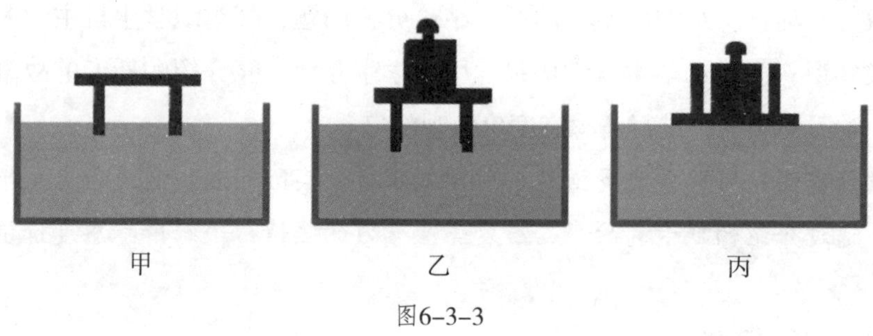

图6–3–3

要证明压力的作用效果和压力的大小有关选________和________，要证明压力的作用效果和受力面积有关应选________和________，该实验用到的物理探究方法是________________。

（3）如何估测中学生双脚站立时对地面的压强。

学生活动：限时独立完成，不能交流。组内或组间交流批阅，当堂评价。

教师活动：监督学生检测，流动批阅，指导学生组内或组间交流批阅，当堂评价各组成绩；对存在的问题及时反馈点拨，并布置补偿性作业。

设计意图：检测学生对本节内容的掌握程度，让学生体验成功的感觉，争取做到堂堂清；检测教学活动的有效性，衡量课堂教学是否高效，让学生及时反馈存在的问题，及时诊断和改进教学。

【板书设计】

9.1压强

一、压力

1. 压力的概念：垂直作用在物体表面上的力叫作压力。

2. 方向：垂直受力物体表面，并指向受力物体。

3. 压力作用效果：使物体发生形变。

二、压强

1. 压强是表示压力作用效果的物理量。

2. 定义：物体所受的压力与受力面积的比。用P表示。

3. 公式：$P=F/S$.

4. 压强单位：牛/米^2，称“帕斯卡”，简称“帕”，符号是Pa.

【教学反思】

本节课总体建立在学生发现问题、提出猜想、设计实验、进行实验、归纳总结这一过程中完成。问题的提出源于生活，贴近生活，可以激发学生的学习热情，使学生有较强的探究欲望。在整个实验过程中，学生充分发挥了他们的聪明才智，进行的实验多种多样。通过本节课的教学，学生再一次完整地体验了探究实验的整个过程，体会到了探究实验中的快乐和成就感，学有所得环节，让学生学会了用物理知识和方法来解决生活中的问题，提高了学生的动手操作能力和分析解决问题的能力，培养了学生对未知事物的探索精神。另外，通过小组每个成员的通力合作，学生认识到团结协作精神在学习中的重要性，为创建和谐校园奠定基础。

第七章

化学学科
课堂教学模式的构建与解读

义务教育阶段的化学课程是科学教育的重要组成部分，我国义务教育化学课程标准明确指出，义务教育阶段的化学课程以提高学生的科学素养为主旨，重视科学、技术与社会的相互联系，倡导多样化的学习方式，强化评价的诊断、激励与发展功能。新课程从课程功能的角度将科学素养界定为知识与技能、过程与方法、情感态度与价值观三个方面，通过这三个方面的目标来培养学生的科学素养。这是社会发展的需要，是时代赋予我们的责任，因此我们要抓住机遇，迎接挑战。学校是培养学生科学素养的主阵地，在教学中，教师要积极探索，不断创新，采取多种有效措施，培养和提高学生的科学素养，为学生的终生发展、健康成长以及学习和工作奠定基础。

随着新课改大潮的推进，我校历经三年开发并形成了独具特色的“自学·释疑·达标”课堂教学模式，犹如一阵春风，吹拂着整个校园，让我们师生感到清新和振奋。随着模式的使用，我们发现要想使模式在化学课堂中展现魅力，更好地发挥效能，必须使模式符合化学学科的特点，实现模式与化学学科的有机融合。

第一节 模式的探索与形成

正如我校“自学·释疑·达标”课堂教学模式探索过程一样，化学学科模式也经历了长期的探索实践。筹备初期，我们首先对化学学科核心素养及课程标准进行了深入研究，结合学情和教学模式，对化学学科模式构建的必要性进行了充分的论证；其次，在原有模式的基础上，重点对在教学中能突出化学学科特点的环节进行了剖析，适当调整，致力于利用学科特点来培养学生更广泛的学习兴趣，塑造更高的学科核心素养；最后，在一轮又一轮的尝试中，我们逐渐有了“柳暗花明又一村”的感觉，发现化学学科模式更有利于学生的长远发展，让化学能真正服务于生活、服务于社会。

一、为什么要构建化学学科模式

首先，化学是一门与生活联系非常紧密的学科，在教学模式使用过程中，我们更加注重从学生已有的经验出发，让他们在熟悉的生活情境或社会实践中去感受化学的重要性，通过新知识的学习与构建，再次突出知识来源于生活、服务于生活的教育理念。其次，在平时的化学课堂中，让学生更多地去主动发现问题、分析问题，主动去体验科学探究的过程，通过学习化学，培养学生自主学习、终生学习的意识以及创新精神和实践能力。

1. 鲜明的学科特点促使我们在使用模式时，顺势改变，有效融合

（1）以实验为基础。课标中明确要求，精心设计科学探究活动，加强实验教学；要根据学生的认知发展水平，精心设计探究活动，有效组织和实施探究教学，并在教学中采用多种形式的探究活动。在“自学·释疑·达标”课堂教学模式的基础上，我们的化学课堂要在“合作探究”环节大做文章、做好文章，为发挥实验探究的重要作用，在学科模式上增加并凸显了“实验探究”环节，希望在实验教学中培养学生的观察思考、动手操作、团结协作和表达交流等多种能力，进而激发学生的学习兴趣和求知欲望；同时，培养学生的安全和环保意识，形成良好的科学探究素养。

（2）贴近生活与社会实际。化学科学已日益渗透到社会生活的各个方面，特别是与人类社会发展密切相关的重要领域，如功能材料研制、能源开发利用、环境保护等。密切结合学生的生活实际，帮助他们感受身边的物质及变化，从化学视角寻找切入点，认识化学知识在生活中的应用，以增强学生学习化学的兴趣。在教学过程中，我们不仅在教学情境的创设上贴近和联系生活，而且在应用新知方面增加了“学以致用”环节，把所学的知识或方法技能用来解决生产或生活中遇到的问题，让学生通过分析问题、解决问题，来体验学习的快乐，增强学生学习的信心。

基于课标要求和学科的特点，为了让“自学·释疑·达标”课堂教学模式更好地服务于化学教学，构建学科模式也就成了当务之急。

2. 师生与模式共生，对学科模式的期盼

（1）学生是学习的主人，我们的一切教育教学活动都是为了学生的发展和健康成长服务。教会学生学习，让学生爱上化学，培养学生的创新精神和科学思维，提高学生的科学素养，是化学学科模式构建的内在要求和最终目标。化学学科模式对学生的学习有以下促进作用：

第一，尊重学生的主体地位，让学生主动参与到学习中去，充分体验学习的快乐。为此，在时间的安排、教学案的设置上，教师要为学生预留自主时间、预留思考及生成空间，激发学生学习的积极性，让学生体验学习的快乐，感受成功的喜悦。课前学习是课堂学习的前提，学生只有保质保量地做好课前自主学习，完成教学案上的相应内容，才能为教师进行二次备课提供真实有效的反馈信息，也为课堂上的合作交流等环节的顺利进行打下坚实的基础。

第二，通过实验探究环节，激发学生学习兴趣，激活学生求知欲望，培养学生探究能力与创新思维。学生天生具有好奇心，讨厌对知识死记硬背，通过探究性问题的设置和化学实验，去调动学生学习的积极性，激发学生的学习兴趣；通过引导学生对实验现象的观察、描述、思考、感悟，把学习引向深入。兴趣是最好的老师，通过实验探究环节既激发了学生的学习兴趣，又锻炼了学生的各项能力，激活了学生强烈的求知欲，让学生爱上学习。

第三，符合学生的认知规律，促进全体学生的发展。从自主学习到合作学习，在小组活动中，学生的参与度高，不懂的问题可以大胆提出，自己的观点也勇于发表，这样讲的同学强化了知识、锻炼了能力，而听讲的同学也弄明白了问题，增强了学习的信心，形成了互助互学的积极学习氛围。不同个性的学生往往会有不同的见解，可以起到相互借鉴、启迪的互补作用。这样通过小组合作，缩小了学生间的差距，促进了学生知识与能力的大幅提升和全体学生共同进步，使我们的教育教学达到了百花齐放春满园的效果。

（2）教师作为模式的亲历者、推进课改进程的主力军，通过推动模式的发展，也促进我们个体和团队不断走向成熟。

第一，促进教学理念的更新、理论水平的提升。新课程改革和我校模式的构建，促使我们不断转变教学观念：以前关注的是这节课或这个知识点怎么讲学生才能听明白，现在变成让学生如何学才能理解，不理解的地方如何给予点拨；以前注重的是教法，现在更多的是关注学情和学法。在模式的实践中，我们也遇到了很多问题，意识到才疏学浅和教育教学理论匮乏。为了跟上课改的步伐、在学校教务处的倡导下，我们利用闲暇时间进行充电，学习先进的教育教学理论，然后进行实践，从而发现问题、解决问题。一方面，先进理论在教学中落地生根；另一方面化学学科模式得以不断完善。二者相辅相成，开阔了我们的视野，促使我们将更多先进教育教学方法运用到教学中去。

第二，促进业务能力的提升，助力教学风格的形成。在课堂教学模式的使用过程中，学生是学习的主人，是课堂的主体，教师只起主导作用，要组织好学生，组织好课堂，肩上的担子并不轻松。为了更好地操作模式课堂，我们一方面大量涉猎教育教学案例、翻阅教辅材料、登录网络平台学习等，不断充实自己的专业知识，增强自己的教学本领，努力形成自己的教学特色，彻底摆脱传统的填鸭式教学，做学生学习的引导者、良好学习品质形成的指路者，并最终形成自己独特的教学风格。

第三，促进团队合作，让大家抱团发展。在模式的构建期和成长期，学校经常举行听评课活动，鼓励教师将所学的知识与本领运用于教学实践中，提高教学水平。学校提出各学科对模式的使用要与学科紧密结合，对不同的课型要进行探索总结，研课讲课。我们从新授课、实验课、到复习课，一种课型一种课型地啃下来，人人达标。通过学科课堂教学模式的构建，我们的教研热情空前高涨，教研氛围异常浓厚，增强了化学教研团队的凝聚力，促进了各位教师教育教学水平的全方位提升。

3. 化学学科模式再发展需要

在"自学·释疑·达标"课堂教学模式推行之初，为了从形式上改变课堂，跟上我校课改的步伐，教师在教学过程中刻板使用学校模式是常有的事。为此，我们先从形式上入手、从意识上改变。经过模式的磨合期，我们基本上能驾驭模式，对模式变得比较信服，师生皆大欢喜。这时我们着眼点又放在怎样更好地使用模式上，开始思考、琢磨和研究模式。于是，我们就以学校模式为依托，逐步让模式在化学课堂上生花，变得更加实用，突出化学特色，更加具有化学味。学校模式是化学学科模式的根与魂，如果说学校模式是主干，那么学科模式就是分枝；如果说学校模式是母，那么学科模式就是子，母子连心，一脉相承。

二、化学学科模式形成过程遇到的困惑与解决方案

对于"自学·释疑·达标"课堂教学模式如何与化学学科进行完美融合，并体现化学学科特点，我们教研组一直在不断研究，期间也有一些困惑。

1. 充分考虑学科特点，在教学案上下功夫

化学作为一门科学类学科，学生在课前自学的过程中可能因自己的学力达不到，缺少理论基础，而无法形成实物直观，很大可能不能很好地进行问题分析，那么就会造成自学难以顺畅进行。因此，如何更合理地设计教学案内容，让教学案更高效地引领课堂教学成为急需解决的问题。首先，团队坚决杜绝把教学案做成习题集的行为，明确把激活学生思维、激发学习兴趣放在首位。化学是一门与生活联系紧密的课程，几乎每节课的内容学生都有一定的生活经验。我们就把教材中的很多问题以生活化、新闻、故事等方式展示给学生，激活学生的元认知，让学生在已有生活经验的基础上再进行更深层次的学习与思考。另外，教学案问题的设计要有层次和梯度，让不同学力的学生都要进行学习与思考，这些思考的深度和广度因人而异，但能为新课中的合作交流提供很好的铺垫。因此，学案不断优化的过程是"自学·释疑·达标"课堂教学模式能够更高效运行的动力源，我们也一直在努力精进。

2. 如何定位学以致用环节

在化学学科模式中，我们增加了学以致用环节。最初，大家也在不断讨论

与思考，此环节有无必要，与后面的诊断评价是否冲突，通过此环节我们要达到什么目标，等等。

在化学学习中，我们经常做一些科学探究，对于所遇到的问题，我们也经常通过教学实践去探究它的意义。我们首先将学以致用和诊断评价加以区分，虽然二者都是对于知识的应用，但用所学知识解决问题的方法指导应该通过学以致用来完成，而诊断评价应当是构建知识体系后的检测。学以致用之后还有提炼总结环节，所以我们的学以致用既要体现新知识的运用，又要通过运用发现问题，进而完善知识体系。如何将学以致用环节的作用最大化，也是我们在教学中不断研究改进的地方。

三、化学学科模式概述

化学学科模式主要秉承“自主学习”和“构建主义学习”理论。其基本结构分为课前自主学习和课堂教学两大部分，与我校自学、释疑、达标三大教学模块保持同步，分为学案导学、合作交流、实验探究、小组展示、纠错互评、点拨拓展、学以致用、提炼总结、诊断评价九个环节。其中学案导学与合作交流是课前自学与课堂教学的对接，都是围绕设计的问题展开。实验探究根据不同课堂的需要设置。合作交流、实验探究、小组展示、纠错互评、点拨拓展等几个环节是学生问题释疑的过程，在初步构建知识体系后，进入达标，包括学以致用、提炼总结、诊断评价，其中学以致用还兼有知识完善的功能。三大板块、九个环节，以问题解决为主线，以自主构建知识体系为目标，层层递进，相互关联，如图7–1–1所示。

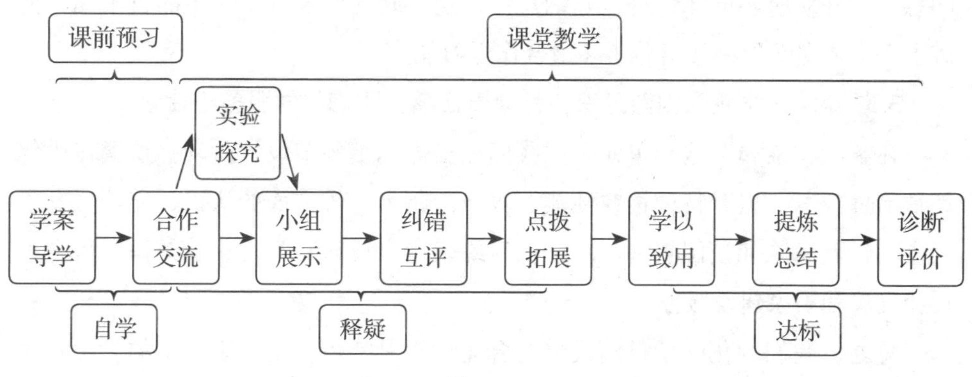

图7–1–1

四、学科模式的优势与特点

很多人误认为化学学科“自学·释疑·达标”课堂教学模式是传统教学方法，即课前进行预习，完成教学案知识填空，教师课上重新讲授。深入了解化学学科模式后发现，该模式是以教学案为载体，以教学案上的问题为中心，从生活实际出发，让课本的知识以问题的形式呈现给学生，并让学生进行自主学习、合作交流和实验探究。问题贯穿于整个教学环节，教师一般以问题情境诱发学生的学习欲望，学生发现并提出问题，对问题进行深入思考后，在小组内、小组间展开思维的交流与碰撞，并进行自我完善。整个知识形成的过程都是学生自己在构建，这样的教学过程真正致力于培养学生的化学核心素养。

1. 能提高学生自主学习的意识

在教学案的引导下，学生的学习有很强的目标性，且能够实现知识内化的最大化，能较大限度地挖掘学生的潜能，提高自主学习意识。学生在自学的过程中独立思考，查阅资料，参与小组讨论，对于教学案上的问题，会积极主动地寻找解决问题的最佳途径，同时也会带着问题去上课，这样可以消除学生在课堂上的紧张感，为学生的积极表现和健康发展打下基础。

2. 有利于学生合作学习意识的培养

三人行必有我师。合作交流是模式的中心环节，大部分学生通过自主学习获得的知识与技能是有限的，通过交流与讨论的合作学习，对所学内容的延伸与提高有关键性的作用。不同的学生对知识的理解角度与能力不同，让学生在组内展开热烈有序的讨论，通过独立思考后发表自己的见解，同时学会倾听不同意见，并对所学的知识进行归纳总结，这样既充分发挥了学生的自主性，促进了学生智力发展，又培养了学生合作学习能力。

3. 注重培养学生的创新意识和社会责任感，明确化学服务于社会

在学习“金属”这一单元时，我们在提炼总结环节设计活动：谈谈在优化钢铁冶炼技术、提升特种钢铁性能、服务国防事业等方面的认识，充分激发了学生的创新思维和爱国热情。同学们纷纷表示，要认真学习化学知识，将来为社会发展和国家建设服务。

总之，我们的化学学科模式更符合化学学科特色，更适于学生的学习及科学素养的提升。

第二节　模式的环节解读

在我校“自学·释疑·达标”课堂教学模式的基础上，我们大胆尝试，锐意改进，不断融合化学学科特色，经过长期的实践与探索，总结出化学学科课堂教学模式。化学学科模式既符合学生的认知规律，又彰显了化学以实验为基础的学科特点，模式的各个环节是一脉相承，相辅相成，相互交融的。下面就带领大家走进这些环节，去感受和体会化学学科在课堂教学中的实际操作和使用。

一、导航求知的学案导学

学案导学是以教学案为载体，以导学为目的，兼顾不同层次的学生需求和认知水平，探索新知并充分挖掘自学潜能的过程。教学案是基础，其功能在于“导学”。学案导学是开启学习之旅的起点，是课堂顺利推进的前提和基础。

1. 教学案的制作

首先是集体备课，确定主备人。我们化学教研组每周五集体备课最重要的主题之一就是教学案的制作。教研组以导学为主旨，研讨确定教学目标、重难点的突破形式、问题引导和重要实验探究的呈现方式，以及达标检测题的难度层次分布等，并最终确定每节课的主备教师。

其次是制作教学案。主备教师对于初备成果精雕细琢，形成完整的教学案。在下一周集体备课时针对主备教师的教学案进行再次加工，内容确定后由教研组组长审核签字，提前一周发至教务处邮箱。

2. 发放与完成

教学案要保证在授课的前一天发放，学生依靠教学案自学并独立完成教学案的内容，教师务必给学生留出充足的自主学习时间。我们一般是年级部统筹安排各学科自主学习时间，每晚有固定做化学的时间，防止学生顾此失彼，完不成教学案，或者为了应付上交而抄袭。学生只有在学案引导下自主学习真实进行，才能在后续的课堂环节中，正确表达自己的观点或产生的疑惑。高质量地完成教学案是这一环节的重中之重。

3. 收交、批改及使用

教学案必须有发、有收、有批改，养成良好的习惯。课代表在教学案发放后的第二天早晨，必须按小组收齐后上交。教师必须在上课前完成批改，可全批全改，也可以抽几个小组进行批改，还可以每个小组抽两名同学进行批改，或抽部分内容批改。此时教师进行二次备课，根据自学情况，微调预设的重难点和需点拨拓展的问题。根据不同班级的学情，微调的内容也会不同，这充分体现了"因学定教，教为学服务"的模式内涵。教学案不仅仅是引导学生课前自主学习的依据，在课堂上小组合作交流、小组展示等环节也都是以教学案为依托进行的，各小组围绕教学案上设置的问题进行交流讨论及探究，进行课堂推进。

教学案在使用时的注意事项：

首先，教学案必须为精品，具有独具匠心的导学功能。教学案设计要注重知识内容呈现方式的多样性，注重学法指导，导学诱思。学法指导要隐含在教学内容的设计中，把知识和方法有机结合起来。例如，在设计酸碱性质的复习教学案时，为了以更好的方式吸引学生去回顾酸碱的性质，我们就把浓盐酸、浓硫酸物理性质的复习变成设计实验方案：实验室内有两瓶标签被腐蚀的酸，一瓶是浓盐酸，另一瓶是浓硫酸，如何用物理性质把它们区分开？请你设计出尽可能多的方案。学生通过完成教学案，再结合课堂上各小组方案的交流和展示，浓盐酸和浓硫酸的物理性质就水到渠成地复习完了。

另外，教师还要防止导学案形式化，要注重实际应用效果。教师要特别防止编写和使用的形式化，防止把教学案中学生自主学习等同于放任自流，教学案一发了之，使用教学案只有形式，而没有实质。学生虽然是学习的主体，但主体地位的凸显必须在教师的有效引导下才能实现。教学案在使用的过程中，教师在敢于放手的同时，必须做到有发必收，有收必批，这样发现学生自学中存在的问题才能有效引导，切中要害。

总之，教师只有通过学案导学引导学生有效地进行自主学习，独立思考，才能实现掌握知识和发展自主学习能力的统一。良好的开端是成功的一半，学案导学环节的合理安排和使用，为营造生机勃勃的课堂打下了坚实的基础。

二、思维碰撞的合作交流

合作交流是在学生自主学习的基础上，以教学案为引导，在组内交流自学成果、讨论疑难问题、进行思维的碰撞的过程。合作交流作为课堂的开始，使课前预习与课堂教学有效衔接，是体现学生主体地位的最好方式之一。

1. 具体操作

（1）明确交流内容，在规定时间内分工协作。首先让学生明确是交流学案的全部内容，还是部分内容。然后由组长统筹安排，做好组内交流分工，争取在规定时间内，高效有序地进行合作交流。经过自主学习，学生对于教学案中的问题已经有了思考并初步形成答案。对于出错的问题，学生能立刻反思解决的则不参与讨论；对于一些有难度的问题，学生经充分思考后，带着自己的思考成果参与到小组讨论中，能够真正体验到与他人分享思考成果的快乐。我们鼓励学生主动地参与交流讨论，同时也要善于虚心倾听，在倾听中认真思考分析，善于接纳他人的正确观点，宽容对待别人的不同意见。负责记录与汇报的同学要将已形成统一观点的问题答案及时落实到教学案上，为下一步的小组展示做好准备。

（2）若是交流的内容在本组内无法解答，则可以异组间进行交流讨论，也可以求助于教师，只要有助于学生解决问题的方式，都可以采取。为了烘托交流的气氛，我们还提倡学生站着交流，对于积极参与交流讨论的学生，组长应给予量化加分。

2. 注意事项

（1）科学组织调控，积极参与。教师要根据具体情境把握课堂讨论的节奏，适时介入，及时引导，做好讨论的组织与协调工作，让学生最大限度地参与到交流中去。另外，教师还要特别注意跨组交流的学生，确保他们做到有效交流。在学生交流时，教师要积极参与到学生的活动中去，认真倾听学生的发言，关注学生的思维动态，及时找出学生出现的问题，并结合课前备课迅速做出相应调整，以保证课堂的有效进行，同时，根据掌握的学情，做好再次“备课”。

（2）防止合作交流过程中“过冷”或“过热”场面的出现。若遇到学生交流不主动或不交流的情况，教师就要分析原因，是他们对交流内容的要求不明确，还是没有进行有效的自主学习，还是害羞不好意思进行交流。对于害羞的同学，教师要进行心理疏导，同时在课堂上采用鼓励或同学带动的方式，营造良好的交流氛围，让他们勇敢迈出表达交流的第一步。教师要多措并举，有效缓解学生合作交流过程中“过冷”情况的发生。为了解决合作交流用时长，场面热闹而不好收场的问题，教师除了明确交流的内容、任务、具体要求外，可以实行组长负责制，组长要组织好本小组的交流，给每名学生都分配一定的任务，且给予量化赋分。学生站着进行合作交流还有一个好处，即哪个小组先交流完就坐下，这样更有利其他小组把握交流时间。教师在交流前做好预想要求，交流时进行巡视，做好指导及点拨。这样小组合作交流才能活而不乱，有序高效地进行。

构建主义学习理论认为，知识是个体与他人经过磋商并达成一致的社会构建。因此，科学的学习必须有对话、沟通。交流者提出不同看法以刺激个体反省思考，在相互质疑的过程中解决问题，逐渐完成知识的构建。合作交流能使不同层次的学生通过思维碰撞积极地参与到学习中去，是学生比较喜欢的一个教学环节。如果这个环节中仍有无法解决的问题，根据需要，学生可进行实验探究。

三、兴趣超燃的实验探究

“实验探究”是引导学生按照科学家的研究方式和探究思路，通过实验进行再“发现”、再“创造”的学习过程，也是一个动手与动脑紧密结合的协作过程，是学习化学重要而有效的方式。

（一）具体实施

1. 完成课本上的实验探究

我们大多数实验都是在小组内完成，在自主学习时学生对实验虽已大致了解，但为了实验的安全高效，首先，教师要让学生明确实验的目的，独立思考后（留出1至2分钟的时间），设计实验方案；其次，小组内交流讨论（最好给出时间限制），统一确定出本组的实验方案；再次，进行小组展示，将具有可行性的方案都予以明确；最后，各小组选择一种自己喜欢的方式进行实验。在实验过程中，组长与组员分工协作，老师巡回指导。

2. 创设更多的探究实验机会

首先，变验证性实验为探究实验。教师通过实验方式的转变，让学生体验科学探究的过程，调动学习的积极性，进一步提升学生分析、思考问题的能力。其次，适时安排拓展实验。例如，在学习“燃烧与灭火”的内容时，我们安排了一些拓展性实验，如镁条能否在二氧化碳中燃烧、水中能否着火等。通过实验，学生感到非常震撼，颠覆了自己的看法，感叹化学真是太奇妙了。由此说明巧妙设计实验是顺利进行实验探究的前提。最后，让实验探究题变为真实实验。在教学中，常会遇到一些探究性的习题，对这些习题的处理，我们不单纯地停留在纸面上，而是在学生分析、设计实验之后，让实验探究真实进行。学生亲手操作，亲身体会，加深了认识，以后在习题中再遇到此类探究题都印象深刻，并能迎刃而解了。

（二）实验探究中的注意事项

1. 讲求实效性

实验探究不能为了探究而探究，应避免探究活动泛化，探究过程程式化和表面化，特别要避免一些学生以玩耍的态度进行实验，教师要根据实验内容，给予时间的限定、任务的约束。教师要引导学生思考分析，倡导学生面对“异常”现象敢于提出自己的见解，通过实验探究能发现和提出有探究价值的问题，要能从问题和假设出发，确定探究目的、设计探究方案，把握好探究的内容，避免浅尝辄止。

2. 培养安全意识

有的教师怕在实验上出事，有点危险性的实验干脆就直接包办，改为教师演示，有的甚至连演示实验也不做了，直接放视频。从应试的角度来说，效果也可能不差。但这不利于学生能力的培养和科学素养的提升，长此以往，我们的科学还谈何发展和创新。希望我们的实验操作还是能让学生真正操作，采用“小组安全负责制”的方式强化学生的安全意识，组长进行提醒和监督，小组成员携手注意安全，教师巡回指导监督，共同形成良好的安全习惯，保证实验探究顺利进行。

罗杰斯提出以“学习者为中心”的教育观点，认为教育应把自我实现的抉择权留给学生，以学生自主探究、自我发展为目标。通过亲身经历和体验实验探究活动，既激发了学生的学习兴趣和求知欲，又唤醒了学生思维的积极性，培养了学生求新、求异的创新意识，增进了对化学的情感。

四、各显风采的小组展示

"小组展示"是在合作交流及实验探究的基础上进行的，既是对前面学习结果的一个延续和体现，也是一种实践的呈现和理论的升华，是各小组学生各尽其能、张扬个性、诠释知识的过程。

1. 展示内容及任务分配

要做好小组展示，首先要明确展示的内容。其中小组承担的展示任务，一般是教师根据学习内容的需要，把学案中一课时的内容分成几个知识板块，各小组在自主学习和合作交流的基础上，抽取本小组的展示任务。

另外，像探究物质的性质一课，我们的展示内容就发生了变化。以学习"酸的化学性质"为例，首先要分组进行实验探究，那么探究的方法、现象及存在的问题和困惑等就是这节课的展示内容，而不需要分配具体展示任务到各小组。由此看出，展示任务的形式要因课的内容而发生变化，灵活使用。

根据展示内容的不同，展示方式应该灵活多样，这就要求各小组要确定一种直观、科学、合理的展示方式。

2. 展示方式的选择

展示的方式有口述、板书、板画、实验操作、作品张贴、集体表演、多媒体等。我们的展示分为同一内容的同一展示方式、同一内容的不同展示方式、不同内容的同一展示方式和不同内容的不同展示方式四种形式。各小组根据需要，可以选择自己喜欢的方式展示给大家。

采取哪种展示方式，小组要选择好，而且要按照自己组确定的展示方式，积极做好展示准备。在探究展示方式的过程中，教师要不停地巡视，给出一些可行性的指导和建议，解决学生存在的疑问。例如，在学习"水分子变化"这一课时，在备展电解水的微观过程时，某小组的学生对展示方式意见不统一，有的学生想采用板画的形式，而有的学生想采用集体表演的方式。当学生征求教师的意见时，我们一般是引导小组内学生自己分析哪种方案能更直观、更好地在同学们的头脑中留下深刻印象。经过自主分析，该小组最终选择了集体表演的展示方式。小组组员来到讲台上，六个人组成了两个水分子，通过距离的变化，再加上一名学生的语言描述，把这一变化过程演得活灵活现。这样的展示既能帮助学生理解所学内容，又活跃了课堂气氛。所以，选择一种学生喜闻乐见的展示方式，能让我们平凡的课堂熠熠生辉。

3. 明确展示要求

（1）组长负责小组分工。按照“人人参与，共同协作”的原则，结合展示方式及学生的个性特点，由组长考量后确定具体分工。根据小组分工，各组组员要勇于代表小组向全班展示学习成果，发表本组观点，无法解决的问题可以向其他小组寻求帮助。另外，小组也可以向其他小组或同学提出问题，进行有效互动，提高展示效果。

（2）观展者的任务。在他人进行展示时，有个别观展者置身事外，摆出一副事不关己的姿态，这是展示过程中的大忌。通过展示者与观展者的互动，把观展者的思维牵动，让展示真实发生。观展者通过对他人各种展示的对比与思考，发现自己的错误，及时纠正，发现与自己不同的见解，取长补短，共同提升，发挥局内人的作用。

（3）真诚互动，注重生成。在展示过程中调动好学生积极进行真诚的互动，才能把课堂展示推向高潮，还课堂于生态，让小组展示真实进行，而不是表面热闹的虚张声势。

在小组展示环节中，只有把展示内容、方式和要求有机结合，才能使展示不流于形式，展示小组学习的真实情况。小组展示不仅加深了学生对知识的理解与掌握，而且还能发展学生个性，挖掘其潜能，使学生各显风采，让课堂充满了生机与活力。

五、开放多元的纠错互评

“纠错互评”是学生在课堂上对问题的认识不断加深，思维碰撞，引发深度思考、质疑与认同的互动过程，是小组展示的延续与有效保障，是显示课堂生态的高潮部分。

纠错互评主要有以下几步：

（一）组内纠错

在合作交流时，小组内会发生思维间的碰撞，于是组内的纠错也随之产生。此时的“纠错”非常有利于学生对知识的深入挖掘。在这一过程中，部分学生发现自己的观点和想法不正确，通过本组同学的纠错帮扶，一些浅显的问题就会自动解决；也有可能是学生的答案单独看起来都不够完善，但融合之后，就得到了完美答案，每个人都做出了贡献，大家互助共进，通过组内纠错，很多问题都可以得内化解决，提高了课堂效率。

（二）异组纠错

“异组纠错”是纠错互评环节在课堂上的显性表现，针对每个小组的展示成果，其他组进行纠错或发表对问题的不同看法，此时兼听则明，相互借鉴。异组纠错不一定是单纯的对错误的纠错，也包含着对方案的补充与完善，最终形成全面的答案或结论。

比如，为了证明酸和碱之间可以发生化学反应，在展示方案时，有的小组提出把稀盐酸和氢氧化钠溶液先混合，再加入镁条，如果有气泡产生，证明二者之间没有反应。其他小组的同学就此提出了不同意见，若反应后稀盐酸剩余，加入镁条也会产生气泡，所以方案不合理。该小组的同学听后认为有道理，教师鼓励大家对此方案改进。经过几轮的异组纠错与补充，学生学会了从根源上来解决问题，思维得到提升，很好地突破了一个教学难点。

让学生主动参与到组间的纠错活动中，防止成为旁观者，培养了学生正确对待错误的意识，促进了学生，科学严谨地表达自己的观点。

（三）互相评价

课堂评价应该多元化，既有教师评价，也有学生评价；既有终结性评价，也有形成性评价。小组互评不仅能够提高学生逻辑思维能力，更能为生生、师生之间的交流创造一个良好的平台，提升了课堂效果。

1. 组内互评

组内互评是充分发挥评价的教育功能的重要一环，评价的侧重点包括评价小组成员的态度，再到合作质量，最后到创新精神。在教学设计中，教师要从合作态度、质量、是否有自己独特的想法等方面设计出组内评价表，让学生在评价时既有据可依，有话可说，又培养了他们对人、对事物客观公正的态度。坦诚的评价如润滑剂一般，能使学生在与同伴的磨合中提升自我。

2. 组间互评

小组合作学习把小组的总体成绩作为奖励或认可的依据，形成了“组内合作，组间竞争”的新格局，使得整个评价的重心由鼓励个人竞争转向组间竞争。合理的组间互评能促进各小组抱团式学习与发展，增强了学生的集体责任感、荣誉感，提高了学生发言的积极性和条理性，激发了学生的学习热情。小组之间不但评知识的掌握，而且评学习的态度、能力等，一方面增强了学生的参与合作的意识，另一方面一改以往师评生听的被动局面，让学生真切感受到自己是学习的主人。

纠错互评的过程其实就是一个破茧而出的过程，其中有自己思想的斗争，也有与其他人的思维碰撞，一旦在这个过程中突破了自我，也就真正走向了真理。开展好开放多元的纠错互评，更显课堂生态和生动。

六、巧妙适度的点拨拓展

点拨就是对学生学习过程中遇到的问题给予指点、引导或启发，是一个指点迷津的过程，有拨云见日之效；而拓展是根据需要对一些具有开发价值的问题进行必要的补充延伸，适度增加知识的深广度，开阔学生的视野，培养学生的思维能力。

（一）巧妙的点拨

1. 需要点拨的问题

学生确实解决不了的问题，解答不准确的问题，解法缺乏条理的问题，存在争议的问题，针对易错、易混、热点、考点需要进行强化的问题，等等。

2. 注意事项

（1）俗话说，打铁还需自身硬，要对学生进行点拨，教师要把教学内容烂熟于心，知道考点、热点、易错点，易混点，明确课标要求；在课堂上，要统观全局，明察秋毫，要善于发现需要点拨的问题。

（2）对于学生能解决的问题，就适当放手。学生思考和交流后无法解决的问题，教师就要不失时机，适当地启发诱导；要启而不发，给学生留出思考的空间，尽量达到一缕藕丝牵大象的效果；但若还是无法解决的，就要具体分析讲解。例如，探究敞口放置的氢氧化钠变质程度时，教师可以先让学生设计实验方案，学生给出的方案比较多，究竟哪种方案更合理？首先引导学生明确探究的目的是确定氢氧化钠是部分变质、全变质，还是未变质。是氢氧化钠和碳酸钠都检验，还是只检验其中一种物质？先检验哪种物质？顺序能否颠倒？这样一点拨，学生思路明确，问题就迎刃而解了。由此顺势对混合物中各成分的检验原则和方法进行总结，让学生能举一反三、触类旁通。

（二）适度的拓展

初中化学是学生学习化学的启蒙阶段，所学内容只是化学世界的冰山一角，在学习中遇到瓶颈问题在所难免，教师适时进行拓展尤为重要。

教师需要拓展的问题：

（1）对能够举一反三、触类旁通、归纳处理的系列问题，进行思辨性拓展。例如，在学习"溶液的酸碱性"这一节时，通过探究酸碱指示剂在不同溶液中的颜色变化，学生认识到溶液按酸碱性可分为酸性、碱性和中性。这时若不进行拓展补充，学生可能就认为酸性溶液就是酸溶液，碱性溶液就是碱溶液，盐溶液都呈中性。我们在教学中拓展了碳酸钠溶液和硫酸氢钠溶液酸碱性检测实验，让学生充分认识酸溶液和酸性溶液、碱溶液和碱性溶液间的关系。

（2）能够由点带面，点面结合，进而加强本学科知识前后联系或与其他学科知识联系，进行深化式拓展。不拓展学生不理解，拓展多了，学生听不懂理解不了，这里就要把握好度。

（3）能够理论与实践相结合，解决生活、生产中的实际问题，进行迁移式拓展。在教学中，教师联系实际的拓展，让学生充分感受化学的魅力，增强了学习兴趣。

教师点拨拓展时的注意事项：首先拓展内容要与课时内容紧密联系。若拓展内容与课时内容联系不密切，不但不能帮助学生理解，还会浪费时间，效果适得其反。其次，拓展的问题难易要适中，符合学生的理解能力与认知水平。初中化学中很多知识内容都比较浅显，受学生的认知水平限制，不能全面深度的展开，所以有些问题学生是存在疑惑的，这就要适度拓展高中知识，但要根据课标把握拓展的尺度，过犹不及。

经过巧妙适度的点拨拓展，为学生学习生动有趣的化学起到指点学津、拨云见日之效，同时能开阔学生视野，引领学生向知识海洋的纵深处游。

七、强化迁移的学以致用

学以致用是指将学到的知识运用于解决一些问题，更侧重于解决生活或生产中的实际问题，既是对知识的补充强化以及迁移的过程，也是充分体现化学源于生活、服务于生活的过程。这一过程不拘于形式，既可以是生活中问题的解决，也可以是相关习题的解决，教师要根据课堂需要进行设定。

学生掌握知识相对容易，但运用知识的方法欠缺，而在“自学·释疑·达标”课堂教学模式下成长的孩子该问题不突出，原因是学生所学知识都是他们主动地探究、思考总结而来，并不是一种“速成式”的灌输式学习。在学以致用环节，首先当用所学知识解决习题时，教师要有针对性地训练学生灵活运用知识的方法，重思路分析和方法的探求、重知识的生成，激活学生思维；要注重训练提高学生分析问题和解决问题的能力，做到一题多解，方法优化；要注重问题的变式变形，做到引申创新，渗透思想方法，培养学生思维的广度深度；要注重综合性、新颖性、开放性和实践性，培养知识方法的迁移应用；要注重训练学生解题后的反思，引导组织学生对解题方法的归纳、总结、升华。

其次，当所学知识与生活联系紧密时，学以致用则经常会运用知识解决生活中的问题。比如，在学习酸的化学性质一节时，我们会将生活中的除铁锈、除水垢等问题交给学生来解决；在学习酸碱中和反应时，会引出工业废水处理、人体健康、农业生产等问题来与所学知识进行呼应。在实际生活中，很多问题可以运用化学知识来解决，从中感受到化学带给我们的智慧与财富。生活中处处有化学，在学以致用环节引入生活中的化学，不仅可以让学生巩固与运用知识，更能够激发学生学习化学的兴趣与动力，这样的课堂才更有活力，这样的学科才更有生命力。

“处处留心皆学问”，从生活中获得知识与发现问题是学习的最好途径，化学学科教学模式也是以生活中的问题为教学起点，然而当将知识内化后，知识终将服务于生活，回归于生活，这也正是学习致用的长远目标和魅力所在。

八、梳理升华的提炼总结

“提炼总结”是对一堂课进行精细加工，让学生明确得失、梳理构建与强化升华的过程，即把零散的知识形成条理性的、逻辑性的知识结构，并总结思维过程、方法及情感体验。一般是通过师生互动，引导学生完成，让学生明确学习所得，反馈学习效果。

1. 具体操作

当一节课的课时内容进行到一定阶段或结束，根据学生需要，教师可适时进行提炼总结，具体分为阶段性提炼总结和课时提炼总结两种。

（1）阶段性提炼总结。在课堂进程中，教师对所学的一个或几个知识点，或者是对一个知识体系，或者所做题目的方法、技巧进行提炼总结。

知识点的提炼总结。一般从对知识点的理解与掌握、考查方式、前后知识点间的联系进行，通过思考分析，提炼总结出一些共性或差异性的东西，挖掘其实质，加深对知识的理解，为运用知识打下坚实的基础。

做题方法，技巧的提炼总结。在复习“物质的鉴别”专题时，教师引导学生通过鉴别几组物质，提炼总结出物质的鉴别方法，如鉴别下列各组物质：①酒精与白醋；②铁粉和铜粉；③氯化铜和氯化钠溶液；④硝酸铵与食盐固体；⑤碳酸钙粉末和碳酸钠粉末。在处理这类题时，我们不能就题论题，要跳出来，站在一定高度，引导学生提炼总结出鉴别方法，如利用物理性质：闻气味，看颜色，溶于水看溶解性、溶液的颜色，是否伴随温度变化等。

对知识体系的提炼总结。教师把所学的零散的知识点串联起来，总结成知识网络，以便知识在学生大脑中的存储与提取。如果学生每个知识点都学得不错，但散乱地贮存在大脑中，到考试时可能就不知道用哪个，提取不出来需要的知识点。若把所学的众多的知识点形成网络，有条理地存储在大脑中，学生到考试的时候就能快速地提出用上，学习效果显现，信心倍增。

（2）课时提炼总结，即一堂课接近尾声时的提炼总结，是学生学完一节课的收获及感悟，既有画龙点睛之妙用，也具有检测的功能。课时提炼总结，教师应结合三维目标，引导和帮助学生进行。在教学案的设计上，我们都有体现提炼总结的“本节小结”。

教师要引导和帮助学生知道从哪些角度进行总结，增强学生学习的时效性，提炼总结要在学习过程中真实、有效地发生，让学生学有所得。

2. 注意事项

首先，提炼总结要结合三维目标进行。作为一堂课的点睛之笔，我们在听课的过程中发现，学生对知识点的提炼总结做得比较到位，但课时总结做得比较被动，好像无从说起，总结得很零乱。教师要引导和帮助学生学会从三维目标方面进行提炼总结，不仅要重视对所学知识点或知识体系的提炼总结，更要重视学习过程，要善于从分析论证、解决问题的最佳方案和有效途径中提炼出方法和技巧。

其次，教师要留出适度的时间。提炼总结要经过思考、分析、比较才能做出，要深刻、全面、真实，避免流于形式、出于应付的浅表性总结。有的教师在处理完知识点或课时内容后，不给学生留出时间，立即让学生说出自己的收获或体会，试想学生的总结怎能全面而深刻。

让学生养成提炼总结的习惯，做好提炼总结是课堂的点睛之处，让学生的学习会达到事半功倍的效果。

九、精妙恰切的诊断评价

"诊断评价"为课堂达标部分，是指利用达标检测题的方式，或根据教学内容的特点，采用技能操作等其他方式对所学内容进行诊断，了解学生知识掌握情况，发现存在的问题，及时做出具有导向性、激励性的评价，以促进学生反思、提高，帮助教师调整和改善教学过程。

纸笔测验法是课堂教学中最常用的诊断评价方法。

（一）纸笔测验法的操作过程

1. 达标题的使用

合理高效地使用达标题，是诊断评价环节的关键所在。检测题应当堂发放，限时完成。我们一般在课堂上拿出3～5分钟，做题前要告知，也可以在PPT上设置时钟提醒。有的教师把诊断评价放在课下进行，这样效果会大打折扣，体现不出诊断评价的导向、激励和对学习的促进作用。在做达标题时，提倡慢审题快书写，教师要留心各类学生的做题状况，以便课下做好个别辅导，以解决"吃不了"和"吃不饱"的问题。

2. 测试评价

测试结束后，教师要及时公布答案，采用自评或小组内互评，对出现的错误，要及时纠正，对于题目中学生不理解的地方，根据反馈，做出知识补救，进行必要的分析与讲解。教师要做好错题记录和分析，在记录测试结果时，要灵活选用定性评价或定量评价。定性评价如分A，B，C，D四个等级评定，准确率在85%以上的为A级，准确率在80%～85%为B级，准确率在70%～80%为C级，其他为D级。通过评价结果帮助学生明确下一步努力的方向和需要克服的弱点。结合教学目标和学生实际，教师要努力实施有利于学生发展的参照性评价，发挥好评价的激励功能。

（二）注意事项

1. 达标题的设计要有针对性、层次性

教师要紧紧围绕当堂课的学习目标，针对常考点、重点。考查的重点要以基础知识的理解和运用为主，不要放在知识点的简单呈现上；要注意联系生产、生活，取用鲜活的情景，体现实践性和探究性。例如，对影响固体物质溶解性的因素的考查，我们设计成：“要去除餐具上的油污，在用洗洁净洗涤时，最好用热水还是冷水？”不仅要从记忆、理解和应用方面考查，还要注意从获取信息和利用信息的综合能力方面考查；不能只重视学习结果，还要注重学习过程，应有活动要求和活动过程的设计；评价题目难易及题量要适中，不可求全贪多，一般3～5题比较适宜，每小题标注出分值，便于学生明确考查结果的档次评定标准。

2. 诊断评价方式灵活多元

我们虽然以纸笔测试为主进行诊断评价，但在教学过程中要根据教学内容的不同，采用多元化的诊断方式，如实验操作、写科普短文、口试等。评价方式可采用自评、他评、互评及师评等，做好评价档案，并将评价结果用于学生个人或小组的评优中去。

总之，通过精妙的诊断，学生做到了“知己”，明确了努力的方向；而教师做到了“知彼”，有利于调整教学，因教施教。对诊断结果的恰切评价，激励学生不断向前。

第三节　“自学·释疑·达标”化学课堂教学案例

——人教版化学九年级下册第十单元实验活动7《溶液酸碱性的检验》教学设计

【教学目标】

1. 知识与技能

（1）通过实验，学生学会用酸碱指示剂、石蕊试纸检验溶液的酸碱性，知道pH与溶液酸碱性强弱的关系。

（2）会用pH试纸检验溶液的酸碱性强弱。

2. 过程与方法

从微观角度认识溶液呈酸碱性以及酸碱性强弱程度不同的原因，进一步建立宏观与微观相联系的思维方式。

3. 情感态度价值观

了解溶液酸碱性对人类生命活动的重要意义，切身感受化学源于生活、服务生活的理念。通过小组合作的方式探究指示剂遇到酸、碱、中性溶液颜色的变化，体验合作学习的重要性。养成细心观察和严谨的治学态度。

【教学重点】

检验溶液的酸碱性，判断溶液酸碱性强弱的方法。

【教学难点】

判断溶液酸碱性强弱的方法。

【教学准备】

稀盐酸、硫酸氢钠溶液、食盐水、蔗糖溶液、氢氧化钠溶液、碳酸钠溶液、石蕊试液、酚酞试液、井穴板、10ml试剂分装瓶、pH试纸、玻璃片等。

【教学方法】

“自学·释疑·达标”课堂教学模式下的化学课堂教学。

【课题类型】

新授课。

【教学过程】

（一）学案导学

本节课课前自主学习的任务设计如下：

1. 自主学习

认识溶液的酸碱性。

酸溶液为什么显酸性？碱溶液为什么显碱性？

酸溶液中含有大量的________，表现出酸性；碱溶液中含有大量的________，表现为碱性。

一瓶无色透明的溶液，如何知道它是酸性还是碱性？（提示：酸碱的通性和个性哪个可以用来检验）

教师活动：提前发放教学案并布置自学任务，批改学案了解学生自学产生的疑问。

学生活动：结合课本内容从微观角度解释溶液呈酸碱性的原因；结合前面所学内容总结检验溶液酸碱性的方法，提出自学过程中存在的疑惑反馈给科代表。

设计意图：让学生从微观本质角度认识溶液呈酸碱性的原因，为新课的学习奠定基础。

2. 导入

以一次制作失败的紫薯粥为切入点，向学生形象展示物质的变色情况并由此引出关于溶液酸碱性的研究。

教师活动：课件展示生活图片。

学生活动：抢答分析原因。

设计意图：用师生的亲身经历营造学习氛围，激发学生学习兴趣及探究欲望。

（二）合作交流

小组内交流学案内容。

教师活动：组织学生组内合作交流自学成果，要求组内统一意见，落实自学成果，将组内困惑与教师进行交流。教师巡视并参与组内交流，深入了解学生自学成果及其疑问。

（三）实验探究

检验溶液的酸碱性（见表7–3–1、表7–3–2）。

表7–3–1

试剂	酚酞试液	试剂	酚酞试液	试剂	酚酞试液
稀盐酸（1）		食盐水（2）		氢氧化钠（3）	
硫酸氢钠（4）		蔗糖水（5）		碳酸钠（6）	

表7–3–2

试剂	石蕊试液	试剂	石蕊试液	试剂	石蕊试液
稀盐酸（1）		食盐水（2）		氢氧化钠（3）	
硫酸氢钠（4）		蔗糖水（5）		碳酸钠（6）	

教师活动：组织学生利用给定的试剂和仪器，进行分组实验：检验溶液的酸碱性。课件展示实验步骤及实验注意事项。

学生活动：讨论实验方案并将方案记录在学案上。分享出自己的实验。完成实验并得出结论。

设计意图：实验探究与合作交流共同作用，拓展硫酸氢钠溶液、碳酸钠溶液酸碱性的检验，突破本节课难点内容。

通过动手实验，让学生主动参与到知识探究过程中，体验动手操作的乐趣；通过对实验现象的展示，培养学生仔细观察的习惯和表达的能力。

（四）小组展示

展示实验成果。

获得结论

（1）紫色石蕊试液遇到酸性溶液变成________色，遇到碱性溶液变成________色；无色酚酞试液遇到酸性溶液________色，遇到碱性溶液变成________色。紫色石蕊试液和无色酚酞试液遇到中性溶液都不变色。

（2）酸溶液________（填“一定”或“不一定”，下同）是酸性溶液，酸性溶液________是酸溶液；碱溶液________是碱性溶液，碱性溶液________是碱溶液。

教师活动：认真听取学生的回答，并引导学生及时进行评价；通过投影将小组实验结果加以展示，并填入表中；根据实验结果引导学生得出结论：

（1）紫色石蕊试液和无色酚酞在不同溶液中的变色情况。

（2）酸溶液与酸性溶液，碱溶液与碱性溶液的辨析。（适时点拨）

（五）纠错互评

小组成员通过认真聆听，关注其他组成员的成果展示，及时根据本组的自学成果进行有价值的评价。

学生活动：以小组为单位分享实验成果；认真总结，大胆发言，详细记录其他小组同学的成果展示，并及时进行纠错互评。

设计意图：实验探究充分体现了化学是以实验为基础的科学。小组分工明确，有的负责根据实验步骤做实验，有的负责观察实验，有的负责填表，有的负责找规律补全结论，充分体现了人人有事干的合作探究式学习过程。

（六）点拨拓展

教师点拨拓展指示剂的发现及生活中的指示剂，总结什么是指示剂。

教师活动：播放视频，了解波义耳发现酸碱指示剂的历史；投影展示生活中能做指示剂的物质；总结指示剂定义：像石蕊试液这种能跟酸性溶液或碱性溶液起作用而显示不同颜色的物质叫作酸碱指示剂，简称指示剂。常用的指示剂有紫色石蕊和无色酚酞；演示石蕊试纸的使用方法。

学生活动：观看视频，感悟波义耳从失误中获取科学成就的过程；了解生活中的酸碱指示剂。

设计意图：帮助学生构建指示剂选择方法；对学生进行情感态度价值观教育，

促进学生学习伟大科学家在探索过程中的钻研精神，并感受化学与生活的联系。

1.深入探究

（1）溶液的酸碱性强弱程度与什么因素有关？

在一定量的水溶液中，________越多，酸性越强；______越多，碱性越强。

（2）用什么表示溶液酸碱性的强弱？

（3）pH的范围是怎样的？pH的大小与溶液的酸碱性强弱有什么关系？

① pH________时，溶液呈中性。

② pH________时，溶液呈酸性，pH越________，酸性越强，即H^+的浓度________。

③ pH________时，溶液呈碱性，pH越________，碱性越强，即OH^-的浓度________。

教师活动：过渡并引出新问题：硫酸氢钠溶液和盐酸都显酸性，都能使紫色石蕊变红，谁的酸性强呢？氢氧化钠溶液、碳酸钠溶液都显碱性，谁的碱性强呢？引导学生交流学案上的问题。

学生活动：小组内合作探究，结合课本内容和教师引导，积极回答问题，获得问题答案同时掌握新知识。

设计意图：培养学生综合分析能力、合作交流能力，激发学生的学习自觉性；培养科学探究精神和严谨治学的态度；锻炼学生的提炼总结能力，形成网络建构图。

实验探究：如何测定溶液的pH？

（1）尝试用pH试纸测定溶液的pH测定溶液pH的方法步骤。

（2）pH试纸使用方法____。

表7-3-3

试剂	稀盐酸	硫酸氢钠	食盐水	蔗糖水	氢氧化钠	碳酸钠
pH						

（4）pH试纸的精确度为________，pH试纸________（填“能”或“不能”）伸入待测液，以防污染试剂。

教师活动：组织学生讨论规范测定方法，并让学生进行分组实验，测量溶液的pH。课件展示实验步骤及实验注意事项。

学生活动：组内交流测定溶液pH的方法步骤，按照要求完成实验，并记录数据。

设计意图：培养学生的动手能力、实验探究能力，让学生体会化学实验在化学学习中的作用。引导学生科学实验严谨治学，激发学生学习化学的兴趣和欲望。实验探究与合作交流共同作用，突破本节课难点内容。

2. 纠错互评

pH试纸使用时________（填“能”或“不能”）用水润湿，若被润湿，相当于把待测液________，则测酸性溶液pH________（填“偏大”“偏小”或“不变”，下同），测碱性溶液pH________，测中性溶液pH________。

教师活动：引导学生指出各组内实验过程中存在的问题并提出改进意见。

学生活动：以小组为单位进行纠错评价。

设计意图：纠错的过程既是学生对于自己原有认识的反思过程，又是学习从不同角度重新认识问题，博采众家所长的过程。

3. 拓展提升

（1）你测出的pH是否精确？有没有更精确的测定方法？

（2）pH试纸能否伸入待测液中，为什么？

（3）如果试纸被水润湿还能否准确地测出溶液的pH？会产生怎样的误差？

（4）与酸碱指示剂和石蕊试纸相比，pH试纸有何优点？

教师活动：要求学生先独立思考再进行组内交流讨论，引起思维的碰撞，清除思维盲点。根据学生的观点展示适时进行评价。

学生活动：先独立思考，然后组内分享交流，形成组内共识并积极进行成果分享。

设计意图：突出教学重点，化解教学难点。要求学生开始独立思考然后再小组合作，既锻炼了学生独立思考的能力，又培养了他们合作学习的能力。

（七）学以致用

生活链接——物质的酸碱性对人类生活的影响。

教师活动：图片展示生活中常见物质的pH、人体体液的pH以及常见农作物生长所需pH。

学生活动：认真观看图片，了解酸碱性对人类生活的影响。

设计意图：进一步展示生活与化学的联系。

（八）提炼总结

本节课我有哪些收获________________________。

本节课我还有哪些疑问________________________。

教师活动：引导学生从定性和定量角度总结溶液的酸碱性检验方法，让学生明确学习得失，反馈学习效果。

学生活动：认真总结，做好反思。

设计意图：锻炼学生的总结能力，引导学生对知识进行系统化归纳，提升化学学科素养。

（九）诊断评价

1. 向某无色溶液中加入酚酞试液，酚酞试液不变色，则该溶液（　　）

A. 一定呈碱性　　B. 一定呈酸性　　C. 一定呈中性　　D. 可能呈酸性

2. 将pH=2的盐酸不断加水稀释，下列选项中能正确描述该过程中溶液的pH变化的图像是（　　）

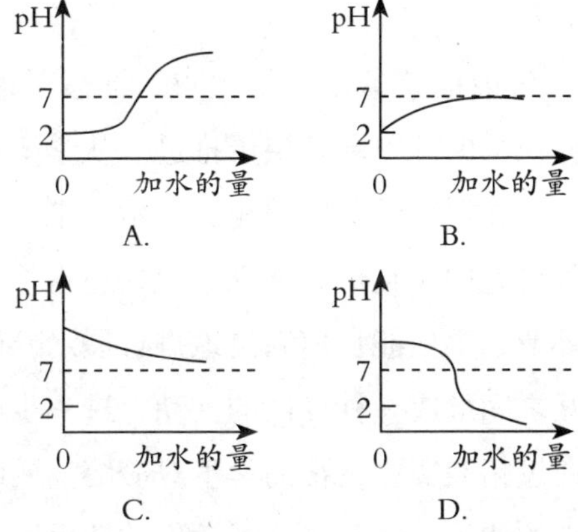

3. 小李在学习酸碱指示剂与常见酸、碱溶液的作用时，归纳成如图所示的关系。图7-3-1中A、B、C、D是两圆相交的部分，分别表示指示剂与酸、碱溶液作用时所显示出的颜色，则其中表示不正确的是（　　）

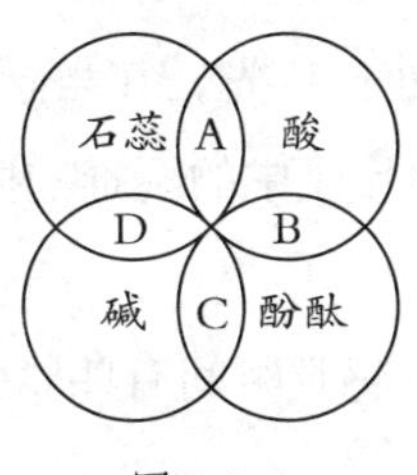

图7-3-1

A. 红色　　B. 蓝色　　C. 紫色　　D. 无色

4. 用pH试纸测定溶液酸碱度的方法中正确的是（　）

A. 将试纸伸入待测液中

B. 将试纸用水润湿后放在玻璃片上，用玻璃棒蘸取溶液滴在试纸上

C. 将待测液倒入玻璃片的试纸上

D. 把试纸放在玻璃片上，用玻璃棒蘸取溶液滴在试纸上

教师活动：巡视学生做题情况，给予完成同学批改点拨。及时了解学生完成情况，为下一步讲评和练习题的设计收集信息。安排组长批改并记录本组完成情况。

学生活动：五分钟内独立完成解答。组内核对答案，组长进行批改并记录成绩。

设计意图：进行针对性练习，反馈学情。

【教学反思】

本节课以一次制作失败的紫薯粥为切入点，激发学生对溶液酸碱性的探究，然后按照化学学科模式的基本环节层层推进。从学案导学开始，学生通过教学案的引领，自学效果在后续环节中都充分显示出来。在合作交流环节，各小组成员都主动参与到讨论中，且带着探究意识兴趣盎然地进行分组实验。在小组展示和纠错互评环节，学生能自信满满地进行展示，而观展的小组，能及时提出不同意见，相互之间形成一种良性的互动，进一步彰显出课堂的生态。在教学过程中，教师通过拓展实验，帮助学生对酸溶液或碱溶液及溶液的酸碱性之间的关系有了清晰的认识，同时培养了学生的动手能力、观察能力、严谨的态度和科学的研究方法。在学以致用环节，展开得也比较好，让学生充分体验到了"化学源于生活，而又服务于生活"。教师通过提炼总结，使学生形成了科学的知识体系。从诊断评价环节看，课堂效果很好，达到了预期的目的。

这节课也存在一些不足之处：首先，在教学过程中，教师更多地关注教学任务的执行与完成，对学生实际接受中的疑难挖掘不够，还需要用心去研究、体会、感悟。

其次，学生在提炼总结时，感觉时间有些紧张，还可以放慢一点。

第八章

地理学科
课堂教学模式的构建与解读

新课改充分体现了鲜明的时代感和历史使命感，要求教师对当前地理课堂教学进行相应的方法创新和教学改革。基于对当前地理学科学生核心素养的正确培养和地理学科基本特征的正确认识的新需求，我们要深入探讨应该怎样才能让教学理念有效落地？如何从三维目标走向核心素养？这就要求每位教师从角色定位、教育理念、教学方法等多个方面应做出相应的调整，将先进的现代化教育课堂管理理论和现代化课堂教学实践紧密结合，从而改变学生的课堂学习方法和思考方式，激发学生的课堂学习兴趣和学习动机，培养学生的地理意识。在当前新型的地理课堂教学中，教师必须进一步加大学习新课标的力度，加强学校集体备课，学习先进的地理教学理论，正确把握新的地理课程标准，及时更新教育观念；要以制订和实施新的地理教学手段为重点和突破口，以培养和提高学生的创新精神和实践能力为教学核心，树立全新的现代化教育课堂管理理念。新课程背景下的地理课堂教学要求面向所有学生，“学习对生活有用的地理”“学习对终身发展有用的地理”。因此，教师必须牢固树立“以人为本”的现代化教育观，积极探索“自主合作、优质高效”的现代化课堂教学模式，引导广大学生更好地从现代化的视角去了解生活，关注现代化的社会，关注我们的命运和生存环境，从而更好地提高广大学生的地理科学素养。

第一节　模式的探索与形成

随着当前我国教学改革的进一步开展与深入，新的现代化专业教育学科课程、教学方法观念的不断更新，再加上目前我国大多数高校地理学科专业的教材体系中都明确提出了“以人为本”的理念，地理课堂教学理应发生大的转变。新型地理课堂要求培养学生的自主实践能力与创新精神，要求转变传统的教育思想，改变地理的学习方法，开展具有创造性的学习，让学生由“要我学”走向“我要学”，突出以学生作为活动的主体，强调学生在活动中对知识点的主动寻找、主动发现，构建一种开放式的地理课堂，促进学生的整体主动性发展与个性化发展，为此积极探索一种新型的地理课堂教学模式势在必行。

一、为什么要构建地理学科模式

没有课堂教学的真正进步，就不可能有新一轮课程体制改革的深入推进，再好的课程思想和教育观念，如果未能被转化成一种有效的课堂教学活动，也将会流于形式，成效甚低。下面主要从地理核心素养、新课改和学科特点三个方面来谈谈为什么要构建地理学科模式。

1. 地理核心素养的培养需求

地理教育是一门具有基础意义的课程，它主要是向学生传授有关地理的科学知识内容，通过学生的深入学习和实践，逐步提高学生的地理知识素养。地理的核心素养主要包括四个层次，分别是区域认知、综合思维、地理实践能力和人地协调观。区域认知主要是通过阅读图表、案例分析和观看视频的方法来理解环境问题的概念与类型，分析人类面临的主要环境问题和寻求相应的解决方案。综合思维主要是通过阅读图片和合作探究，帮助学生掌握分析和判断主要环境问题可能产生的根本原因和危害。地理实践能力主要是通过开展小组合作、课堂小游戏的活动，培养学生在实践活动中的表达能力，丰富学生的课堂活动，增添地理的学习乐趣。人地协调观就是要学生通过运用整体性的综合思考和区域性认知的方法来感悟社会与人之间的关系，树立起保护环境人人负责的社会主义公民意识。

与其他学科相比，地理与实际生活中的联系最为紧密。通过地理课程的学习来培养学生的区域地理意识，使得学生在实践中能够充分运用整体的思维去分析和解决问题，并有效地建立起良好的地理实践技巧。首先，地理的核心素养主要表现在一种理性的思维上，体现在我们对于所学基础知识的诠释和概括、演绎式推理、批判型思维、探讨生命的现象和法则；其次，地理的核心素养还表现在为了发掘与地理有关的生存问题，学生通过自己所学的地理知识去研究与地理有关的实际现象。

2. 新课程课改的迫切要求

近年来，由于受“结业考试成绩”指挥棒的冲击，在课堂上，地理教学更多地倾向于死记硬背，而完全忽略了教学手段和方式。因此，深入研究探索能在新课程背景下有效实施的地理高效课堂模式是非常必要的。在新课程的思想下，地理课堂的结构与其设计模式已经发生了巨大的改变，和其他传统教学模式相比，今天的地理课程更加注重“以人为本，促进学生的全面成长”。学生转换成了活动的对象和主体，学生就是课堂的真正主人，教师则是通过科学的课堂组织方法和形式，引导学生积极主动地参与到课堂之中，激发学生对地理的学习兴趣，实现高效化的课堂。同时，教师应该注意做好以下三个方面：第一，最大限度地把我们的课堂归还给学生，发挥学生的自主性、主动性和创造力；第二，课堂教学必须做到有法可依、有规可循。在这个过程中，所谓的“法”本身就是一种模式，它既规范了我们所授课程的教学方式，也规范了我们所授课程的行为；第三，以学评教，什么是优秀的课？哪些才是优秀的教师？只有使学生掌握、会学的课才是优秀的课。好的教师既要使学生掌握、会学，又要使学生真正体验感受到自己学习的愉悦，这才是高效课堂所需要追求的“知识的超市，生命的狂欢”。

“让学生动起来，让课堂活起来，让效果好起来”，教师富有了激情，才能够充分调动学生的兴趣和积极性，学生才会自主进行学习和探究。课堂教学效益的高低，直接影响到教育和课堂教学质量的高低。为此我们必须精心设计课堂教学的每一个环节，合理使用课堂每一分钟，大力构建地理高效课堂教学模式。在平时的教学反思中，教师总结出了一堂“好”地理课的教学标准需要做到以下几点：①学习目标要符合课程规范的要求；②以地理的视角为研究主线进行选材和组织教学；③选材内容要更加真实贴近生活，吸引学生的学习积极性和具有深度性的参与；④课程设计教学风格鲜明，师生之间沟通互动有效。

3. 地理学科特点的内在要求

地理课程是一门探讨我国地理生态环境、社会现状以及其他人类生命活动和地理环境之间相互联系的教育课程，突出“生活中的地理”，它兼具社会学科与自然学科的属性。在课堂教学中，教师要让我们的学生初步了解地理的基本知识和其中的一些基本原则；培养学生的地理思维能力，引导学生掌握学习与分析各种地理问题的途径和方法，树立科学的人口观、资源观。在课堂教学中，我们要充分考虑每个学生的身心发展规律及不同层面的学习要求，实行自主学习、合作学习、探究学习。地理学习主要通过五个“w”，即“where”“what”“when”“how”“why”来引导。在学习的过程中，学生要将所学到的地理知识直接运用于实际的生产与生活中，从而分析出如何解决实际生产与日常生活的问题。

4. 课堂教学中存在的困惑

多年来，通过教研组内赛课、学校大赛课等多种形式的听评课和集体备课，我们发现学校的“自主·释疑·达标”课堂教学模式在运用上还存在许多困惑，比如，交流显得有点频繁；学生的展示单一；小组合作交流让人们感觉到虽然学生参与了，但举手回答问题的还是少数人；基本知识都会了，但分析实际问题和解决实际问题的方法不行，综合应用能力差。因此，课堂教学要加强知识点之间的联系，要有地理味道。例如，地图的应用，一图胜千言，学什么？怎么学？在哪儿？为什么？等所有有效信息都体现在地图上。怎样设计地图作为一个课题来研究？地理核心素养达到什么标准？针对存在的这些问题，教研组在集备时进行深入交流，并在课堂上反复打磨实践，不断总结经验和教学反思，最终形成了当前的地理学科教学模式。

二、地理学科教学模式的形成与简要概说

1. 地理学科教学模式的形成

为了进一步优化课堂教学，更好地体现“自主学习、探究学习、合作学习”的课程教学新理念，改变教师的传统教学观念与学生的学习方式，激发学生的积极性和主动性，让教师从讲课中退到导演中，提高课堂教学的效率，我们地理组在学校“自学·释疑·达标”课堂教学模式的基础上又进行了完善和补充。结合地理学科的特点、地理学科核心素养和新的教学理论，形成了地理学科课堂教学模式。该模式实现了学校模式和地理学科的融合与发展。

地理课堂“自学·释疑·达标”的课堂教学模式分为学案导学、交流释疑和图释研学中的自主展示、纠错互评、点拨拓展、合作探究，再加上提炼总结和达标检测共八个环节。其中，交流释疑为课前的自主学习与课堂教学的“对接链”，使二者融为一体；自学过程包括学案导学、交流释疑和图释研学过程中的自主展示及纠错互评环节；释疑包括了交流释疑，图释研学过程中的自主展示、纠错互评、点拨拓展、合作探究再加上提炼总结这几个环节；达标包括提炼总结和达标检测两个环节。三大板块相互兼顾，彼此关联，如图8–1–1所示。

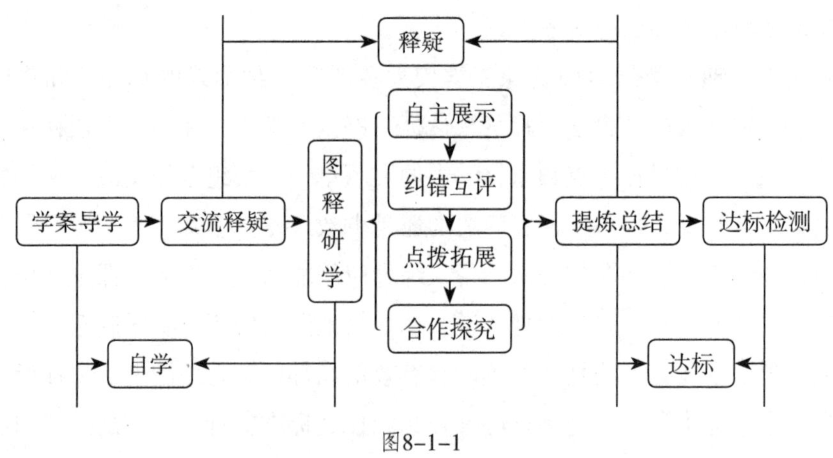

图8–1–1

2. 地理学科教学模式的简要说明

将学校模式中合作探究换成交流释疑的主要原因是教师们普遍认为课前自主学习是比较基础的知识，在课本上或地图上就能找到答案，而且第一个环

节学案导学内容是严格按照学生认知水平精心设计的，通过学生自主学习再加上课下交流，大部分问题已经能够很好地解决。课堂上的继续交流，一方面是与课下学习有了很好地连接；另一方面也是为了保证学生获得知识的准确性，如对某个知识点有疑问、有没有错别字等出现的一些比较简单的问题能得到解决。这个过程也可以出现异组交流以及教师深入组内的指导，通过交流指导，学案上的自主学习任务基本上可以得到解决。然后进行图释研学，这个环节是重头戏，主要包括自主展示、纠错互评、点拨拓展、合作探究，也就是说这四个环节都需要依靠图来完成，当然以自主展示为主，纠错互评可以组内或组间进行，经过互评后再进行适当的点拨拓展，这里的合作探究指的是有难度、有深度的问题。图释研学既可以充分锻炼学生的交流与语言表达能力，也可以大大地提升学生学习的主动性和课堂的积极参与互动程度。接着就是提炼总结和达标检测，也就是模式的达标板块。因此，与学校模式中差别大的地方就是图释研学这一环节，更凸显出地理学科模式的特色。

3. 地理学科模式中特色的“图释研学”

图释研学是将所学课本上的基础知识点和内容都融入图像中，通过多媒体以视频画面、地图等多种形式完整呈现给学生，充分发挥地图的引导示范作用，增强对知识的清晰感受和深刻印象，有助于学生对知识的快速理解和正确掌握。仅仅只是单纯地运用语言文字的形式来组织地理教学，学生就会觉得地理知识十分枯燥乏味，而图释研学是一种非常符合初中学生的地理认知水平和身心特点的有效教学手段。它以地图为教学载体，发挥地图的直观、准确、信息丰富等优点，加以教师的恰当引导，把抽象知识具体化，能够有效地帮助学生更好理解和记忆，将所学知识活学活用。图释研学在实际的应用中就需要采用图像转换、图文变形等多种方式，促使学生主动去学习和研究相关的地理知识，其教学效果远远超出了传统教学的数倍。因此，教师在课堂上应该十分注意对学生的读图、析图综合能力的训练，将图释研学充分应用到学习的过程中去，有助于提升学生的自主学习、合作学习和创造性探究学习能力，同时也会极大地提升课堂效率。

从教师和学生两个角度分析图释研学在地理课堂教学中的优势，具体来说主要包括：

对于教师来说，第一，有利于教师教学设计更加具体化，在地图上可以用简易的形式描绘地理概念、地理事物的分布、成因及其所代表的地理变化规律和原则等，使整个教学设计清晰明了；第二，有利于引导教师更好地理清思路，图释研学适用于多个环节，基本上贯穿课堂始终；第三，有利于教师明确自己的课堂角色，图释研学以学生为主体，改变了传统教师为主体的课堂模式。

对于学生来说，第一，有利于帮助学生建立本课知识结构，图释研学以地图为重点和突破口，为学生搜寻地理信息提供了方便。第二，有利于引导学生积极开展探究性的学习，在图释研学的作用下，学生的思维能力可以真正实现由集中到发散的过渡，不断突破自己的思维认知模式。第三，有利于引导学生积极开展自主学习和团队协作学习，加深对基本概念的认识和理解，提高自学效率。

总之，地理学科教学模式分为自学、释疑、达标三大板块，各个板块之间不是独立的个体，而是存在交叉与融合，各个环节也是相互联系、相互制约的。"学案导学"是以"教学案"为载体，结合学习目标和学法指导，引导学生课前自主学习。"交流释疑"是以小组为单位交流学案中的自主学习部分，提出疑问，以便在课上共同解答。高质量地完成"学案导学"和"交流释疑"环节，对本节课开了"好彩头"，会促进"图释研学"这个核心环节的高效进行。图释研学贯穿着自主展示、纠错互评、点拨拓展、合作探究四个环节。"自主展示"是各小组学生各尽其能、诠释知识的过程；"纠错互评"是上一个环节的延伸，是学生思维碰撞的导火索，也是师生信息交流的窗口；"点拨拓展"的主阵地是教师，是对学生理解不透彻或者无法解答的问题的引导点拨；"合作探究"解决的是本节课中的重点、难点。"提炼总结"是对本节课内容进行精细化加工，构建知识结构体系。"达标检测"是课堂教学的一个反馈与评价，关乎课堂的成败。地理课堂教学模式既要体现地理学科本身的特点，又要注重对学生地理学科核心素养的培育，在实践中创新、在反思中成长。相信不久的将来，地理课堂一定会拥有一个更大的突破！

第二节　模式的环节解读

在继承了我校“自学·释疑·达标”课堂教学模式的基础上，同时结合新课程标准对地理课堂教学提出的新观念，地理组经过多年的地理课堂实践，对我校的课堂的教学模式进行了一次全面的探索，形成了以“图释研学”为核心的地理课堂教学模式，即包括学案导学、交流释疑和图释研学中的自主展示、纠错互评、点拨拓展、合作探究，再加上提炼总结、达标检测八个环节，各个环节之间不是孤立的，而是存在着交叉与融合。该模式既能体现地理学科特点，又注重了地理核心素养的培养，同时又与学校模式相融合，进一步优化了地理课堂教学。如何操作与实施呢？下面就对这八个环节进行详细的解读。

一、学案导学

“学案导学”是指根据我国初中地理新课程标准的特点和要求，结合我校学生地理学习的实际情况，由教师制订一套符合地理学科、符合学情的教学案，学生在具体的教学目标、教学方式、教学过程的指导下，认真阅读教材相应内容，根据教学案的要求先完成“自学”部分，并在教学案后面提出疑问、观点、见解，以供课上师生共同研讨解决。它的目的是引导学生积极自主参与学习，提高学生课堂的自主学习效益。

基于我校三次备课而形成的地理教学案主要包括学习目标、学习重难点、课前准备、自主学习过程、合作探究、畅谈收获、达标检测等几部分。为了给学生留足充分的自主学习时间，教师一定要在上课的前一天安排课代表将教学案发放到学生手中，学生借助教学案完成自主学习。上课伊始，教师组织学生以小组为单位交流课前自主学习内容，小组派代表展示自学成果。对于本节地理课中出现的有深度、有探究意义的问题采用合作探究的方式商讨解决。

然而，在使用教学案的过程中，我们发现很多时候学生会为完成任务而做教学案，没有真正地进行自主学习。经调查发现，这主要是因为教学案课时量大，并且问题抛出不清晰，部分学生无法快速在教材中找到相应内容，导致学生为了赶时间而应付“作业”。因此，教学案在制订设计过程中，不仅是为了对大纲与教材进行分析，还是为了结合每一名学生的自我认识能力与自我认知程度进行分析与研究。教学案在设计的过程中要注意以下几个问题：

（1）控制课时量，尽量一课时一张教学案。教学案中目标要明确，重难点要突出，问题要清晰，明确标出每部分知识点在教材中的位置，为学生阅读课本节省时间；教学案逻辑结构要清晰、有条理，强化知识间的内在联系，使学生一目了然，这样可以极大地提高学生自主学习的效率。

（2）课堂提出的问题要具有一定的层次性、梯度化，应该根据学生对提出问题的理解程度逐步加深，循序渐进。我引导学生意识到，要解决教学案中的问题，不认真读懂课本，不思考是不行的，这样学生就能逐步养成会看书、会自学的习惯。比如，七年级下册《俄罗斯》一节，俄罗斯的自然气候很独特——夏季凉爽而短促，冬季寒冷而漫长。为了进一步加深学生对于俄罗斯自然气候的认识和理解，我在制作教学案时先后向大家抛出了这样三个问题：第一，读俄罗斯的地形图，描绘北极圈，描述俄罗斯的纬度位置；第二，阅读俄罗斯的气候图、气温和降水量图，指出主要的气候类型，说明其气候特点；第三，俄罗斯航运发达吗？分析其原因。其中第一个问题解决的是俄罗斯的纬度位置，由于纬度位置高，决定其气候特点，从而引出第二个问题，那么这样的气候特点对俄罗斯有怎样的影响呢？第三个问题就从航运这个角度予以解答。三个问题，层层递进，由原因到特点再到影响，不仅让学生认识到俄罗斯的气候特点，还进一步探究其前“因”后“果”，加深了学生对气候的理解，并运用到实际题目之中。

（3）教师要适应不同层次学生的要求，优秀学生能够从课堂的实践中体会到新的挑战，中等学生在实践中得到鼓励，学困生也会尝到成功的喜悦。教学案中既有直接阅读课本文字寻找答案的，也有通过读图寻找图中地理事物的，还有需要合作探究的重难点。总而言之，教学案要让每一个学生都能够学有所获，调动他们积极自主参与学习的主动性。

“学案导学”把课堂教学的核心从传统的研究型教师的授课方式转变为深

入研究学生的授课方式。于教师而言，学案导学首先有利于培养教师专业化发展，提高备课过程中的“选材”能力，方法中的“导演”能力，将“集体备课”的工作落到实处，使得个人备课和集体备课工作能够达到有机统一，从而无形中提高教师的工作效率。我校的三次备课大大减轻了教师备课的负担与压力，教学案的使用使教师备课更加高效高质量。于学生而言，学生的合作意识、参与意识增强，小组荣誉感也与日俱增；同时学生的自主学习能力、应试能力、口语表达能力也大大提高，学生找回了自信心。总而言之，学案导学不仅提高了教学质量，而且加强了教师与学生的联系，有效沟通了师生感情。

二、交流释疑

“交流释疑”是以学案导学为前提，各小组组内成员共同探讨课前自主学习成果，并结合地理学科的特点查找相应地图，形成统一意见，同时提出并解决在课前自主学习过程中无法独立完成的问题或探讨过程中新生成的问题，若组内无法独立解决，可寻求其他小组或教师的帮助。该环节是课前自主学习另一个必不可少的一环，也是课前自主学习和课堂教学的一个重要链接。

地理课堂在交流过程中采取的是站立交流的方式，一是可以提示学生已经开始上课，提高注意力；二是解决“疑难杂症”；三是统一小组成员的思想观念，为下一步的自主展示做好准备。

我们发现该环节在运用的过程中，学生会思维分散偏离交流重点或者仅仅流于形式。程度好的学生会认为交流内容过于简单而疲于应付；程度差的学生认为自己学也学不会，干脆直接放弃，这样无形中会延误课堂教学，影响教学质量。如何提高该环节的效率和质量，下面结合地理课堂的教学实践具体来谈一谈。

1. 明确交流任务与时间

学生在进行交流之前，教师应明确给出具体的交流目标、交流内容，甚至明确给出交流时间，让学生在交流过程中具有针对性、目的性、紧迫感。比如，《合理发展交通运输业》这一节，学生第一次接触铁路干线，再加上铁路干线名称拗口、难写，铁路线网密集、复杂，学生接受起来异常困难，交流时也会抓不到要点直接放弃。对于本部分，我设置了如下的交流任务：任务一——复述表格相关内容；任务二——在图中指出主要的铁路干线及起止点，最后明确时间5分钟（时间可根据交流内容多少，难易程度调整）。这样学生既明确了时间，又明确了任务，交流起来就会有据可循，有话可说。

2. 发挥教师的引导作用

该环节教师不再是一个旁观者，必须加入到小组讨论中去，走到学生中间，巡视学生的交流情况。虽然说这是他们自学的一个重要环节，但对于一些疑难问题，学生并不一定回答准确，甚至会出现严重错误。在互动中，教师要针对小组出现的困惑进行适时引导、点拨，同时引导小组进一步深入思考，如“我们小组还存在什么疑惑”“有没有在图中准确指出相应的地理事物”，从而有效地帮助学生掌握合作的技能，顺利地完成交流任务。

3. 合理采用交流方式

交流释疑的方式多种多样，如对桌交流、小组交流、跨组交流等。我们学校教室内学生座位的安排都是“围坐式”，即几个同学面对面围坐在一起，这样极大地方便了小组成员间进行合作交流。地理课堂上，学生可以选择对桌交流、小组交流，也可以是跨组交流的形式，遵循着“只要适合自己的就是最好的”的原则，让学生“人人有事做，事事有人做，时时有事做，有事时时做”，避免出现游手好闲的“闲散”人员。

地理新课改强调地理课堂要着重培养学生的自主、合作、探究意识。“交流释疑”这一环节就是在教师引导下充分发挥了学生的主观能动性，它不仅大大增强了学生的团队协同意识，提高了学生的主动性，创造了“自由、平等、民主、和谐”的课堂氛围，而且让学生在交流释疑的整个过程中更充分、透彻地了解自己，明确什么知识点是已掌握的，哪些知识点是不会的，以便制订更适合自己的学习方法、学习目标，也有利于知识的巩固提高和迁移运用。

三、图释研学

“图释研学”是一种泛指以阅读地图作为课程的突破口，通过读图、绘图等多种形式将基础课程的内容全部融入课堂中，以图文和视频转换的方式作为教学主线，学生通过视频和图像的观看来进一步加深自己对所学知识点的认识和理解，引导学生主动掌握所学知识，从而构建有效的课堂教学效果，完成学习目标。初中地理课堂教学的总目标意在引导学生利用地图学习地理知识，利用地图解决地理教学中的重难点。地图是我们地理学习的眼睛，可以说地理课堂教学的每个环节都离不开地图生成，课堂教学源于地图，最后还必须回归到地图，最终达到图文结合的目标。

“图释研学”具有相当强的实用性，能够充分让学生运用和掌握初中地理课程不同阶段、不同层次的基础理论知识；同时“图”中含有大量的地理信息，对培养学生综合分析问题的能力具有显著成效，教师可以采用不同的方式呈现地理图像，如利用多媒体呈现地图、手绘图像、展示地图模型等，多种多样的地理图像使整个地理课堂妙趣横生。因此，“自学·释疑·达标”的地理课堂教学模式中，“图释研学”是核心，就像一张网，将“自主展示”“纠错互评”“点拨拓展”“合作探究”四个环节有机融合在一起，大大提高了课堂效率和质量。现就“图释研学”中的四个环节做具体解读。

（一）图释研学之自主展示

“自主展示”是在新课程标准下开展地理课堂教学的一个显著标志，是指学生在每节课自主参与学习、协商交流的过程中，对所需要学习的内容和方法进行深刻而系统的交流后所形成的概括性知识与结论，由小组代表使用生动简洁的地理语言、具体形象的地理影像展现在全班同学面前，它是学案导学、交流释疑环节的延续，是“图释研学”的核心，是学生自学能力、表达能力、综合素养的具体体现，也是教师及时掌握学情的有效渠道。

自主展示运用教育心理学的原理，结合初中学生的学习规律及他们所渴望体验和表达的心理特征，采用不同方法，充分调动了学生自身学习的能量与激情，最终获得理想的教学效果。通过展示环节需要达到的教学效果主要表现为以下几个方面：第一，从教学目标来看，教学不仅要让学生“学会”，更要让学生“会学”。读好地图，地理学习就会事半功倍，所以教师要引导学生真正会“读图”。另外，学生在展示的过程中，对于展示不准确或者是错误的问题教师不要急于去指正，让学生自己去观察发现，真正学会。第二，从学生需求来看，“我要学会思考”。很多时候，课堂的展示仅仅回答“是什么”，而忽略了“为什么”“怎么办”。展示的内容泛而不精，“示”多“展”少，很多问题会出现机械性重复，缺乏深层次的思考，这样就会造成浪费时间且学生走神的现象。

自主展示环节其实是将静态的课堂转换成动态的课堂，学生主动展示自己的学习过程、学习方法，并在展示的过程中生成新的问题。针对出现的问题，结合地理学科的特色，地理课堂将从以下几方面落实自主展示环节的实效性：

1. 展示要求

正所谓，“无规矩不成方圆”，一节课的成功运转，严格有序的纪律是保障。首先，对于展示者来说，各个小组在接到教师分配的展示任务之后，在小组长的带领下，快速地选出小组代表，分配好他们发言的顺序，另外，展示者要快速地到达展示的位置，展示时声音要洪亮，语言要规范；对于展示的内容应该熟知，尽量脱稿或半脱稿，不做无效展示。其次，对于倾听者来说，要端正态度，认真倾听，客观评价，不准嘲笑讥讽；课堂中允许学生离开座位找到合适的位置听讲，但要坐姿端正，不可以勾肩搭背，窃窃私语，做到拥而不挤。教师在这一过程中就要维持良好的课堂纪律，保障课堂教学的顺利开展。

2. 展示方式

自主展示的方式对课堂教学的有效性也起到关键作用。结合地理学科的特点，根据展示任务的不同，地理课堂可采取口述、板书、板图、指图、绘图、实物演示等多种展示方式。各小组在明确展示任务后，教师会再给各小组两分钟左右的时间让其再次统一展示成果，以及选择合适的展示方式。

3. 展示内容

教师会依据本节课教学任务量安排各小组需要承担的任务，各小组在自主学习和交流释疑的基础上精细准备本小组的任务。展示不是“比着葫芦画瓢”，而是选择有价值的问题展示，展示的不仅是知识点，还应包括问题解决的过程、启发感悟和不同方法等。

现结合《合理发展交通运业》为例，具体谈一谈本环节在实际课堂中的运用。

中国铁路网是初中地理学习的一个难点，虽然学生在课前自主学习过程中已将主要的“五纵三横”铁路线以表格的形式呈现在教学案中，但在交流释疑环节发现学生对本部分知识并未理解透彻，所以该部分我设置了两个任务——任务一：复述表格内容，任务二：在图中指出主要的铁路干线及其起止点。每个任务里面又包含着五条纵向铁路线和三条横向铁路线，任务量非常大。结合此情况，我再将这两个任务划分成四个小任务分配到不同的小组中，具体分配——分组展示：一组复述表格一；二组复述表格二；三组四组指出南北走向铁路干线及其起止点；五组六组指出东西走向铁路干线及其起止点；其余小组仔细聆听，提出疑问。各小组明确任务之后再给各小组1～2分钟的时间进行准备，尽量达到以下要求：①脱稿复述相关知识点；②在图中准确指出相关地理事物。在展示的过程中，一组、二组同学采取口述、板书（书写易错字）方式进行展示，三到六组同学采取指图、绘图（教师通过希沃白板将学生绘制的"中国主要铁路干线图"投影到多媒体上）方式进行展示。各小组学生在明确了展示要求、展示任务之后，交流目标更加明确，不仅用时短而且质量高。

"自主展示"的主角是学生，也是一节课的活动中心和重头戏，它充分发挥了以小组为单位的群体作用。组内分工明确，密切配合，将好思路、好办法积极主动地表现出来。而教师是地理课堂的引领者，保证了展示的方向性、顺畅度，同时教师要注意捕捉学生的新观点、新手段，营造多维度互动的氛围。师生之间彼此沟通、彼此启发、彼此补充，共识、共享、共促进，形成一个真正的"学习共同体"。

（二）图释研学之纠错互评

"纠错互评"实际上就是搜集、分析的过程，是指各小组间就展示的内容相互点评，指出正误，查缺补漏。它是自主展示环节的延续，贯穿于整堂课程的始终，学生之间能够边展示边评价，是整个课堂教学中最为高潮的部分。点评者在补充性评价时要明确地说出理由，不做任何重复、无意义的评价；受到点评的同学要认真地对待别人的评价，及时加以改进。

在传统的课堂教学中，大多采用"教师问—学生答—教师评"的模式，教师成为评价的主宰，然而对于青春期的学生来说，他们的自尊心极强，如果受到教师不准确的评价，往往会丧失信心。所以，我们采用让学生互评的方式，大家一起分担口误等带来的尴尬，要比教师直接评价效果好得多。因此，正确的"纠错互评"是医治这一问题的良药。每名学生都非常期待自己成为一名新的发现者、探索者，我们借助于学生这一精神要求，在纠错互评的过程中，我们为学生提供了广阔的视野让他们进行发现、探索。如何有效引导学生进行课堂纠错互评，下面将结合地理课堂教学具体谈一谈。

1. 纠错评价方式要多样

纠错的方式有很多，有以教师为主的纠错，还有以学生为主的纠错。以学生为主的纠错也不应仅仅局限在同组纠错，还可以采取异组纠错、相互评价等方式。教师要大力鼓励创新性、个性化的观点，营造"百家争鸣"的氛围。七年级上册有关于地理坐标的问题：写出图8-2-1④地所在地理坐标是________。

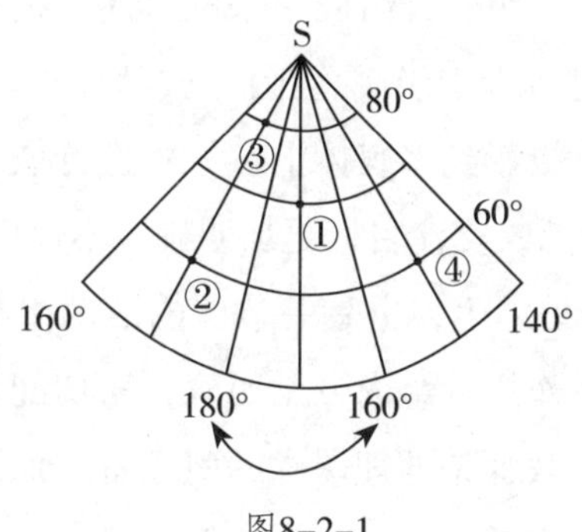

图8-2-1

学生经过一番思考，交流之后回答：

学生A：我认为是（60° S，150° W），因为这是南半球，所以是60° S，另外经度数值向西逐渐变大，所以是150° W。

我听完该生的回答之后没有急于指正，这时学生B迫不及待地站了起来。

学生B：我有和A同学不同的观点，我认为应该是（60° S，150° E），因为这个位置是南半球，所以地球的自转是顺时针，方向依然是自西向东，说着上台画了一个地球的自转方向（如图8-2-1），所以根据方向判断经度数值应该是向东增大，为150° E。

该生说完之后，学生顿时恍然大悟，一致赞成他的观点。突然，学生C又站了起来。

学生C：对这道题我有不同解法，平时我们看地图都习惯于“上北下南，左西右东”，所以我们可以把这幅地图旋转过来，南极点在下方，再按照一般定向法确定东方和西方，这样就不难发现经度数值是往东增大的，应该为东经。

该生回答完之后，全班响起雷鸣般的掌声，都为他的机智点赞。

该题目就在三名同学的纠错互评中“完美收官”了，没有经过我的参与，反而学生知识点掌握得更牢固。

2. 让学生对纠错互评产生兴趣

著名物理学家爱因斯坦曾说：“如果把学生的学习热情激发起来，那学校所规定的功课会被当作一种礼物来接受。”对于教师而言，创设激情有趣的教学环节至关重要，可以采用观看视频、小组竞赛、互猜字谜、班级辩论会等丰富多彩的形式增加课堂的有趣性，激发学生的上课激情。

3. 保证每一名学生都参与纠错互评

在传统的课堂教学中，教师"高谈阔论"，学生"似懂非懂"，教师累得气喘吁吁，学生学得云里雾里。我们要在课堂上给予学生充分的表现时间与空间，让每名学生都亲身去探索、去评价，着实地为每一名学生提供积极参与课堂的机会，让学生在不断地交流讨论中渐趋丰满。

相较于学生纠错互评，教师纠错可能更具有目的性与高效性，也能节省教学时间。然而不久之后我们便会发现，错误再次出现，究其原因主要是由于该种方法并未真正切中要害。"数子十过，不如奖子一长"，所以这时候我们可以采取学生纠错的方式，鼓励他们独立思考，主动判断，让他们在犯了什么样的错误中反刍什么知识，提高抗错能力。在课堂的实际运用中，教师可结合具体情况，灵活采取方法，如教师蓄意制造错误，让课堂跌宕起伏，激发学生的求知欲。教师应该为学生营造一种科学探究的氛围，构建和谐的课堂师生关系，使学生真正喜欢地理课堂。

（三）图释研学之点拨拓展

"点拨拓展"是指学生根据自己现有的地理知识储备、人生经验和阅历，还有未成熟的想象力，不能透彻理解问题，缺乏应有的深度与高度，这时就需要教师对出现的问题用成熟的地理思维进行讲解，起到"拨云见日"的作用，帮助学生掌握地理规律，启迪地理智慧，发展自身智能。

点拨要注意什么时候点拨，如何点拨，把握住每节课的重难点和易错点，帮助学生深化理解，尤其注意地图的运用，并预留给学生整理学案、反思内化的时间；拓展是针对本节知识点进行适当延伸，主要从解题思路、地理学习方法等方面进行总结归纳，教会学生举一反三。

为了大大提高课堂效率，关于点拨拓展的内容教师要做到"一讲二不讲"，"一讲"，即学生知识点理解错误或不透彻，需要精讲；"二不讲"，即学生在课堂上自学就会的不用讲，学生在课堂上自学不会但通过交流之后能学会的不用讲。教师点拨拓展的主要目的在于开阔学生的思路和眼界，加深他们对知识点的认同和理解，发散他们的思维。

比如，学习七年级下册《世界第一大洲》一节，在自主展示环节中，学生从半球位置、纬度位置、海陆位置三个方面交流展示亚洲的地理位置特点。在学完世界地理整体概况的基础上，学生对本部分内容并不陌生，结合学案、课本能完成基本的知识梳理和地图分析。学生在展示时，我没有急于讲解，而是继续追问：“如果是北美洲，它的地理位置又该如何分析？”因而设置以下问题：“根据描述亚洲位置的方法，从半球位置、纬度位置、海陆位置三个方面来描述北美洲的位置特征。”学生在回答时可能会回答得不全面，这时我就要及时引导学生归纳分析某一个地区或者国家的地理位置的途径和方法：半球位置——主体或大部分+半球，观察某一个地区或者国家的主体是否位于东半球或者是西半球，南半球或者是北半球；纬度位置——特殊纬线+温度带，查找赤道、南北回归线、南北极圈，看看它们分别横跨地区或国家的哪一个位置，处于什么样的温度带；海陆位置——方位+临近海洋或大洲，观察地区或国家主体部分所在的大陆以及濒临的海洋。

通过这一方法的总结，学生在学习以后国家与地区的地理位置就会得心应手了。

对于本环节最重要的不仅是释疑和解难，而且要充分发挥教师的主导作用，教师点拨拓展效果如何，直接关系到学生疑难问题是否得到解决。新课程地理教学要求教师不仅要重视“双基”教学，更要培养学生的创新精神。新时代地理教学更应关注学情，注重因材施教，引导学生对知识进行再探索，而恰当的点拨拓展有一种“点石成金”的教学效果，使得课堂教学节奏更加明快。当然，教师不可强行进行灌输，要善于挖掘和发现每一名学生的闪光点，激活他们的求知欲，“授人以鱼不如授人以渔”，帮助学生建立信心，让学生感受成功，使每一节课都能够作为接下来一节课的“加油站”，真正地让学生学会学习、学会思考、学会分析解决问题。

（四）图释研学之合作探究

“合作探究”是指以小组为单位的“合作性”学习，是在地理教师的引领和指导下，在学生独立参与地理课堂探究活动的基础上，以小组为单位，充分展示自己的地理思维和技能，优化整合小组思路，用群体智慧来解决地理课堂中出现的“疑难杂症”。该环节的组织形式类似于之前的“交流释疑”环节，但又存在不同，本环节要解决的问题是本节课的重难点内容，是学生没有进行课前自主学习并且无法独立完成的内容。

为了能够让“合作探究”更有效地进行，首先是交流时机要得当，交流的问题要具备一定的挑战性，但又不可过难。其次，合作分工要合理，各组的组长往往是成绩最好的学生，全权组织组内的各项活动，其余同学都成了旁观者，久而久之就会出现“事不关己高高挂起”的现象。最后，合作探究评价要全面，不仅要关注学习结果的评价，更要重视探究过程中的态度、方法、参与度的评价。现以八年级下册《首都北京》这一课为例做具体的阐释。

《首都北京》这节课中的一个重难点是在图中指出北京的自然环境概况，并分析其优越性。自然环境本身就包含了位置、地形、气候、河流等多个方面，再加上我们还要分析它们为北京市带来了什么样的好处，对于八年级的同学来说，他们虽然有了一定读图、析图能力，但逻辑思维能力、归纳总结能力有所欠佳，所以当我前两次把该重难点设置成这种形式：

合作探究：

（1）地理位置，完成P27读图题。

（2）地形地势，完成P28读图题1题。

（3）河流，完成P28读图题2题。

（4）气候，说出气候类型及特点。

（5）分析以上自然环境的优越性。

学生展示的成果是混乱的，是答非所问的。后来经过我反复琢磨，将该问题分割开来，逐一分析，逐一攻破，逐一引导。首先分析地理位置，借助地图标注重要信息，让学生容易在图中提取有用信息，接着我把问题设置成填空的形式：①北京位于我国北方地区，东南与________市相邻，其余三面被________省包围，东部距________海约150千米；②北京大致位于（40° N，116° E），地处________纬度，这样设置既体现了重点，也降低了难度，学生经过简单的交流思考，北京的地理位置就解决了。接着我又采用类似的方法引导学生读图归纳北京的地形、气候、河流等自然要素的特征。而我在整个过程中就是引导，比如说北京没有紧邻渤海，但是距海较近，交通便利；北京属于温带季风气候，四季分明，气候适宜。这种引导恰好为后面的合作探究做好铺垫——分析北京自然环境的优越性。有了之前的引导及提示，学生再来探究该题的时候就不会答非所问了。

讲课过程中教学难点是无法避开的，可以说它体现了一位教师的综合素质，那该如何突破难点呢？这就要从每名学生自身出发，把问题化大为小，变难为易（但也应该具有一定的挑战性），逐层剖析，逐步引导，让每名学生在其原有知识的基础上经过思考、提示之后得到解决和突破，这样能够让每名学生都通过奋斗去体会成功的喜悦，活跃课堂气氛。

随着新课改的不断深入，合作探究已被多数教育者所青睐。生生、师生间的广泛互动，迸发着不同类型的地理思维火花，大大提高了课堂效率与质量，极大地调动了学生的求知欲和表达渴望，充分展示每名学生的社会主体地位，吸引每名学生主动、开放地参与到地理学习中来，营造了一种和谐、民主的地理学习环境，并且学生学会了取长补短，从而达到"人人教我，我教人人"的境界。同时合作探究也可以培养班级学生的团队协作及社会互动能力，在交流的过程中，学生能尽情表达观点，凸显个性，展示才华，发展潜能。

四、提炼总结

"提炼总结"是一堂课的总结与提升，也是课堂教学的重要环节。教师引导学生从学会知识、掌握方法、体验情感等方面畅谈本节课的收获，指导学生在关注知识的同时，注意学习方法的交流，注重情感体验的升华，使学生获得立体式的成长。巧妙地课堂小结，可以使知识得以概括、深化，使整个课堂教学结构严谨；可以助推学生思维的高潮，启迪智慧；可以陶冶情操，升华情感，让学生体验到"课已止而意未了趣未停"。

课堂总结呈现的方式是多种多样的：对于有些章节，可以让学生自己来总结收获；如果一堂课内容较多，可以参考教师的板书，多让几名学生总结，每人总结一个环节。

比如，《极地地区》的课堂小结：学生参考教师的板书——走进极地，初识极地，探秘极地，筑梦极地，让学生每人总结一个环节，降低难度，增强学生自信心，学生可顺利说出极地地区的地理位置、自然环境特征、资源特点等知识点，引导学生从极地科考员身上领悟"极地精神"——不怕困难，不屈不挠探求真知的精神，带给学生正能量，升华情感。在学生总结极地地区生态问题时，教师激发学生保护环境、保护地球的情感，并且让学生从实际出发，养成节约能源、绿色出行的生活习惯。

课堂小节还可以采取思维导图的方式呈现，使学生对本节课所学知识一目了然，教师指出地理事物和现象的前因后果联系、学习时应该注意的问题等。

提炼总结是对前面学习成果进行精加工的过程，是把学生点状的知识串联起来，形成条理性、逻辑性的知识结构。学生在回顾本节课的收获时，会把所学内容进行复述，教师可以通过学生总结情况初步判断学生本节课实际掌握的情况，“提炼总结”环节还具有达标的功能。本环节主要由学生梳理完成，通过这一环节的展示进一步培养了学生的表达能力、观察能力、归纳能力，自信心。

五、达标检测

“达标检测”是指对学生学习效果进行检测并进行有效评价。对于本环节的处理，教师可注意以下几点：

（1）问题要有针对性，题目的设计要紧扣学习目标和本节课的学习内容，要体现本节课的重难点，注重对学生综合能力的考查与培养。题目设计要有梯度性，难度最好呈上升式设计，与常规测评逻辑安排吻合，符合学生的思维习惯。

（2）题目的设置要加强与实际生活的联系，注重实际问题的解决，学习对生活有用的地理，多设置一些开放性的题目，体现地理核心素养的要求。如在学习《巴西》时，达标检测有这种题目：

通过本节课的学习，相信你对热带雨林有了一定的了解，作为一名中学生，你能做什么力所能及的事保护热带雨林，结合你的实际生活谈一谈。

（3）要有时间意识，检测要求学生在规定的时间内完成，提高学生的学习效率，培养了学生专注学习的良好习惯。

（4）当堂批阅，及时分析和反馈，根据学生完成的情况进行必要的查缺补漏，有利于及时调整下节课的教学安排。一般情况下，检测要求学生独立闭卷完成，教师出示答案后由对桌批改，这实质上也是一种合作学习，发现别人错误，反省自己，并组内解决错题，评选最优小组，增进了学生的团结意识、竞争意识。

总之，“达标检测”要以人为本，突出学生的主体地位，既关注学习过程又关注学习结果。“达标检测”也给教师提供了学生的学习情况，可以帮助教师调整备课，培优补差。对于完成得又快又好的同学，教师可以表扬他们，让他们体验成功的喜悦，也可以让他们攻克更高难度的题目，提高他们的积极性；对于完成较慢、有难度的学生，教师要更多地关注、了解他们在知识掌握中的问题，进行面对面指导，帮助他们克服畏难情绪，不断改进，不断进步。

第三节　“自学·释疑·达标”地理课堂教学案例

课题：星球出版社七年级下册第八章第四节《澳大利亚》。

【教学目标】

（1）在地图上指出澳大利亚的地理位置、领土组成和首都。

（2）结合实例说明澳大利亚大陆是古老的大陆。

（3）简要分析该国因地制宜发展经济的实例。

（4）澳大利亚人口、城市分布特点和原因。

【教学重点】

简要分析该国因地制宜发展经济的实例。

【教学难点】

澳大利亚人口和城市的分布特点及其成因。

【教学方法】

自主、合作、探究。

【课题类型】

新授课。

【教学课时】

1课时。

【教学过程】

（一）课前自主学习板块

课前学习主要完成“学案导学”环节，本节课课前学习的任务设计如下。

一、地理位置与领土组成

1. 半球位置：澳大利亚位于________半球和________半球。

海陆位置：澳大利亚位于________洋和________洋之间，西北与_______洲相邻，________南与________洲隔海相望。

纬度位置：澳大利亚位于________纬度，南回归线从中部穿过，大部分地区位于________带和________带。

领土组成：澳大利亚领土包括________，________和周围的一些岛屿，国土面积774万多平方千米，是________洲面积最大的国家，也是世界上______独占一个大陆的国家。

3. 澳大利亚的代表动物有________，________，________，这些动物的共同点________。

二、澳大利亚发达的农牧业

1. 澳大利亚是世界上____________高度发达的国家，是世界上重要的农产品________国和____________国，____________产量和出口量均居世界首位，被称为“________”，________，________，________等的产量和出口量也居世界前列。

2. 澳大利亚地广人稀，农场规模________，劳动力________，因此机械化程度________。

三、工矿业发达

1. 澳大利亚矿产资源丰富，有“________”之称，其中________矿储量居世界首位，________，________，________等储量居世界前列，是重要的矿产生产国和出口国。

2. 依托丰富的矿产资源，澳大利亚发展了________，________和________，曾经一度成为国民的支柱产业。

3. 观察课本79页图，澳大利亚的矿产分布特点是________，这样分布的好处是________。

四、服务业发达

20世纪70年代以来，澳大利亚服务业发展迅速。目前，________增加值占国内生产总值的比重达70%左右，服务业就业人数占全部就业人数的75%以上。

五、城市和人口分布

1. 澳大利亚的首都是________。

2. 最大的城市是________，也是最大的________中心和________。

3. 第二大城市是________，是澳大利亚的________枢纽。

设计意图：本学案设计的课前学习任务大部分是课本上可以找到的内容，让学生提前圈划出来，当然，也有需要学生思考的内容，是基于学生具有了一定的自主学习能力的前提下可以解决的一些不太复杂的问题。

教师活动：负责制作教学案，在学案上给出一定的提示，引导学生自学。

学生活动：课前完成教学案自主学习部分，为上课做足准备。

二、课堂教学板块

1. 情境创设

课前播放视频歌曲《澳洲啦》，谈话导入，同学们喜欢旅游吗？今天老师就带着大家一起走进澳大利亚，出示课题——澳大利亚

设计意图：激发学生的学习兴趣，活跃课堂气氛。

2. 交流释疑

学生以小组为单位，交流学案中自主学习部分存在的疑问，并提出疑问，小组间互相解决，组间不能解决的，带着疑问共同学习。此环节时间大约3分钟。

设计意图：通过学生提出的疑问，教师可以看出学生自学的程度，做到心中有数，在接下来的教学中有的放矢。

教师活动：在学生交流的过程中，巡视各小组交流情况，并对个别问题进行个别指导。

学生活动：提出自己的疑问或解答同学的疑问，做好展示的准备。

3. 图释研学之自主展示

本环节主要是学生上台指图展示学案中的自主学习部分，各小组选出代表根据教师分配的具体任务，分别指图介绍。

设计意图：图释研学贯穿教学过程的始终，是地理学习的一大特色，没有地图也就无法进行地理教学。让学生学会阅读地图、分析地图，是地理教学的基本任务之一。

教师活动：仔细观察学生在指图中存在的问题，及时激励学生。

学生活动：以小组为单位汇报学习成果，精确把握地图。

4. 图释研学之纠错互评

当学生上台指图或展示时出现了错误，其他小组可以指出并纠正。

设计意图：让学生发现错误，在别的小组展示指图时，其他小组就会认真看、认真听，提高了学习效率，而且这样学生参与面更广，纠错互评实质上是一种合作学习。

教师活动：对学生上台指图进行细心的观察，并及时进行积极评价；对个别学生进行识图的方法指导，提示学生关注图中的细节信息。

学生活动：其他小组展示时认真倾听，细心观察，对其他同学展示的结果进行补充和纠正，并大胆站出来发表自己的观点。

5. 图释研学之点拨拓展

课件播放澳大利亚的动物图片并播放介绍这些动物的视频，引导学生说出这些动物古老的原因是什么，引发学生深度思考：

澳大利亚动物古老的原因是什么？（从时间、环境、天敌等方面考虑）

设计意图：学生对知识的掌握绝不能仅仅停留在表面上，教师要对其拓展延伸、引导、激励学生进行深度思考和研究。

教师活动：引导、激励学生进行深度思考和研究，营造多维互动氛围。

学生活动：认真聆听，积极思考，大胆发表自己独立的见解，并及时整理完善学案。

6. 图释研学之合作探究

合作探究一：结合澳大利亚地形图和气候图，分析澳大利亚农牧业分布与地形、气候的关系。

1. 地形

澳大利亚的地形分________部分，呈________分布（纵列或横列），

西部：低矮的________；

中部：________；

东部：________；

中部平原有世界最大的大自流盆地________。

小结——与地形的关系：

澳大利亚整体地势较________，有大面积的草场，中部的________提供了丰富的水源，适合放牧。

2. 气候

（1）其中分布最广泛的气候类型是____________，____________。

（2）气候带成____________分布。

小结——与气候的关系：

澳大利亚中西部和北部地区为广大的____________气候和____________气候区，降水____________，适宜牲畜过冬和繁殖。以粗放为主，东南部和西南部是____________气候，____________气候以及____________气候，降水较____________，这样的气候既适宜畜牧业，同样适宜耕作业，因此这些地区发展了混合农业。

设计意图：让学生学会对信息进行收集分析和判断，试着解决问题，培养其创新精神和实践能力。

教师活动：为学生提供相关的材料，引导学生分析思考得出结论，并适当点拨。

学生活动：集思广益，积极思考，发表不同观点，组长汇总结论，等待展示，其他小组或教师点拨之后及时整理教学案。

合作探究二：澳大利亚人口和城市集中分布在哪？原因是什么？（从气候、地形、交通、经济方面分析）

设计意图：让学生根据气候、地形、交通、经济等方面的综合分析得知澳大利亚城市和人口大多分布在东南沿海，初步树立人地和谐的理念。

教师活动：给予学生一定提示，课件出示澳大利亚气候类型图、地形图、交通图和经济发展方面的资料，组织各小组说出自己探究的结果，给学生留出

整理成果的时间。

学生活动：以小组为单位汇报学习成果，并及时把成果整理在学案上。

7. 提炼总结

教师引导学生对所学内容、方法及感悟进行归纳总结。

设计意图：让学生回顾整个学习过程的体验，引导学生从学会了什么知识、掌握了什么方法、体验到什么情感等方面畅谈本节课的收获。

教师活动：提出任务，指导学生从知识、方法、情感体验等方面进行总结，对学生的展示及时进行评价。

学生活动：回顾学习内容，畅谈本节课的收获，补充或纠正其他同学的展示，整理和记录新的收获，完善学案。

8. 达标检测

要求：限时5分钟，独立闭卷完成。

一、选择题

1. 澳大利亚特有的珍奇动物有（　　）

A. 斑马，长颈鹿　　B. 企鹅，大食蚁兽

C. 袋鼠，鸭嘴兽　　D. 大象，犀牛

2. 澳大利亚至今还保存着许多古老动物种类，其主要原因是（　　）

A. 澳大利亚大陆孤立存在于南半球的海洋，自然条件比较单一

B. 澳大利亚动物种类少，进化速度慢

C. 气候炎热干燥，有大面积的沙漠和草地

D. 地形复杂，崎岖不平

3. 澳大利亚的自然条件很适宜发展的产业是（　　）

A. 种植业　　B. 渔业　　C. 林业　　D. 农牧业

4. 目前，澳大利亚的经济支柱是（　　）

A. 农牧业　　B. 工矿业　　C. 服务业　　D. 交通运输业

5. 关于澳大利亚农牧业生产的叙述，正确的是（　　）

A. 农产品少量出口

B. 采用农场经营，但是规模不大

C. 投入的劳动力很多

D. 农牧业生产机械化程度很高

二、综合题

1. 澳大利亚人口、城市集中分布在______地区，原因是该地区______（写出三条即可）。

2. 澳大利亚________资源丰富，被称为“____________”。

设计意图：本环节主要检验学生的学习效果，发现学生薄弱点并及时反思改进，做题时学生闭卷完成，教师出示答案后由对桌批改，这实质上也是一种合作学习。

教师活动：指导学生独立思考完成检测任务，5分钟后，课件展示答案。

学生活动：独立完成，快速和对桌交换试题批改，及时思考自己的错题并用红笔纠正。

【教学反思】

传统的地理教学偏重地理知识的传授而忽视学生的地理学习过程。这就要求我们及时变革传统的“知识本位”“学科中心”的地理教学，努力创设贴近现实生活、切合学生实际、注重人文关怀的全新地理教学。在教学中，教师要着眼于提高学生的学习兴趣，培养学生的创新思维。如在学习“澳大利亚发达的农牧业”时设置合作探究环节，让学生探究澳大利亚农牧业分布与地形和气候的关系，教师给予一定的提示，结合澳大利亚地形图和气候图，这样可以让学生主动地去探索发现知识，学会对信息进行收集分析和判断，并能应用知识解决问题，从而增强思考力和创造力。

本节课是在学校“自学·释疑·达标”的课堂教学模式框架下，结合地理学科的特点，以教学案为依托，教师组织学生进行自主学习，合作探究，共同发现问题、解决问题的过程。在这个过程中，学生既学到了知识，又锻炼了能力，促进了其核心素养的发展。总之，本节课最大限度地把课堂还给了学生，真正突出了学生的主体地位，是一节符合新课程理念的优质高效的课堂范例。

第九章

生物学科
课堂教学模式的构建与解读

生物学科模式是基于新课程改革的内容及其对生物学教师的要求而构建的，旨在把核心素养落实到学科教学中。发展学生核心素养是落实立德树人根本任务的一项重要举措，也是适应世界教育改革发展趋势、提升我国教育国际竞争力的迫切需要。我国教育改革的总体战略是从应试教育走向素质教育，核心素养是对素质教育内涵的具体阐述，可以使新时期素质教育目标更加清晰、内涵更加丰富，也更加具有指导性和可操作性。

第一节　模式的探索与形成

核心素养在教学过程中如何具体实施？我们将通过什么样的课堂教学来培养学生的关键能力和必备品格？物理教学组在学校自学·释疑·达标课堂教学模式的基础上，根据生物学科的特点和需要进行探索与实践，构建了具有生物学科特色的课堂模式，通过模式的运用落实学生的意志品质和终身受用能力的培养。

一、构建生物学科模式的出发点

教学改革存在着无数种可能，需要的是勇敢尝试和科学创新的精神和意志，更需要理性的分析和“从实践中来到实践中去”的现实契合。生物学科课堂模式的改革正是基于以下四个需要而进行的：

1. 生物学科特点的需要

生物学课程是科学课程，生物学课程要体现科学的本质和特征。科学不仅是一个内容丰富的知识体系，它也是人类认识自然世界的一些特殊途径和方法。由于有了这些对生命世界提出问题及获取较为可靠答案的范式和方法，如观察、提出问题、控制变量、定量化、求证和思考，人类对自身和环境的认识日益深入和全面，更加接近真实。这些方法反映出自然科学与其他领域认识模式的不同，也体现了科学的本质和特征中最基本的部分。生物学课程作为科学课程，不仅要传播科学的事实和概念，更要体现科学是一个探究的过程。它既要让学生获得基础的生物学知识，又要让学生领悟生物学家在研究过程中所持有的观点以及解决问题的思路和方法。

2. 生物学科素养的需要

生物学课程的目标、内容和评价都旨在提高每个学生的生物科学素养。

生物学课程标准提出关于科学素养的理念，是强调在生物教学中注重学生的知识、科学探究、情感态度和价值观，及其对科学、技术与社会的认识等领域的全面发展。生物学科核心素养包括生命观念、理性思维、科学探究和社会责任，这四个维度相互交叉、相互结合，形成一个统一整体，是学生发展核心素养的重要组成。同时，核心素养的四个维度是对三维目标的一种发展。我们认识到，课堂教学的改革必须以学生素养的提高和学生的发展为核心，选择对学生终身发展和社会需求必备的基础知识和基本技能，在学科体系、学生发展、社会需求三者之间建立一种新的合理的平衡，使三者相互渗透、相互融合，真正做到为学生素养的全面提高服务。因此，核心素养的提出对生物教学提出了更高的要求。

3. 师生教与学的需要

随着教育的改革和发展，课堂教学出现了新的特点：知识的再现远不能达到教学要求，接受式的学习方式被探究式的学习理念所动摇。以探究式学习为代表的主动学习方式成为初中生物学课程改革的标志和突破点，并直接改变了生物学课堂上的教学活动。生物科学不仅是众多事实和理论的汇总，也是一个不断探究的过程。观察生物学现象、记录观察结果、提出有价值的问题、分析相关的因素、收集证据、讨论结果、辨析科学史中的事件、应对现实生活中的生物学问题等，已经成为今天初中生物学课题中常见的教学活动内容和学习方式，学生从被动的学习者转变为主动探究的学习者。探究式教学作为课程理念进入生物学课程后不仅会影响学生的学习，还会影响到教学体系中的各个方面，包括教师、教材、教学评价方式、师生关系等都要有相应的改变。

4. 模式再发展的需要

在“自学·释疑·达标”课堂教学模式发展过程中，学校全体师生在磕绊中经历了太多的叩问与思索，在挣扎与纠结中投入了大量的探索与实践。在模式的发展和继承中，教师们逐渐发现，如果每个学科的课堂教学都按统一模式进行，就会使一些学科的特色无法充分彰显出来；如果长期采用这种固定模式化的教学可能会固化人的思维，不利于教师的成长和发展学生学力。尤其是青年教师在熟练运用原来的模式后，教师职业发展面临新的瓶颈，想要打破这种瓶颈还需要回归到学科本身，课堂教学只有符合学科特色、蕴含学科思维，教师的专业素养和潜力才会被挖掘出来，学生的潜能才能被激发出来。

二、生物学科教学模式在形成过程中遇到的困惑

生物学科教学模式强调课前的自主学习和在学习过程中充分发挥学生的主动性，要让学生有多种机会在不同的真实情境下去应用他们所学的知识，要让学生能根据各种信息来形成对客观事物的认识和问题解决的模型。这对教育者来说意味着需要一套成熟方法来培养学生的学习习惯和自主学习能力。此外，在教学模式的改革中，学生在学案和教师创设的情境中进行自主探究和协作学习，教师逐渐转变为指导者和组织者。在这个过程中，教师需要在学生思考问题时给予适当的指导，帮助学生拓展思路，引导学生将隐性的、难以表达的心理状态清晰地表达出来。因此，学生的学习在缺乏教师有效指导的情况下，很容易偏离教学目标的要求，对于突如其来的问题和状况，教师很难去控制学生学习的过程。这两点就是很多教师认为模式难实施的原因，但是这并不妨碍每一个教师经过大量的教学实践，来完成能力的转换，以适应这种教学模式的发展。如今生物学科教学模式已然走向成熟，教师们凭借对模式的熟练运用，收获了一节又一节精彩而又高效的课堂。

三、生物学科教学模式的结构与实践意义

我校的“自学・释疑・达标”课堂教学模式遵循循序渐进的教学原则，其基本结构分为课前自主学习和课堂教学两大部分，自学、释疑、达标三大板块，学案导学、合作探究、小组展示、纠错互评、点拨拓展、提炼总结和诊断评价七个环节。结合生物学科特点，生物学科四大核心素养，在我校的“自学・释疑・达标”课堂教学模式实践的基础上，把模式中发挥优势作用的地方作为生物学科模式的基石，如自主学习、小组展示、应用辨析联系生活实际；把学生的需要作为模式的出发点和落脚点，如怎样提高学生的自主学习能力，提供更多的机会让学生参与探究和展示；将原模式调整为学案导学、交流备展、展示点拨、拓展提升、提炼总结、应用辨析、诊断评价七个环节。这七个环节作为学习的流程，自然就顺延依次进行，教师也会根据课堂问题的需要，板块之间相互融合。其中，交流备展为课前学习和课堂教学的“对接链”，使二者合为一体。自学板块包括学案导学、交流备展、展示点拨三个环节；释疑板块包括交流备展、展示点拨、拓展提升、提炼总结四个环节；达标板块包括

提炼总结、应用解析、诊断评价三个环节。三大板块相互兼顾，相互关联，如图9–1–1所示。

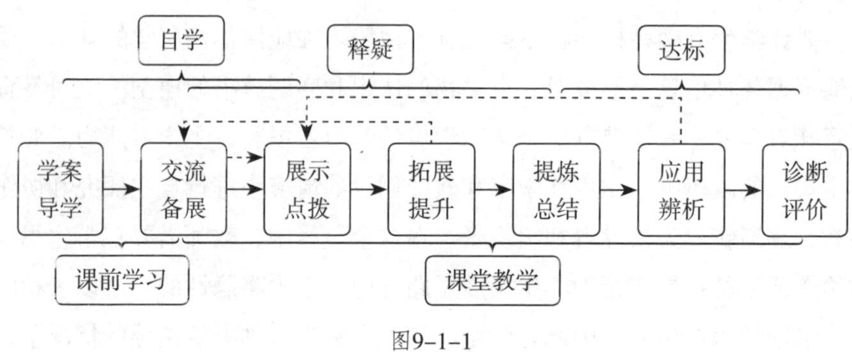

图9–1–1

本模式既增加了课堂教学的灵活性，又突出了生物学科核心素养在生物教学中的落实。

1. 将纠错互评环节融合于其他每一个环节中

实际上，学生在课堂合作学习中通过交流和展示呈现的“错误”可能存在于教学的任何一个环节中，教师的教育机智就体现在能够找准时机和方法，通过学生纠错启迪思考或者教师点拨完成纠错互评。纠错互评的意义不仅在于“无错”，也是发现差异，观摩他人的学习过程、思想方法，以借鉴他人的经验，从而实现自我完善。将纠错互评环节融合于课堂教学的每一个环节中，能够及时发现更多的“错误”而纠错，在纠错的过程中培养学生的思维品质和学习能力。

2. 根据学与教的需要，进行教学环节的循环

例如，教师在拓展提升这一环节设置了适宜学生合作学习的任务，那么我们的教学环节再循环到交流备展这一环节上来，给学生充分的时间和空间进行合作学习和展示。实际上，这是教师从关注学习结果到关注学习过程的一个转变；对于学生来说，借助小组全体成员的思想方法和经验攻克了更高一级难度的问题。在这个过程中，每一名学生都得到了提升，获得了更好的学习体验，对于学生来说，没有什么比这更好的奖励了。

3. 把合作探究具化为交流备展

学校模式中的合作交流环节是课堂教学的开始，是课前学习与课堂教学对接的一个环节，但合作探究更应该是一种学习方式，在实际教学中每一个环节都应有所体现。把其调整为“交流备展”更明确这一环节要做的事情，强调交流的内容除自主学习的成果外，还要对后面的展示做好积极的分工和准备，让学生明白交流什么、交流完做什么，使交流和展示两个环节进行流畅的对接，提高学生合作学习的效率和目的性，减少交流的盲目性。

4. 增加“应用辨析”突出学习服务于生活的教育意图

生活中处处都有生物学知识，所有的初中生不论是在校期间还是离开中学之后都要面对诸如生长发育、医疗健康、饮食卫生与安全的问题，未来他们还将面对恋爱结婚、生儿育女、等个人生活和决策的问题。应用辨析联系生活实际，一方面使源于生活中的生物学知识能够较好地服务于生物课堂教学，贯彻理论联系生活实际，使学生在现实生活的背景中学习生物学。另一方面，教师可通过生活中的生物学知识创设情境，组织探究性学习，如提供相关的图文信息资料、数据，或呈现生物的标本、模型、生活环境，或从学生的生活经验、经历中提出探究性的问题，或从社会关注的与生物学有关的热点问题切入等，这样不仅能够激发学生的学习兴趣和主动性，还能够培养学生运用生物知识解决实际问题的能力和探索精神。以探究为特点的教学不仅直接影响核心素养中“理性思维”和“科学探究”的落实，也间接影响另外两个核心素养的达成。

总之，我校生物学科课堂模式顺应了新课改的要求，体现了教学组织和学习过程的完整性，遵循了学生的认知规律，有助于发挥学生的主观能动性，具有一定的创生性，利于发挥教师和学生的创造力，促进了学生思维的不断发展和创新，使学习面向未来，落脚于落实学生核心素养和学科素养的培养。该模式结构鲜明，易于上手，是一种具有可操作性和普适性的模式，成了我们进行教师培养和提高教学质量的重要保障。

第二节　模式的环节解读

生物学科作为理性学科，其教学设计思路与操作流程与学校提出的"自学·释疑·达标"课堂教学模式有着高度的契合，使学生的自主学习、合作学习、探究学习得到真正落实，七个环节既呈流程式布局，彼此之间又密切关联；既层层递进又前后呼应。现将该模式的各环节解读如下：

一、学案导学

学案导学属于课前学习板块，是教师根据课程标准、教学内容、教学目标、学生实际等，设计出能体现知识的灵魂与线索的学习任务，引导着学生在课前完成新知识的初步学习和探究的过程。

学案导学的具体操作是，教师提前一周通过集体备课制作教学案，至少提前一天将教学案发到学生手中，学生在课前自主完成教学案中的"自主研学"部分，在上课前教师通过学科代表收集学情，可采用收集部分学案进行批阅的方式进行，也可以学习小组为单位收集问题，同时利用学习小组对组内完成的情况进行统计和评价，并收集评价数据，然后根据以上信息做好针对性的二次备课。学案导学在实际操作中要注意以下问题。

（一）学习容量要适当

分析学生的学习能力，教学内容的难易程度，新旧知识之间的关系，教材内容编排等因素对学习效果的影响，可将学习容量设计为"学部分""学全部""学外延"三种类型。

1."学部分"

例如济南版初中生物七年级上册《生物学的探究方法》一节，是初一生物的第三课，由于初一学段学生的学习方法还不成熟，教师课前只让学生通过阅读课本熟悉科学探究的一般环节和常见方法，而对巴斯德实验的探究和分析，这种难度大、要求高的任务，则放在课堂教学中完成。

2.“学全部”

例如，学习七年级上册《病毒》时，因为学生有了一定的自主学习能力，师生之间达到了一定程度的默契，本节内容难度又较低，所以，我们设计的课前任务就通过纲目的形式，让学生从形态、结构、生活方式、种类、与人类的关系等方面认识病毒，涵盖了本节所有内容。

3.“学外延”

“学外延”是指除课本内容外，设计了回顾旧知识或拓展新知识的任务。例如，八年级下册《能量流动和物质循环》中设计了“要点回顾”板块，通过回顾七年级上册光合作用、呼吸作用的相关内容实现新旧知识的迁移。另一种是补充拓展材料，以弥补教材设计的不足，如《人体激素调节》的“自主研学”中添加了“关于胰岛素的发现及成分”的阅读材料，帮助学生理解胰岛素只能注射不能口服的原因，弥补教材的不足。

（二）学习任务要有思维深度

教师要尽量避免设计开天窗型的学习任务，通过制订基础认知、拓展应用、逻辑建构、变式迁移、探索发现等多种类型的任务，有意识地培养学生的思维能力。例如，《神经调节的基本方式》一节，我们设计了如下任务：

任务1：活动体验。“认真阅读课本14页的实验内容‘膝跳反射’，回顾教师提供的指导视频，两人一组进行实验，观察膝跳反射的现象。你观察到受试者的小腿有什么反应？如果没有看到小腿的反应，请尝试分析原因可能是什么？”（实验探究型）

任务2：概念建构。划出课本中的“反射”的定义，试着完成下列任务：你认为定义中的关键词有哪些，请在课本上圈出来。（基础认知型）根据你对概念的理解，判断下列现象（略）是不是反射？（拓展应用型）

任务3：图文解析。认真阅读课本15页图Ⅳ-67“缩手反射的示意图”，通过反复研读该反射的实现原理，尝试分析“膝跳反射”的实现过程，并试着将“膝跳反射”的反射弧各部分结构及功能在下图中补充完整。（变式迁移型）

以上任务培养了学生分析能力、信息搜索能力、知识迁移能力、生活与知识的对接能力等，使学生在学习过程中产生认知冲突，课前学习就进入一个较深的思维层面。

（三）学习过程要有指导和监督

学案导学的重要作用是指导和帮助学生系统科学地进行学习。因此，除了学习内容设计外，教师还要注重落实学法指导和过程评价两大保障，引导学生从学会知识转向学会学习。

1. 初级阶段重视方法训练

学生刚刚进入初中阶段，其学习习惯、思维习惯、学习方法、学习能力等各方面还不能适应初中学习的节奏和强度，尤其还不能自主安排学习，这一阶段重点是方法训练。例如，教师在课堂中指导学生圈划关键词、标注疑问、红笔纠错、学案粘贴等小技巧，在教学案中明确的方法指导和要求，提示学生阅读哪页内容或分析图片上哪些关键信息，哪些填写、哪些圈划、哪些口述、哪些复述等，通过以上措施可帮助学生尽快掌握有效的学习方法。

2. 坚持学情收集与评价

学案发下去之后，学生是否按时、按规定完成，存在哪些突出的问题，哪些同学学习成果可推荐，教师均要通过批阅或信息上报的方式收集上来，以便教师进行针对性的二次备课。教师还要用好学习小组内的自我评价和反馈，通过分析学情汇报单收集学案完成情况、汇报内容含完成的量和质以及存在的问题等对学习小组数据进行有效性评价，促进学生逐渐学会自主管理。

学生的学习应是主动发现的过程，学案导学能够有效地引发学生对知识本身的兴趣，产生探索与发现的欲望，符合学生一般学习的心理倾向，把“自己学”很好地提升到了“自主学”的层阶。学生的学习过程应是新旧知识相互关联的过程，学生通过学案导学，对新知识有了三分生、七分熟的认知基础，在此基础上，学生利用原有的知识结构，对新知识产生同化和顺应，真正做到教是基于学生的学。学生的学习过程还应是一个运用方法灵活多样的过程，学生在完成“自主研学”任务的过程中需要使用文本阅读、重点圈划、图表对比、现象解析、概念补充或构建等学习策略，逐渐锻炼自己运用多样化的学习方法的能力，最终实现“学会学习”核心素养的形成。

二、交流备展

交流备展是课堂教学的起始环节，其中“交流”是指以学习小组为单位，通过合作学习的方式，分享“自主研学”的学习成果，解决组内个别同学存在的疑问，或向教师提出共同的疑问，“备展”则是根据教师提出的展示要求，各小组商讨展示内容、方式及分工，为展示点拨环节做好准备。

交流备展的具体操作是，教师在课上提出交流与展示的具体要求，各学习小组在教师的指导和组长的组织下，先核对“自主研学”的答案，讨论有争议的问题，消除内部疑问，形成统一意见，做好学案的第一次更正和补充，向教师询问或汇报疑问。然后组长根据展示任务分配，组织成员进行分工，制订展示方案。教师通过巡视和参与讨论，帮助个别小组解决个别问题，收集问题，对各小组交流过程中的参与度和深度等进行评价。该环节在实际操作过程中常常看到学生不合作、不投入，权力集中和思维浅层的现象。为减少这些现象的发生，教师要注意以下问题。

1. 提供清晰的任务指令

小组合作学习需要有效的目标设置，否则学生不知道如何在有效的时间内以小组活动的形式来完成学习。教师在本环节开始时要给出清晰的任务指令，如在《神经调节的基本方式》这一节，我们给出学生的指令如下：

交流：小组长组织，按题目顺序依次交流：校对答案→帮助组内同学解决疑问

时间：限时2～3分钟

展示：已经解决的说依据，没有解决的说疑问。举手多的小组优先展示。

（1）交流指令中明确了交流的顺序和时间，有助于学习组长有序地组织活动，让学生建立时间概念，从而提高效率。

（2）备展指令中给出了“已解决的说依据，没解决的说疑问”的意见，有利于把学生的讨论从“对答案”的浅层次引向深入探究，有利于课堂新问题的催生。

（3）“举手多的小组优先展示”这一指令有助于调动小组的积极性，为争取展示的机会，各小组必定会帮助学困生解决问题，从而实现小组活动面向全体学生。

（4）给出各展示任务的评价标准，可以起到激励和调动作用，同时也使学生后面展示提供评价依据。

2. 全面参与学生交流过程

在小组合作过程中，容易形成“放羊式”的课堂状况，教师成为一个观望者，这种现象更容易发生在老教师身上以及学生合作能力已经形成的情况下，教师盲目地相信自己对课堂的把控能力及学生的学习能力，把自己“边缘化”。不了解学情就难实施有效的教学，因此，教师在这一环节要保持热情和兴奋，不做“闲人”，真正走到学生中间去，对学生进行学习内容的指导和学习形式的引导，收集学生的疑问，以便及时调整教学策略。

3. 做好交流过程的监督与评价

教师在参与交流的过程中要保持敏锐性，学生是如何讨论的？讨论中是否遇到困难？又是如何加以解决的？小组成员是否团结合作？是否大胆地提出了不同意见？每一个组员是否参与其中？教师在这些现象的观察中要及时发现学生个体或群体中的亮点或不足，对学生合作学习过程和结果进行有效评价，从而起到激励和引导的作用。教师通过对小组内参与度高、组织有序、讨论深入、实现互助互补的小组给予一定的奖励赋分，助于培养学生的集体荣誉感，增强合作小组的凝聚力，促进学习小组的建设。

从核心素养的教育意义上看，教学不仅是让学生听懂和了解新知，更要让学生学会分析和研究新知识。在“交流备展”的过程中，学生通过个体与个体之间以及个体与群体之间的互动和合作，向他人分享思维的过程和结果，从中积累更多解决问题的方法和技巧。从教学方式的转变来看，部分内容因学生知识储备和阅历的限制，当他们独自完成困难时，通过互相启发和补充，发挥每一个小组成员的创造性，问题就能迎刃而解，真正实现教师少教、学生多学。从课堂教学的功能来看，该环节可以把学生课前学习合理地延伸到课堂中来，同时，学生在交流的过程中会生成新问题，教师可根据新问题及时调整教学策略，促进课堂的生发。从学生主体地位来看，在“兵教兵”的自主交流过程中，可以有效地破解班级教学中教师难以面向全体的难题，小组展示的准备过程更是发挥了学生的自主管理和自主活动能力，有力地挑战了教师“一言堂”的专制，更大限度地发挥了学生的主体作用。

三、展示点拨

展示点拨是指学生以学习小组为单位，在教师的指导下，通过丰富多样的形式，汇报前期的学习成果和疑问，师生共同对各小组的展示进行纠错、补充、答疑后，教师再针对学困点、重点、难点、热点等关键问题进行适当讲解和分析，以帮助学生构建正确概念的过程，完成本环节后即完成了新授内容的基础教学。

本环节的具体操作是各小组根据教师提出的任务要求自主选派代表进行展示，或由教师根据课堂变化指定学生进行展示，展示的内容为小组合作学习的成果，包括方法、经验、教训及困惑等。师生共同观察展示过程和结果，生生间进行补充、纠错、质疑，最后教师进行预设性点拨或生成性点拨。预设性点拨指教师根据课前收集的学情和本节重点问题设计的点拨，生成性点拨指在交流备展中对发现的新问题进行的点拨。展示点拨可根据容量和知识间的逻辑关系，选择一次性展示完成后进行集中点拨，也可分知识点逐一进行。教师在操作中要注意规避以下问题。

（一）避免展示形式机械化、效率低的问题

我们在实践探索中进行了各种尝试，根据学案导学内容的需要，努力寻求最佳的结合方式，采用投影、板演、口述、集体表演、指图分析、实验展示等多种方式进行展示。

1. 重视概念图的板书展示

板书展示的优点是可以简洁直观地展示概念间的逻辑关系，同时暴露学生书写上的错误，像肾单位的结构、皮肤的结构、子房的结构及发育这些能形成体系的概念一般都会让学生通过板书的形式进行展示。

2. 适当选用投影展示

当需要展示的内容系统性不强，特别是书写内容较多时，教师可以适当选择投影的方式展示学生的学习成果；当发现学生出现典型错误或有创新型的思路和方法时，可及时将典型问题投射出来，这样的展示效率更高、针对性更强。

3. 灵活选择群体性展示

在课堂中适时设计群体展示活动，如小组辩论、情境表演等。《生态系统的组成》一节，我们设计了让学生分别代表生产者、消费者、分解者的身份介绍其在生物圈中的作用及地位的情境表演，学生在展示过程中既把相关的知识内容进行了列举，又加入了他们“自我标功”的夸张表演，课堂生动有趣，学生的才能也得到了充分的发挥。

4. 展示方式要吻合学案设计

所有的展示都应是对“学案导学”的回应，不同的学习任务可设计不同的展示方式，如《动物的运动》这一节，我们在“自主研学”中设计了填写概念框架图，在图中标注结构、识别身体关节、填写关键词等学习任务，为此设计了如下的展示任务，包括板书、指图、列举、背诵等多种形式，展示类型与学案内容高度契合，既便于保留学习痕迹，又为不同层次的学生提供了展示的机会，还能突出生物学图文结合的学科特点。

1. 运动系统的组成：板书黑板上的内容（2分）。

2. 骨骼肌：指出肌腱和肌腹，背诵骨骼肌的特性，骨骼肌通过______附着在骨上（2分）。

3. 骨连结：三种类型各举一例（1分）

4. 关节：结合身体说出自己身上的关节（1分）；板书黑板上的内容（2分）；在图中指出关节囊、关节腔、关节面、关节头、关节窝、关节软骨（2分）。

5. 运动的实现：当骨骼肌受到______传来的兴奋刺激后，就会______，并产生一定的______，牵动______绕______活动，从而产生运动（1分）。

（二）避免点拨内容不具典型性、关键性和简洁性的问题

点拨中的“点”是指点，“拨”是启发。通过“点”来点燃和点醒学生，重在引导和提示而不是灌输，是用高度凝练、简洁的提示性语言去引导方向。点又有突出重点和难点的意思，要点在关键之处，要符合课程标准中目标的要求。通过“拨”来拨乱反正，把学生从错误和毫无头绪的困惑中引导出来，是基于学生认识中的误区发生的。“点”和“拨”都是具有方向性的动作，决定了学生认知的深度、效率及准确性，教师的点拨要发生在要处。

（1）从预设性点拨看，应是对重点、难点、热点、考点、易错点、易混点进行点拨。如《食物的营养成分》一节，“蛋白质是构成细胞的基本物质”“水是构成细胞的主要成分”两知识点易发生混淆，就需要教师从两种成分含量及在生命活动中的作用分析两种物质，从而帮助学生理解，避免死记硬背。预设性点拨的针对性、关键性需要教师具有准确把握教材和课程标准的能力，需要教师对课前学习的学情具有敏锐性和预见性。

（2）从生成性点拨看，教师的点拨应发生在学生争议时、困难时或思路多变时。当出现学生都解决不了的问题时，教师要及时帮助学生拨云见日；当学生突发奇想时，教师要把握住教育良机。例如，在《生态系统的组成》的课堂上，在分析下图中各生物的成分时，学生大多依据“指向丁的箭头最多”判断出丙为分解者，而一名学生却提出根据“从甲发出的箭头最多，甲应是最基本的成分”推断甲为生产者的思路，教师及时把抓住这一生成，带领学生总结出解决问题的多种方法。生成性点拨需要教师洞悉学生的思维，动态把握课堂资源，加强师生间的交流，切实从一个旁观者的身份转变为参与者，同时在课堂中要保持精力集中和精神兴奋，以便准确抓到点，实施有价值的讲解与分析，如图9–2–1所示。

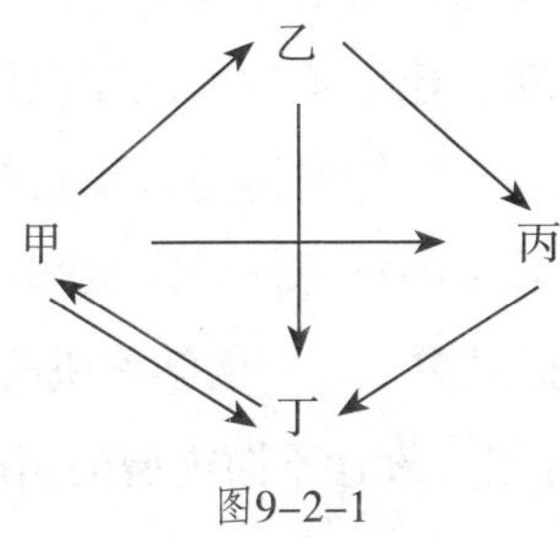

图9–2–1

教师通过展示点拨及时纠正学生出现的偏差和遗漏，使学生准确把握知识点，获得架构完整的知识体系，确保完成教学任务，达成教学目标。在展示过程中，除学生的学习成果外，还展示了学生的思维过程和个人素养，是发展学生个性才智、提升学生自信的有效途径。教师的精讲和点拨减少了学生试误的时间，提高了学生学习的效率。教师作为一个适时的、权威的点拨者，在学生“愤”和“悱”的时候及时出现，通过精简的语言或巧妙的问题转接，帮助学生化难为易，解开疙瘩，往往会“一石激起千层浪”，不但能给学生指明思考问题的方向，而且能让学生在解决问题的过程中迸发出创新思维的火花，逐步树立创新意识。

四、拓展提升

拓展提升是在学生掌握基础知识后，教师通过设计与其相关联的深度学习任务，把所学知识点融入知识体系中，把感性的知识变成理性的结构，把死的知识变成活的方法，突出重点和难点问题的解决，从而实现知识获得、问题解决、理性思维的提升和突破。

本环节的具体操作过程：教师用课件展示拓展提升任务，根据问题难度提出完成方式的要求，学生独立完成后进行交流和展示。在学生解决问题过程中，教师要关注学生思考的方向与深度，同时注意收集学生问题；在学生合作交流过程中还要特别关注学生的参与度；在学生展示的过程中，教师要给予适时的点拨与纠正，确保学生对知识技能的正确理解与掌握。拓展是否有度、提升是否有效，需要教师注意下面两个问题：

（一）明确拓展提升的目的，找准拓展提升的方向

拓展的目的是为了提升，使知识结构更完整，使重点问题更突出，使认识更深入，使方法更灵活，使情感体验更丰富。因此，本环节的教育目的和指向应是从碎片知识传授向网络知识建立延伸，从知识传授向方法引导延伸，从感性认识向理性思维延伸，从初步感知向情感升华延伸。因此，教师在这一环节要把握以上目的，设计出高质量的学习任务，从知识内容、方法训练、思维层次、情感体验等方面为学生提供更上一层的学习机会。

（二）制订科学谨慎的计划，设计不同类型的拓展任务

1. 迁移式拓展

迁移式拓展可以解决举一反三、触类旁通系列问题，借此提升学生归纳总结、应用创新的能力，培养逻辑思维。例如，教师在分析了课本中叶片结构图后，又补充了叶片结构的实物图和立体图，让学生利用课本示意图进行知识迁移，认识更完整、更真实的叶片结构。

2. 补充式拓展

教师通过补充教材以外的内容，丰富学生知识结构，提升学生认知深度。例如，在学习了呼吸道组成后，很多学生很自然就会产生痰是怎样形成的这样的疑问。教师通过补充阅读材料“痰的形成”，学生便很容易了解到痰液的形成部位及原因，加深了学生对呼吸道结构的理解，既节约了学生课堂学习的时间，也训练了学生获取知识信息的能力。

3. 挖掘式拓展

生物学科的学习往往需要对知识进行深层加工，以此培养学生的探究能力和创新能力。例如，《尿液的形成与排出》这一节在学习了肾单位的基本结构后，教师设计了如下系列问题，引导学生挖掘肾单位中两套管道系统之间的关系，以便理解肾单位的工作原理。

1. 肾小囊一端包裹着________，一端连通着________。

2. 肾小球是由______分支而形成的毛细血管球（网），最后又汇成_____。

3. 肾小球的两端都是________，其中都流________血。而普通的毛细血管网一端连接________，另一端连接________。

4. 肾小管周围的毛细血管是由________分支而形成的，最后汇成肾小静脉，在这里________血变成________血。

5. 两端都是毛细血管网的结构是________，也就是说一肾单位________次形成毛细血管。

4. 训练式拓展

教师以一些题目作为练习，促使学生将理论与实践相结合，以解决生活、生产中的实际问题，培养学生的情感、态度和价值观。教师以拓展练习为基础改进设计，提高练习的综合性，进一步保证教学与练习的质量。

拓展提升的任务难度、思维深度及知识的分析运用相较此前的环节都更上一个台阶，从认知梯度上看是一个进阶学习的过程。教师通过本环节，让浅显的认识深度化、点状的知识系统化，突出重点、突破难点，从而拓展了学生的知识体系；通过本环节问题的解决，训练了学生的学习方法，锻炼了学生的思辨思维，从而提升了学生的学习能力。该环节既有“释疑”的功能，也有“达标”的功能，是“自学·释疑·达标”生物教学模式的缩影。

五、提炼总结

提炼总结是指学生在教师的引导下，以尽可能简洁精练的语言、文字、表格或图式等将课堂所学的主要内容进行归纳总结，通过提炼总结将学生所学的零散的知识系统化，理清所学知识的层次结构，形成知识网络，理清学习过程，总结方法经验，升华情感体验。

提炼总结，一般由教师提出基本要求，学生自主进行梳理并展示。一般地，提炼总结的方式主要有以下几种。

1. 思维导图式

利用思维导图将一节课的内容呈现出来，可以使知识系统化、全面化，知识间的关系清晰、明了。例如，《遗传的物质基础》一节概念较多，学生往往会出现迷惑，捋不清概念之间的关系，利用思维导图说明清晰明了，通过这个关系图梳理知识，培养学生整体把握探究的能力，可以使学生对知识的认知更加深入。

2. 列表比较式

例如，光合作用和呼吸作用学完后，教师通过列表对比两大生命活动在原料、产物、条件、场所等因素的区别，通过表格，将学习内容归纳概括，使之一目了然，具有简明扼要、对比性强的特点。教师通过呈现相关性知识异同点促进学生更加清晰和系统地理解知识点。

3. 典型例题总结式

利用典型习题，将一节课中的重点和难点知识集中呈现在问题里，起到了巩固梳理的作用。

4. 过程再现式

把学习过程中出现过的重要图片、表格等内容通过课件集中呈现，帮助学生回顾学习过程，提高总结的质量。

5. 目标回扣式

重新回扣课堂之初呈现的学习目标，让学生在目标的引领下回顾学习过程，梳理各目标的核心内容，引导学生自评学习效果。

无论选择哪种方式进行提炼总结，都要提醒学生从内容、方法、情感体验三个方面进行梳理，引导学生重视学习过程本身，使学生获得全面的成长。

在提炼总结过程中，学生将零碎的知识串联起来，形成更具条理性和逻辑性的知识结构，从众多的事物和现象中发现共性与特性，总结经验规律，揭示事物之间的内在必然联系。这个过程也促进了学生的学习，使他们除了获取和理解知识外，还能意识到学了什么知识、掌握了哪些方法。教师指导学生要重视学习方法的交流，注重情感体验的升华，使学生获得立体式的成长。学生在回顾课堂收获时，教师可以通过学生的总结情况来判断学生本节课实际掌握的情况，因此提炼总结环节还具有达标的功能。本环节以学生主导、教师引导的形式进行，通过展示，进一步培养了学生的表达能力、观察能力、归纳能力，增强了学生的自信心，同时强化了学生及时总结、绘制思维导图的习惯，有助于提升学生的认知水平，极大地提升了学生独立解决问题的能力。

六、应用辨析

应用辨析是通过解决生活、生产中的实际问题，进一步深化学习内容，促进学生理解、消化、应用新知识，培养学生解决实际问题的能力，检测学生的学习效果。设计科学合理的应用辨析题目，优化课堂教学，提高课堂学习效果，也是减轻课业负担、提高课堂教学质量的有效举措。

本环节的具体操作是：学生独立完成课件或学案中的题目，完成后快速在组内交流并进行展示，教师在这一过程中注意了解学生的做题情况，收集学生出现的问题，引导学生分析和解决问题，即按照情境创设→自主研学→交流展示→点拨提升的顺序进行，也可根据学情跳过或组合。应用辨析有巩固、训练、检测的作用，要有针对性，用时不宜过长。因此，设计合理的题目或情境问题是关键。我们认为生物课堂应用辨析题的设计要有以下几个特点：

1. 应用辨析题要有目标性

课堂教学的目的是实现教学目标，所以应用辨析的题目必须与教学目标紧密结合，要有目的性，通过实际应用来检测教学目标是否得到落实。例如，《昆虫的生殖和发育》一课，设计了“根据家蚕的一生示意图分析家蚕的发育类型”的题目，该题目直指本节的重点“昆虫的两种发育方式的比较”，题目虽然简单，但目的性很强。

2. 应用辨析题要有综合性

应用辨析培养的是学生灵活运用知识的能力，题目应能调动学生知识库存，需要学生将前后知识间构建起联系，只有通过综合分析各种信息才能解决的问题，从而发展学生的理性思维。例如，《病毒》一节，学习完病毒的相关内容后，我们设计了“病毒没有细胞结构，为什么还被认为是生物”的辨析题目，学生需要回顾前面学过的生物的基本特征，并把病毒的各项生命特点对应分析出来才能解决问题。

3. 应用辨析题目要有层次性

课堂教学要面向全体学生，使每个学生各有收获，这是素质教育的内涵所在。因此，设计的应用辨析题要层层递进，难度逐渐加大。

4. 应用辨析题目要有生活性

生物学是与生活密切相关的学科，生活中的很多问题都需要利用生物学知识进行解释和解决，如大棚里夜间亮灯、移栽幼苗时剪掉部分叶片、血液检查单中的异常数据、艾滋病妈妈生下艾滋病孩子是遗传还是传染等，通过生活情境的再现，有意识地培养学生的生命观念。

应用辨析是课堂练习的重要落实方式，是教学中的一个重要的有机组成部分，是学生学习过程中必不可少的环节，是学生掌握知识、形成技能、发展智力、挖掘创新潜能的重要手段。“应用”指应用知识解决问题，“辨析”指辨别真伪、分析过程，是基于拓展提升环节基础上的变式训练。本环节安排在提炼总结之后，目的是“引深拓广”，让学生在挑战中寻找乐趣，培养思维的深刻性，通过一题多变达到举一反三、触类旁通的目的，提高学生变通思考问题和灵活运用概念的能力，起到进一步巩固学习成果的作用。本环节以学生独立完成为起点，教师通过巡视及学生展示可再次判断学生的学习效果。因此，本环节也体现出“达标”的功能。

七、诊断评价

诊断评价是指完成以上各环节教学过程后，在课堂最后利用3～5分钟的时间对学生进行集中检测的过程。通过诊断评价，一是可以巩固学生的学习成果，落实教学内容；二是发现学生仍存在的问题，评判学生的实际学习效果；三是教师可以针对学生存在的错误和偏差及时采取相应的措施进行纠正和提高，有效地调控和改善教学过程，消除学生学习过程中的缺损积累，从而全面提高教学质量。生物课堂的检测形式以习题测验为主。

本环节的具体操作是：教师以本堂课的教学目标为依据设计出检测任务，任务内容可以是教辅材料中的习题，也可以是教师自主编制的习题。在课堂最后，教师出示检测任务，监督学生在规定的时间内独立完成，然后教师提供答案，学生进行自主批改、交换批改或教师面批等，各小组统计批改结果，学生汇报存在的问题，教师针对集中的问题进行统一分析和点拨，对个别问题指导学生在组内解决，最后针对完成较差的学生制订出相应的课后辅导方案。在实际教学中，本环节的实施容易出现时间不够、学生不能独立完成、信息反馈不及时、题目设置不科学等问题。针对以上问题，教师在实施过程中要注意做到以下几点：

1. 有效控制教学节奏，合理安排时间

我们在教学过程中很容易出现前松后紧的问题，导致后面没有检测学习效果的时间。因此，除在教学中要控制好节奏，准确把握要点的常规思路外，教师还可尝试用“诊断评价”倒逼前面的环节处理，精简前面的教学过程，确保后面有足够的时间进行评测和反馈。

2. 规范答题要求

在实际操作过程中，教师要以考试的标准执行本环节，从而提高诊断的有效性，要求学生独立完成，限时完成，学生不能参照课本、资料，更不能和其他同学交流讨论，要把这个方式训练为习惯内化于学生心中，从而提高学生学习的效率。

3. 全面反馈信息，及时纠错补错

检测就是为了发现问题，发现问题并解决问题才是关键，教师一定要及时完成批阅并进行信息反馈。反馈的内容应该包括学生的测评成绩、错误的原因、存在的疑问、解题的思路、学案设计存在的疏漏等，这些信息都能帮助教师有效把握回应点，从而制订出简洁有效的补错方案。

课堂检测应遵从多层次、小循环、勤反馈的原则，我们在前面的各环节的处理中其实均有检测和反馈的处理，而“诊断评价”作为一个独立环节，是一节课的收尾部分，是教学有效性的检验阶段，是促进学生自主发展的有效途径之一，是提高课堂质量行之有效的方法。学生构建新的知识结构、巩固知识、形成技能都离不开自身有独立活动。诊断评价是学生课堂独立作业的一项重要活动，它一方面能让学生把刚刚理解的知识应用于问题的解决，起到巩固和深化的作用；另一方面也可以暴露学生应用新知识时的不足。在批阅和评价过程中，师生的共同活动必能获得一定的成效，这些成效反馈回去后，对教师而言，可以找到目标差，及时进行补偿教学；对学生而言，及时了解学习的结果，可以很快地获得矫正信息，从而调整学习的方向、方式和方法。

第三节 "自学 · 释疑 · 达标"生物课堂教学案例

课题：济南版初中生物七年级下册《人体的激素调节》。

【教学目标】

（1）结合实例和图片说明内分泌腺与外分泌腺的区别。

（2）通过识图说明人体内分泌系统的组成。

（3）联系生活说明生长激素和甲状腺激素的功能及分泌异常症。

（4）认识激素调节在生命活动中的重要作用，培养学生正确的生活方式和关爱他人的情感态度。

【教学重点】

联系生活说明生长激素和甲状腺激素的功能及分泌异常症。

【教学难点】

说明内分泌腺与外分泌腺的区别，说明胰腺的内分泌部和外分泌部。

【教学方法】

（1）用大量图片及生活素材，提高生物学的生活化和趣味性以激发学生的学习兴趣。

（2）以"自学 · 释疑 · 达标"课堂教学模式为基本框架。

（3）通过课前自主学习、课上交流展示、师生互评等多边活动的互动，使学生完成学习任务。

【教学过程】

（一）学案导学

本节课前学习任务设计如下：

一、腺体的分类（提示：阅读课本77页后完成）

1. 外分泌腺：分泌物通过________排出去的腺体，如________，________，________等。

2. 内分泌腺：腺体________，分泌物直接进入腺体内的________，并随着________运到全身各处的腺体。它们的分泌物叫作________。

3. 请你总结：外分泌腺与内分泌腺的区别是________。

二、在下图中标出人体主要的内分泌腺，口述它们的分泌物分别是什么？（提示：阅读图9–3–1完成）

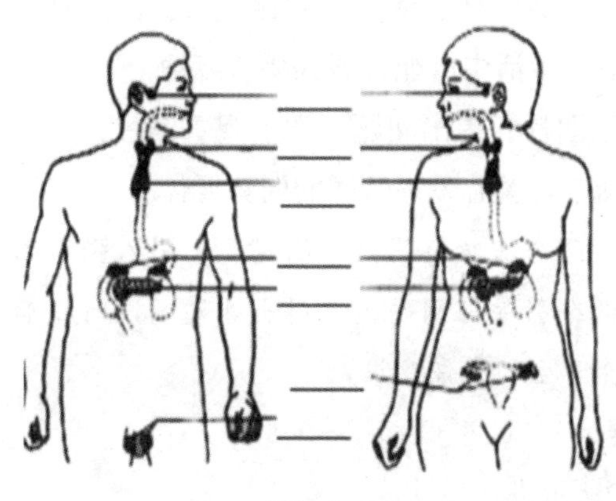

图9–3–1

三、认识生长激素（提示：阅读课本79页文字及图片完成）

1. 由________分泌，主要作用是可以增加细胞的体积和数量，促进人体的生长。

2. 幼年时，分泌过多患________，分泌过少患________。

3. 成年时，分泌过多患________。

四、认识甲状腺激素（提示：阅读课本78～79页文字及图片）

1. 由_______分泌，主要作用是促进_______，促进_______，提高_______。

2. 幼年时，分泌不足患____________。

3. 成年时，分泌过多患____________。

4. 身体缺碘时，易患____________。

师生活动：教师将教学案提前一天发到学生手中，指导学科代表布置课前自主学习任务，学生根据教师提出的要求完成教学案中的自主学习任务，学科代表收集学情上交给教师。教师对小组完成情况进行评价，整理学生存在的疑问，根据学情进行针对性的二次备课。

设计意图：课前自主学习任务的设计充分考虑了学生的知识基础和能力基础，设计了阅读教材、识图辨析、对比分析的学习任务。学生在完成任务的过程中要对教材内容进行精细研讨，并对关联内容进行分析推理，有意识地培养文本解读能力和逻辑分析能力，在完成相关任务的过程中发现问题，产生认知冲突，带着问题走进课堂。

（二）情境创设

教师展示巨人症患者和侏儒症患者对比图，提出问题：“他们的身高为什么不正常？”“他们的生活中可能会遇到哪些麻烦？”

师生活动：展示图片，提出问题，学生观看图片，回答教师提出的问题。教师引导学生在生活中要关心爱护这样的弱势群体。

设计意图：利用两个人物鲜明的身高对比，引入强烈的刺激，激起学生的学习兴趣。抛出的两个引导性问题，在引出课题的同时，加强了学生人文情感的教育，有利于培养学生的责任意识。

（三）交流备展

师生按图9-3-2所示进行活动。

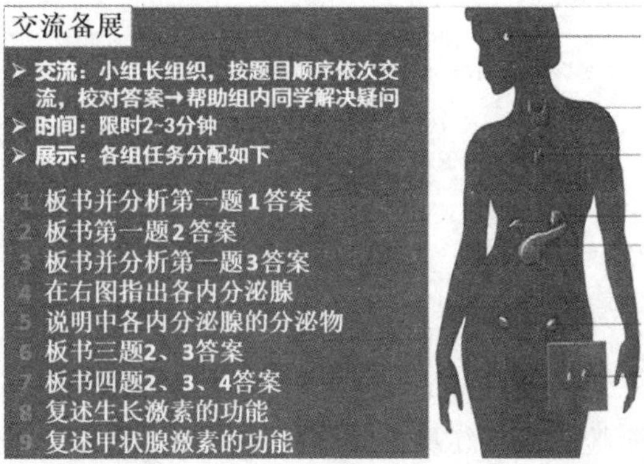

图9-3-2

师生活动：教师出示任务和要求，学生在组长的组织下进行交流，提出自己的疑问或解答同学的疑问，修订学案，做好展示的准备。教师巡视各小组交流情况，对小组交流过程进行观察和评价，个别问题进行个别指导，收集学生在交流过程中生成的新问题，做好课堂第三次备课。

设计意图：本环节是从独学到群学的进阶，通过合作学习解决学生自学中存在的问题，并为后面的展示做好准备，旨在培养学生合作学习的能力。教师通过巡视与指导收集学情，及时进行“三次备课”，对后面的点拨做好必要的调整。在交流前，教师明确了各展示任务的评价标准，使学生后面展示的互相评价有依据；在交流过程中，教师同时对各小组交流的深度、参与度等方面进行评价，发挥评价在教育教学过程中的激励作用。

（四）展示点拨

教师指定各小组4号同学依次完成展示，师生对学生展示的结果进行纠正、补充和评价，教师再根据学生的展示点拨分析下面两个问题。

1. 预设性点拨

教师利用图片对比分析内分泌腺与外分泌腺的区别，所选图片及幻灯片如图9–3–3所示。

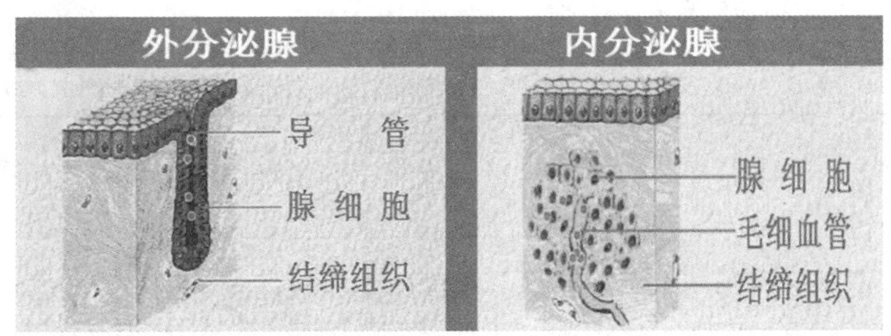

图9–3–3

2. 生成性点拨

教师根据学生展示中出现的错误“胰腺是外分泌腺”进行纠正补充，通过板图说明胰腺内有两类细胞，胰腺既有内分泌部，也有外分泌部。

师生活动：部分学生展示学习成果，其他同学观察、分析与评价，思考教师提出的新问题并讨论。教师指导学生进行展示，引导其他同学进行纠正、补充和评价，根据学情进行点拨与讲解，指导学生对学案上的学习成果进行修正和补充。

设计意图：前半段的展示环节是学生对学习成果的汇报过程，其中的分析和指图的形式有利于学生把学习的内容进行初加工，提高了学生学习的思维含量；复述的形式有利于学生及时巩固关键概念，提高了学生学习的效率；板书的形式有利于暴露学生在书写方面的错误，从而促进课堂的生成，培养学生良好的答题习惯。后半段的纠错点拨可帮助学生构建正确的概念，同时培养学生的读图能力、分析能力、表达能力及逻辑思维习惯。教师借助图片展示和析图分析，加强了直观教学，说明了结构与功能相适应的生物学基本观点，有效解决了教学目标中的难点问题。

（五）拓展提升

探究任务一：出示6幅激素异常症患者图片和病症说明，根据图片和文字分析患者所患疾病名称及患病原因。

探究任务二：分析下列实验材料，完成材料下面的2个问题。

某研究小组利用蝌蚪进行甲状腺激素的探究实验，表9–3–1是该小组的实验结果记录：

表9–3–1

组别	甲	乙	丙
处理方法	破坏蝌蚪的甲状腺	不做任何处理	水中加入甲状腺激素
实验结果	停止发育	正常发育	提前发育成苍蝇般大小的青蛙

请你分析：①甲组、丙组产生以上实验结果的原因是什么？②该实验可得出哪些结论？

师生活动：教师出示学习任务，指导学生完成任务，收集问题，点拨生长激素和甲状腺激素功能上的区别，指导学生整理笔记。学生观察图片，分析材料，组内交流，展示学习成果或纠正、补充其他同学的学习成果，整理笔记。

设计意图：本环节通过病例分析让学生对各种异常症有了更全面的了解，拓展知识点“呆小症与侏儒症的区别”和“碘是合成甲状腺激素的重要原料”，加深了知识在学生头脑中的印象，同时也可以更好地指导学生的生活；通过对实验材料的分析，培养了学生的探究意识和探究能力，规范了“结论要基于现象”的推理方法，渗透了生活中不滥用激素的安全教育；通过拓展提升环节，使学生对激素的功能有了更深刻的认识，突出了本节课的教学重点。

（六）提炼总结

此环节将课堂中出现过的图片集中呈现出来，通过回顾学习过程总结课堂收获。

师生活动：教师出示PPT，引导学生从知识、方法、情感等方面总结，对学生的总结进行评价。学生思考和回顾学习过程，表述自己的收获，纠正或补充其他同学的表述。

设计意图：把学习过程中出现过的图片、案例集中重现，有助于学生回顾学习过程，通过列表的方式有助于总结规律并揭示事物之间的内在必然联系，可以把零散的知识串联起来，使学生形成条理性、逻辑性、网络性的知识框架。本环节是在师生互动、生生互动中主要由学生梳理完成，通过这一环节的展示进一步培养了学生的表达能力、观察能力、归纳能力，增强了学生的自信心，同时培养渗透了及时总结、巧妙绘制思维导图的学习方法的指导，有助于提升学生的认识水平，在帮助学生解答问题的过程中起着重要作用。

（七）应用辨析

完成下面探究任务：

一些缺碘地区曾流传这样的说法：“一代肿，二代傻，三代四代断根芽。”请用有关的生物学知识加以解释。

师生活动：教师出示任务，引导学生思考、交流、展示，对学生出现的问题进行纠正，强调碘的重要作用，补充碘的食物来源。学生独立分析，进行快速交流，展示学习成果或对其他同学的展示进行纠正、补充、记录学习成果。

设计意图：本环节通过用生活中的实际问题来创设情境，让学生体会到学习生物学的重要目的之一是为了更好地指导生活；通过对本问题的分析，再次强化了知点“甲状腺激素作用”及“碘是合成甲状腺激素的重要原料”的学习；通过对学生完成情况的分析，判断学生实际的学习效果，具有诊断评价的作用。

（八）诊断评价

学生独立完成下列问题，每空1分，共10分。

1. 下列人体的腺体中，不属于内分泌腺的是（　　）

A. 胸腺　　B. 垂体　　C. 肠腺　　D. 卵巢

2. 甲状腺不同于唾液腺、汗腺的特点是（　　）

①分泌物通过导管排到体表或管腔内；②分泌物直接进入腺体的毛细血管

里；③分泌物是激素；④分泌物微量；⑤分泌物大量。

A. ①③⑤　　B. ②③④　　C. ①⑤　　D. ②③

3. 激素在人体血液中的含量极少，但对人体的生命活动却具有重要的调节作用，下列关于激素的叙述错误的是（　　）

A. 甲状腺激素能够促进人体的新陈代谢

B. 幼年时期生长激素分泌不足会患侏儒症

C. 幼年时期甲状腺激素分泌不足会患呆小症

D. 激素通过导管进入循环系统，参与调节人体的生命活动

4. 用体重相近、发育正常且程度相似的甲、乙、丙三只雄性幼狗进行实验：甲不做处理，乙、丙分别切除某种内分泌腺，几个月后分别测定其血液中的激素含量，结果见表9−3−2（单位：微克/100mL血液）。下列分析错误的是（　　）

表9−3−2

激素名称	甲	乙	丙
甲状腺激素	3	0.1	2.8
生长激素	6	5.8	0.1

A. 甲在实验中起对照作用　　B. 乙切除的是甲状腺

C. 丙切除的是垂体　　D. 乙手术后发育正常

5. 下列内分泌腺及所分泌的激素对应关系错误的是（　　）

A. 垂体—生长激素　　B. 胰岛—胰岛素

C. 甲状腺—甲状腺激素　　D. 胸腺—性激素

6. 如图9−3−4所示，是人体主要内分泌腺示意图，请据图回答下列问题：

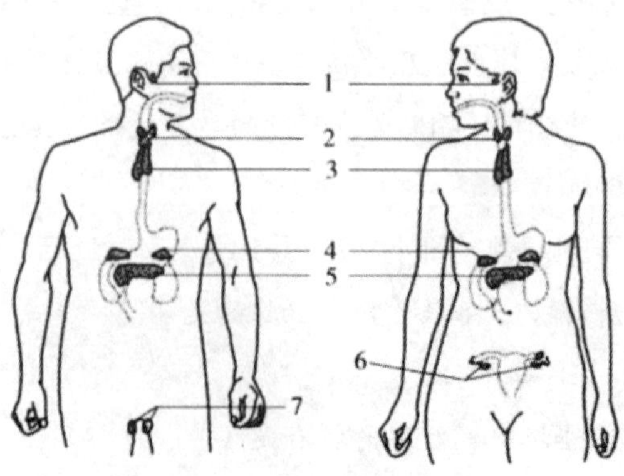

图9−3−4

（1）某人身材矮小，智力低下，生殖器官发育不全，即通常所说的呆小症，这是他在幼儿时期［　］________分泌的激素不足造成的。

（2）《水浒传》中的人物形象“武大郎”身材异常，可能是他在幼年时期［　］________分泌的________激素不足引起的。

（3）青春期开始后，男性表现为长胡须，喉结突出，声调变低等，这与［　］________分泌的激素有关；女性则体形变得更加丰满，骨盆变宽，声调变得高而尖细，这与［　］________分泌的激素有关。

师生活动：学生独立完成，根据答案进行批阅，汇报自评结果，在组内讨论疑难问题。教师督学过程，出示答案，指导学生自己批阅，对个别学生进行面批，进行数据统计和评价，对错误集中的问题进行点拨指导。

设计意图：本环节共设计了6个习题，共10分，题目选择上突出了对重点概念和难点问题的考查，可以有效地检测学生本节课的知识目标是否达成。习题内容有图片分析、数据推理、生活实际问题的解决，注重对学生综合能力的考查与培养，可以有效检测学生本节课的能力目标是否达成。

【教学反思】

本节课的教学设计充分体现了“学生主体，教师主导，学情助推”的教育思想，在“自学·释疑·达标”的课堂教学模式框架下，结合生物学科学性、探究性的学科特点，以教学案为依托，教师组织学生进行层层深入探索，在探索中发现问题，在解决问题中训练学习方法，在方法训练中提升综合能力，促进了学生核心素养的发展。本范例具体体现了以下几个特点：

（1）教学案中通过开放性问题的设计引导学生深度使用教材，有意识地培养了学生的文本解读、读图分析、知识迁移等自主学习能力。

（2）充分利用学习小组的力量，有效的活动设计使学生的合作学习不留于表象，真正在合作探究中发现问题、解决问题。

（3）将课前学习与课堂教学有机结合，利用文本解读、变式读图、列表分析、生活问题链接、层层设问等方式，有效地培养了学生探究学习的意识和能力。

（4）运用现代技术教学手段，合理选择生活问题，科学创设问题情境，加强直观性教学，降低了学生学习的难度，提高了课堂的密度。

（5）以构建主义理论为指导，充分体现了学生在教学中的主体地位，教师充分尊重学生的自觉性、主动性和创造性，营造了和谐民主的教与学氛围。

（6）有效的评价贯串执行，自评与他评相结合，过程评价与结果评价相结合，个人评价与小组评价相结合，保障了各教学环节的高效完成，促进了学习小组的建设，有效地缩短了两极差距。

新课程强调教学过程中应遵循“面向全体学生”“一切为了学生的发展”的理念，本节课最大限度地把课堂还给了学生，实现了学生学习方式和教师角色的转变，是一节符合新课程理念的优质高效的课堂范例。